K2

하늘의 절대군주

K2 하늘의 절대군주

김병준

한국산악명저선 02

수문출판사

차례

▲▲

책을 다시 펴내며 _6

전진

파키스탄을 향하여 _19
출국, 원정대의 막내 신영호 | 파키스탄의 첫날

이슬라마바드에서 닷소까지 _33
스카르두를 향하여 | 스카르두에서 | 카라반기점인 닷소를 향해

천리 길도 한 걸음부터 _61
카라반의 첫날 | 위기일발의 사태지역을 통과하며 | 마지막 마을을 지나 강을 건너

멀고도 먼 고행의 길 _91
빠유 숲에서 | 발토로 빙하에 들어서며 | 우르두까스

K2가 보인다 _121
어느 로컬포터의 죽음 | 콩코르디아 | 무서운 밤 | 보이지 않는 손

등반

쉴 새 없는 강행군 _151
베이스캠프(BC) 건설 | 전진캠프(ABC) 건설 | 제1캠프 건설

7월의 태양이 밝아오다 _183
베이스캠프의 산책 | 하우스침니 돌파 | 제2캠프 건설

생과 사 _218
제3캠프 건설 | 뛰어난 고소포터 알리 | 예지 쿠쿠츠카의 생환

사선을 넘어 _257
정덕환 박사의 모험 | 가사로또의 죽음

악천후 속에서 _280
답답한 퇴각 | 새로운 계획을 세우고

등정

목숨 건 도박 _307
K2에서 꽃핀 사랑 | 총력을 기울여라

8,000m 위의 세계 _329
위대한 지원조들 | 8,000m 마의 선을 넘다 | 정상에 서다

생과 사를 넘나드는 귀환 _366
8,000m에서의 비박 | 악몽의 밤 | 모하메드 알리의 최후

K2여! 안녕 _398
자랑스러운 용사들 | 베이스캠프 철수 | 마음은 고향으로

후기 _428

책을 다시 펴내며

지난 2011년 10월 20일 서울 킹콩빌딩에서 김영도 선생님의 미수연(米壽宴)이 열렸다. 기념식이 끝나고 축하파티 때 이수용 선배께서 K2 원정기 『죽음을 부르는 산』을 〈한국산악명저선〉으로 다시 펴내자는 제의를 했다.

큰 산에 다녀오면 누구나 기록을 남기고 싶어하는데, 나는 1986년의 K2원정때 가장 강렬한 느낌을 받았다. 그 산은 누구나 알고 말하는 산이지만 참으로 두렵고 험준한 산이었다. 이미 4반세기가 흘렀어도 나는 K2에서 보낸 하나하나의 일들을 결코 잊을 수가 없다.

원본의 머리말에서도 밝혔듯이 나는 K2에서의 설렘과 공포, 고뇌와 환희를 한 치의 가식과 과장 없는 진실로 정성껏 담았다. 파키스탄의 행정절차 등 지금과는 다소 다른 점도 많지만, 1986년으로 돌아가 원본 그대로 실었다.

이 책은 당시 모든 대원의 정성어린 일기와 회고를 참조했기에 나 한 사람의 글이라기보다는 원정대 모두의 글이라 하겠다.

이 K2 원정은 1971년 로체샤르와 1977년 에베레스트, 1982년 마칼루에 이어 한국정부가 지원한 네 번째 원정이다. 대한산악연맹에서는 이 K2 원정을 위해 4년간에 걸친 국내 훈련과 3차례의 현지정찰을 실시해 전국에서 200여명 산악인들이 대거 참여했다.

'86 한국 K2 원정대'의 생생한 기록이 〈한국산악명저선〉으로 다시 태어나게 되어 매우 기쁘다. 울고 웃으며 숱한 역경 속에서 고통과 기쁨을 함께 나눠왔던 대원들에게도 새삼 소중하고 값진 추억이 될 것이다.

죽음에 직면해서도 흐트러짐 없이 굳게 뭉쳤던 이들의 젊은 시절 아름다운 우정이 영원히 변치 않고 이어지기를 소망한다. 역사는 꿈꾸며 부단한 훈련과 노력의 결심임을 확인하며 여러 산우들에게 전하고 싶다. 원제 『K2-죽음을 부르는 산』은 『K2-하늘의 절대군주』로 바꿨음을 첨언한다.

지난 26년의 세월 속에 등산장비도 등반형태도 많이 달라졌지만, 젊은 산악인들에게 이 한 권의 책이 히말라야 등반의 고전(古典)으로 필요한 자료가 된다면 참으로 기쁘겠다.

많은 어려움을 이겨내고 원정대를 파견한 당시 대한산악연맹의 임원분들과 전국 시, 도 산악연맹의 산악인 모두에게 다시금 깊은 감사의 말씀을 드린다. 당시 원정대를 지원해주신 체육부, 한국방송공사, 프로스펙스 등의 여러 관계자들께도 다시금 고마움을 전한다.

다시 새롭게 태어나게 한 수문출판사 이수용 대표님께도 감사드린다. 나는 K2에서 인생의 아름다움과 소중함을 배웠다. 앞으로도 우리들의 삶에 깊은 사랑과 감사의 마음으로 변함없이 산을 찾을 것이다.

2012년 5월 김병준

최초로 인간에 모습을 드러낸 K2 전경(비토리오 셀라의 1909년 사진)
K2 with Balti Porters on The Godwin Austen Glacier, KARAKORAM, VITTORIO SELLA, 1909

카라반 중 중앙에 보이는 산악 기지보급 4봉(7,925m)

콩코르디아에서의 브로드피크

콩코르디아에서 보는 쵸코리사

K2 한국원정대의 정찰대원(은찬경)

K2 이탈리아 팀의 1954년 세계 최초 등정을
파키스탄 정부가 발행한 기념우표

발토르 빙하 위에서

K2(8,611m) 정상에 선 장봉완 부대장과 김창선 대원(장병호 대원 촬영), 1986년 8월 3일

윤대표 등반대장

김장선 대원

김병준 대장

유재일 대원

장봉완 부대장

정덕환 대원

송영호 대원

최덕신 대원

권순호 대원

김현수 대원
송정무 대원 
홍윤선 대원
배종원 대원 
장병호 대원 
하광용 대원 
박승기 대원 
정상모 대원 

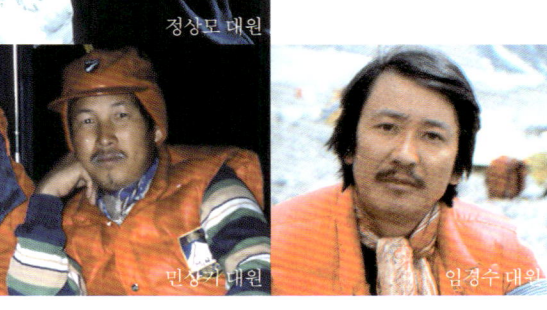

민상기 대원
임경수 대원

고난과 희망 제4캠프

전진

파키스탄을 향하여

―

출국, 원정대의 막내 신영호

1986년 5월 31일 오전 11시 40분 '한국 K2 원정대'는 TG 627편으로 김포공항을 출발했다. 대한산악연맹 오한구 회장, 김영도 고문, 전국 시·도 산악연맹 임원들, 그 밖의 100여명이 넘는 산악인들의 전송을 받았다. 몇 명 대원들은 출국수속 등으로 가족들과 제대로 인사도 못했으리라. 꼭 성공하라고 격려하는 선배들의 손을 잡으며 나는 한 마디 밖에는 달리 할 말이 없었다. "최선을 다 하겠습니다."

비행기가 서서히 활주로를 향해 움직이기 시작했다. 이제 떠나는구나! 우리들이 그토록 오르고 싶어 했던 K2로!

이 순간을 위해 우리는 4년간 훈련을 쌓아왔으며 6개월간의 철저한 준비를 거치지 않았던가. 대원들은 모두 의욕이 넘쳐흘렀다. 그러나 우리들이 과연 해낼 수 있을는지는 아무도 모른다.

활주로를 힘차게 질주하던 비행기가 창공을 향해 떠올랐다. 우리를 전송한 산악인들의 심정은 어떨까. 가족들은 또 어떠며, 지금 비행기 안에 앉아있는 대원들의 심정은 또 어떠할까. 대원 중 배종원과 하관용은 해외등반이 처음이라 다른 대원보다 더 흥분할 것이 분명하다. 창가에 스치는 구름 아래를 응시하며 나는 신영호 대원을 생각한다.

원래 원정대는 기자 3명을 포함해 20명으로 구성되었다. 그런데 불과 출국 3주 전에 막내 대원인 신영호의 다리가 부러졌다, 청천벽력도 유분수지.

영호는 선발대가 떠나던 바로 그날 공항에서 전송을 하고 고향인 청주로 내려가 훈련 도중 잘못해 그만 바위에서 떨어졌다. 대한산악연맹 사무실로 걸려온 전화에서 그의 형은 영호가 교통사고로 다리가 골절되어 입원했단다. 두 달 후에나 퇴원할 수 있으며, 6개월이 지나야 정상적으로 활동이 가능할 것이라고 말한다. 원정대에 미안하니까 교통사고라고 거짓말을 한 것이다.

사고가 알려지자 대한산악연맹에서는 나에 대한 질책이 대단했다. 도대체 대원 관리를 어떻게 했기에 이런 어처구니없는 사고가 생기겠느냐며 대장의 무능을 꼬집는다. 할 말이 없다. 우선 대원들과 함께 그가 입원해 있는 청주의 병원으로 위문을 갔다. 몇 명 대원은 그를 걱정하는 부인들까지 동반해 내려갔다.

이제 원망해 봐야 무슨 소용이 있으려 만은 자꾸 화가 머리끝까지 치밀었다. 침대에 누워서 우리를 맞는 영호는 소리 없이 눈물 흘리며 고개를 숙인다. 어떻게 해야 그의 아픈 마음의 상처를 위로해줄 수 있을까.

지난 3년간 고된 훈련을 모두 견디고 최종대원으로 선발된 그다. 모든 준비과정을 마치고 출국 3주 전에 이런 어처구니없는 변을 당하다니. 너무나 안타깝다. 보는 우리가 이러할진대 다리가 부러진

콩코르디아에 올라서면 'K2, 하늘의 절대군주'가 굽어본다.

당사자야 오죽하겠는가!

　영호는 청주대 체육학과를 졸업하고 체육대학원에 재학 중이다. 유도 3단의 단단한 체격과 강한 의지의 소유자이며, 장래 유능한 체육지도자가 꿈인 성실하고 학구적인 청년이다.

　본격적인 산행은 대학 1학년 때 학교 산악부에 가입하면서 시작했다. 그의 성실한 태도는 지역 산악운동에 헌신적 노력을 기울이고 있는 남기창 교수의 눈에 뜨였고 곧 전문적인 등반기술을 익히게 되었다. 대학 4학년 때는 어려운 코스로 소문난 겨울철 설악산 토왕성

폭포의 빙벽 상·하단을 당시로서는 최단 시간인 6시간 만에 완등하여 산악계를 놀라게 했다.

이번 K2 최종 동계훈련을 한라산에서 받을 때 윤대표, 배종원, 양봉훈과 어울려 영실 중앙빙폭을 초등한 바도 있다. 당시 월간「山」지에 '유(有)산소 한라산 초등'이란 재미있는 제목으로 훈련모습들이 공개했는데, 그는 이 기사 한쪽에 '빙폭을 녹인 팀워크'란 제목으로 한라산 영실 중앙빙폭 초등기를 발표했다. 그 내용에 다음과 같은 글이 있다.

> 산소마스크를 쓰고 분화구 남벽을 오른 것으로 예정된 K2 훈련이 모두 끝났다. 침낭 속에 누워 그동안의 훈련을 생각해 본다.
> 눈과 바람 속에서 헤매던 순간들, 더 험한 곳만을 택하여 등반하던 팀워크, 맑은 공기도 마다하고 산소통 속 제한된 공기를 마시며 훈련에 임하는 것도 이제는 막을 내렸다. 하지만, 훈련에 임하는 우리들의 마음속에는 분화구 동남벽이 K2(8,611m)의 아브루찌 능선이고, 남릉에서의 고달픈 러셀훈련이야말로 K2 정상으로 향하는 바로 그 길이었다.

그러나 신영호는 원정대에 합류하지 못하게 됐다. 나는 막내인 그에게 딱 두 가지 말만 했다.

"너의 몸은 비록 K2로 못가지만 마음만은 항상 우리와 함께 해야 한다. 누가 뭐라 해도 너는 틀림없는 K2 원정대 대원이다."

"이번에 K2에 못 간다 해서 자신을 원망하거나 학대해서는 안 된다.

기회는 또 있으니 빨리 회복이 되도록 마음가짐을 다져라."라고.

 우리를 태운 비행기는 타이페이를 경유해 홍콩국제공항에 도착했다. 우리는 이곳에서 하루를 머물지만 항공화물은 그대로 카라치로 가도록 미리 조치를 취해 놓았다. 우리가 이틀 후 방콕에서 옮겨 타는 비행기에 자동적으로 실리게 된다. 홍콩에서의 화물통관이 필요 없고 또 다른 짐들을 홍콩에서 추가요금 없이 더 실을 수 있다는 이점이 있기 때문이다.

 홍콩에 도착하니 우리보다 6일 전에 출국하여 일본에서 촬영장비와 고소용 텐트 등 여러 장비를 구입한 민상기, 최덕신 대원이 마중 나왔다. 선발대 4명을 제외하곤 다들 모였다.

 나는 이 자리에서 출국 후 첫 지시사항을 내렸다. "전원 모두 무조건 잘 먹을 것!" 음식의 값과 양을 따지지 말라고 했다. 먹고 싶은 것이 있으면 마음껏 먹고, 산속에서도 충족히 먹도록 해 끝까지 식욕이 떨어지지 않도록 신경 쓰라고 했다.

 "그 점에 대해선 조금도 걱정하실 필요가 없습니다." 박승기와 송영호가 즉석에서 시원하게 대답하는데 그 표정이 '뭘 그렇게 쓸데없는 걱정까지 다 하십니까'라고 하는 듯하다. 다들 한바탕 웃는다. 대원의 식욕은 정신력과 체력에 직결된다.

 금전적으로 봐도 별로 큰 차이가 없다. 산에서의 기본적인 식품은 모두 준비했다. 도시에서의 식사도 각자 먹고 싶은 것은 그때그때 바로 먹어야 스트레스 해소에 도움이 된다.

파키스탄의 첫날

홍콩에서 필요한 공동장비와 개인장비, 식품 등을 구한 후 방콕을 거쳐 파키스탄 제1의 도시 카라치에 도착하니 밤 12시가 조금 넘었다. 옛 수도 카라치에서 현 수도 이슬라마바드로 이동하는 국내선은 아침 7시 출발이다.

5시부터는 수속을 밟아야하므로 우리는 공항대합실에서 밤을 지새우기로 했다. 짐이 너무 많아서다. 높은 천정 아래 넓은 대합실은 에어컨시스템이 잘 되어있어 잠을 자려면 침낭을 꺼내야 했다. 밖은 무척이나 후덥지근하고 덥다.

작년에 이곳에 왔을 때가 생각났다. 낯선 생김새에 수염을 기른 남자와 눈이 크고 윤곽이 뚜렷한 여자, 이색적인 의상 등 신비로운 동화 속 나라에 온 듯한 느낌을 갖고 화장실을 찾았었다.

그러나 국제공항 대합실의 남자화장실에는 소변기가 없지 않은가. 당황해 머뭇거리는데 파키스탄 남자가 들어왔다. 그는 능숙하게 여자처럼 쪼그리고 앉아 소변을 본다. 그렇다고 나도 그들처럼 일을 보고 싶지 않아 대변용 화장실을 열었다.

아주 독특하게 생긴 변기는 있는데 아무리 주위를 둘러봐도 휴지가 보이지 않는다. 자세히 살펴보니 변기 바로 옆에 수도꼭지가 하나 있고 그 밑에는 알라딘 램프같이 생긴 물병이 하나 놓여있는 것이 아닌가. 이곳 사람들은 왼손으로 휴지를 대신한 후 이 병의 물로 손을 씻는다고 한다. 이들의 오래된 관습이니 나로선 기이하게만 느껴질 뿐이다. 문화의 차이를 실감했다.

그런저런 생각을 하고 있을 때 조그만 사고가 발생했다고 누가 전해준다. 우리들이 화물을 통관해 대합실로 옮기는 사이에 백 하나를 날치기 당했단다. 그 안에는 우리가 홍콩에서 구입한 망원경과 몇몇 대원들의 녹음기가 들어 있었다.

카라치는 서아시아지역의 대표적인 국제공항이고 국제항구인 만큼 날치기 솜씨도 과연 국제수준 급이다. 입맛이 쓰다. 결국 우리 원정대의 파키스탄 입국을 날치기 일당이 제일 먼저 반갑게 맞이한 셈이다.

6월 2일 오전 9시, 그러니까 서울을 출발한 지 약 46시간 만에 아름다운 인공도시 이슬라마바드에 도착했다. 원래 파키스탄의 수도는 영국의 통치를 받을 때부터 1947년 독립한 후에도 한동안 남단의 아름다운 항구도시 카라치였다.

그러나 중국, 인도, 소련. 아프가니스탄, 이란과 국경을 이루고 있다는 지리적인 이유로 1959년에 국토 중앙의 북부에 위치한 도시 라왈핀디 바로 옆의 드넓은 평원에 인위적으로 도시를 세워 수도를 옮겼다. 때문에 곳곳에 숲이 울창한 전원도시로서 도시 전체가 아직 설계와 개발단계에 있다. 먼 훗날에는 보다 잘 다듬어진 아름다운 도시로 성장하리라.

선발대의 장봉완 부대장과 대사관 직원 두 분이 마중을 나왔는데 장 부대장 머리가 좀 이상스럽다. 나중에 알고 보니 대사관 직원 댁에서 파마를 했다고 한다. 하기야 제법 많은 대원들이 출국 전에 파마를 했다. 산에서 머리가 길면 불편하고 늘어진 머리카락이 순간적으로 시야를 가릴 수 있기 때문이다.

  우리는 곧 숙소인 세라자드 호텔로 가서 여장을 풀고 방 배정을 마치고 대사관을 찾아 홍순영 대사께 인사를 드렸다. 홍 대사는 작년에도 이곳에서 뵌 적이 있어 구면이다. 전형적인 외교관 타입인 홍 대사의 세련된 매너와 단정함이 돋보이는 근엄한 자세, 다정다감한 목소리는 그동안 많은 대사를 외국에서 뵈었지만 이분이야말로 대사로서 적임자라는 느낌을 받았다. 놀랍게도 이날 밤 대사관저에서 우리 K2 원정대 환영파티를 열겠다고 하신다.

  우리는 다시 고풍스런 하얀색의 이색적인 건축물인 세라자드 호텔로 향했다. 열대를 느끼게 하는 가로수들이 새로운 감흥을 주며 시야를 확 트이게 한다. 한산한 거리에는 꽃상여를 연상케 할 만큼 요란한 색채와 많은 장식이 달린 버스와 트럭이 한가롭게 오간다.

  이곳 사람들의 원색에 가까운 색채 감각은 인도와는 또 다른 맛이 있다. 아스팔트 위로 쏟아지는 한낮의 태양은 너무나 강렬해 잠시라도 모자를 벗으면 현기증이 날 정도로 뜨겁다. 옷이 삽시간에 땀에 젖어 버린다.

  장 부대장으로부터 선발대의 보고를 받을 때는 기분이 매우 흡족했다. 선발대원들은 5월 7일 출국해 이곳에 온 후 마침 '라마단' 기간 중이라 무척 고생스러웠음에도 맡은 일을 충실히 그리고 빠짐없이 완수했기 때문이다.

  '라마단'이란 이슬람교의 종교의식으로 일 년에 약 한 달간 해가 떠서 질 때까지, 그러니까 대략 아침 7시부터 저녁 7시까지 금식하는 의식이다. 이 금식기간에는 모든 음식점뿐 아니라 호텔식당까지도 영업을 하지 않는다.

담배도 못 피우고 물도 못 마시게끔 되어있어 이를 어기는 현지인은 큰 벌을 받는다. 병원에서도 중환자실만 예외란다. 이 때문에 선발대원들은 첫날부터 많은 고생을 감수해야만 했으리라.

선발대가 해야 할 일은 실로 막중했다. 우선 파키스탄 관광성과 경찰서에 입산신고를 끝내고 한국에서 보낸 컨테이너와 독일 사례와 회사에서 보낸 고소장비와 식량, 영국에서 보내온 산소 장비 등을 통관해야한다.

한국에서 보낸 장비와 식량은 컨테이너에 실려 이슬라마바드로 들어오고, 독일장비는 카라치 항구에서 트럭으로 이슬라마바드에 도착한다. 영국에서 산소 장비는 비행기 편으로 직접 이슬라마바드로 들어오기 때문에 통관방식이 각기 다를 수밖에 없다.

이슬라마바드에 집결된 화물은 다시 육로 수송회사를 통해 스카르두로 옮겨놔야 한다. 그전에 파키스탄 현지 고용인과 포터들이 먹을 식량을 충분히 구입했다. 이곳이 스카르두보다 훨씬 싸다.

국내에서 보내온 캠프마스터 가스통은 이곳 가스회사로 가서 모두 충전시켰다. 여러 업무를 끝내고 곧바로 스카르두로 가서 집 한 채를 전세로 빌린 다음 고소포터들과 현지 고용인들을 미리 확보해놓아야 한다.

선발대의 장 부대장과 송정두 대원은 모든 선결사항을 끝낸 후 네팔의 수도 카트만두로 날아가서 등반에 필요한 줄사다리 등 몇 가지 장비를 추가 구입했다. 선발대원이 누가 될 것인가는 국내 준비활동

이슬라마바드를 떠나기 전 대사관저 앞에서 (뒷줄 가운데가 홍순영 대사)

초기부터 거의 확정되어 있었다.

장봉완 부대장과 정상모, 송정두, 김창선 대원으로 구성된 4명은 모두 1984년과 1985년에 K2 정찰대 대원으로 이곳 생활의 경험이 있으며 통관, 장비, 식량, 수송 및 제반 행정 처리에 일가견이 있는 유능한 대원들이다. 지금 장 부대장 혼자서 우리 본대를 기다리던 중이고 다른 3명은 스카르두에서 한창 짐정리 작업을 하고 있다는 보고다.

저녁이 되자 가슴에 태극마크를 단 유니폼을 입고 대사관저로 향했다. 대사관저에는 대사관 직원가족과 교포, 유학생 외에 놀랍게도 파키스탄 알파인클럽(ACP)의 콰마르 알리 메자 회장과 관광성의 담당관인 무네드린 국장, 타레 모하메드 부장도 초대되어 있었다.

콰마르 알리 메자 회장은 육군소장으로 예편한 대지주로 첫 인상만으로도 단번에 장군 출신임을 알 수 있다. 현 파키스탄 대통령인 지아 울 하크의 육사 1년 선배다. 1984년 국제산악연맹(UIAA) 총회를 서울에서 개최할 때 만나 이틀간 이야기를 나눴었고, 작년에 정찰대를 이끌고 이곳에 왔을 때도 초대를 받았었기 때문에 구면이다. 나와 메자 회장은 만나자마자 예의 파키스탄 인사방식으로 서로 껴안았다.

그는 형식상 모셔다 놓은 그런 정치적인 회장과는 달리 산에 관해 열심히 연구하고, 히말라야(Himalaya) 및 카라코룸(Karakorum) 자료들을 세세히 분석하며, 세계 각국의 훌륭한 클라이머와 대화를 나누는 것을 큰 보람으로 여기는 명실공히 파키스탄 산악계의 지도자다. UIAA 부회장이기도 하다. 메자 회장은 이날 파티석상에서 K2에 관한 몇 가지 중요한 사실을 우리에게 이야기했다.

"금년도는 사상 유례가 없는 최다 팀이 K2로 몰렸습니다. 모두 11개 팀이지요. 이중 2개 팀은 중국 쪽으로 오르고 나머지 9개 팀은 모두 파키스탄 쪽으로 오릅니다."

"중국 쪽은 모르지만 파키스탄정부가 허가한 팀이 9개 팀이란 것은 알고 있습니다."

"그래요? 파키스탄 쪽 9개 팀에는 13개국의 외국 산악인들이 참가하며 이중 아시아인은 한국인이 유일합니다." 그는 말을 계속한다.

"가장 특이한 팀은 서독의 헤르리히코퍼 박사가 이끄는 국제 팀이지요. 박사의 70세 생일을 기념하기 위해 서독, 오스트리아, 스위스,

체코, 유고, 폴란드 그리고 파키스탄 인으로 구성된 이 원정대는 이름까지 '헤르리히코퍼 카라코룸 원정대'입니다. 아마 박사의 마지막 원정이 될 겁니다."

"이렇게 많은 팀에게 동시에 허가를 해주는 것은 이 나라 관광성이 잘못하는 것 아닙니까?"

"예, 나도 동감입니다. 내년부터는 금년처럼 많은 팀이 한 산에 몰리게끔 하지 않을 것입니다." 옆에서 듣고 있던 무네드린 국장이 대신 대답한다. 그는 이어서 "또한 내년부터는 한 원정대에게 한 개 산만을 등반하도록 허가할 것을 검토하고 있습니다."라고 말한다.

금년까지는 한 원정대가 두 개 이상의 산에 등반허가를 받을 수가 있었다. 이번에 K2를 등반할 9개 팀 중에서도 우리 한국을 비롯해 프랑스, 이태리, 미국, 국제 팀 등 5개 팀이 브로드피크(8,047m) 입산허가도 이미 받아놓았다. 나는 뭔가 석연치 않음을 느껴 따지듯 물어보았다.

"그렇다면 과거의 라인홀트 메스너, 에릭 에스코피에, 존 로스켈리처럼 한 시즌에 두 개 이상의 산을 오른다는 것은 앞으로 불가능합니까?"

무네드린 국장은 입가에 미소를 띠우며 답변한다.

"그렇지는 않습니다. 만일 어떤 산악인이 한 시즌에 두 개 이상의 산을 등반하길 원한다면 각기 오르고자 하는 산에 입산허가를 받은 원정팀에 그 본인 이름이 각각 기재되어 있어야만 가능합니다. 그렇게 해서라도 두개의 산 이상을 한 시즌에 오르고자 한다면 막을 수야 없지요. 그러나 아직 확정된 것은 아니고 지금 검토 중입니다."

메자 장군(파키스탄 알파인클럽 회장)에게 선물을 주고있다.

"당연히 막을 수야 없겠지요, 아니 막으면 안 됩니다." 나는 열변을 토하듯 말을 이었다. "산악운동은 그 추구하는 방향과 이상에 따라 여러 가지로 구분 되겠지만, 과거 약 100년 전부터 보다 험하고 어려운 산행 그리고 불가능을 가능케 하려는 노력이 계속되어 왔습니다. 때문에 파키스탄 관광성이 만일 그러한 조치를 취한다면 오히려 등산 발전을 막는 결과를 초래할 것입니다."

메자 회장이 답변한다.

"나 개인적으로나 파키스탄산악회 입장으로도 검토 단계에서 강력히 반대하고 있습니다. 그러나 당국은 당국 나름대로 이유가 있지요. 발토로지역의 자연보호문제도 있고, 앞으로 머지않아 국립공원을 만드는 문제도 있고……."

"등반에서도 특히 벽 등반에서 5급이니 6급이니 그 난이도를 측정한 지가 꽤 오래 됐습니다. 약 10년 전부터는 누군가에 의해 7급 등반이 나왔으며 이미 7급을 인정하고 있습니다. 내 소견으로는 앞으로 머지않아 8급도 나오리라고 봅니다. 이른바 슈퍼 알피니즘이지요. 만일 8급 등반이 거론된다면 히말라야나 카라코룸에서 발생할 것입니다.

거대한 산군이 널리 분포되어 있는 히말라야보다는 산들이 밀집해있고 깨끗한 벽이 병풍처럼 노출된 카라코룸이 고난이도 등반을 추구하는 산악인들을 더 많이 불러 모을 것은 당연합니다."

"그 생각은 나도 전적으로 동의합니다." 무네드린 국장이 대답한다.

나는 다시 말을 이었다.

"알피니즘 역사를 보면 황금시대, 철의 시대, 가이드 없는 등반 등 여러 단계로 분류하고 있습니다만 앞으로 전개될 알피니즘의 미래는 바로 '히말라야 벽 등반시대'입니다. 그리고 다행스럽게도 히말라야와 카라코룸의 벽은 무궁무진합니다."

열변을 토하는 나에게 이들은 미소로 답하며 우선은 이번 K2 등반을 꼭 성공하라고 당부한다. 메자 장군은 마지막으로 이번에 꼭 우리의 베이스캠프를 방문하겠다는 말도 잊지 않았다. 그렇다면 이번에야말로 한국의 산악인들이 한 시즌에 두 개의 8,000m급 고봉을 오를 수 있는 절호의 기회가 될 지도 모른다. 특히 파키스탄에서는.

이날 밤 나는 부대장과 등반대장을 불러 어떻게 해서든지 보다 많은 대원을 K2와 브로드피크 정상에 올리고, 본인의 능력에 따라 가능한 한 많은 대원이 두 산에 모두 올라갈 수 있게끔 최선을 다하자고 당부했다.

이슬라마바드에서 닷소까지

스카르두를 향하여

다음 날부터 바빠지기 시작했다. 특히 행정담당인 홍옥선 대원이 바쁜 것은 당연한 이치다. 그는 관광성과 경찰서 신고를 마친 후 은행에서 달러를 파키스탄 루피로 환전해야했다. 또 헬리콥터 사용료를 은행에 예치하고 고용인과 포터들의 보험가입, 스카르두행 버스예약 등 그야말로 눈코 뜰 새 없이 바쁘다.

홍 대원은 지난 해 정찰대원으로 선발할 때부터 원정대의 행정요원으로 교육시켰다. 그는 그 방면에 능력이 탁월해 국내에서의 준비기간 중에서도 모든 행정업무를 도맡아 해왔으며, 원정이 끝날 때까지 막중한 역할이 기대된다. 그는 대한산악연맹 사무과장으로 근무하고 있어 앞으로 산악 행정가로 크게 성장할 수 있는 인물이기도 하다.

우리는 가능한 빨리 이슬라마바드를 떠나고자 했다. 그런데 곤란한 문제가 하나 생겼다. 파키스탄 등산규정에 의하면 원정대가 이슬라마바드를 출발하기 전에 반드시 원정대장이 정부연락관과 함께 관광성의 브리핑을 받아야만 하기 때문에 우리 팀의 정부연락관

(Liaison Officer, LO)이 이곳에 도착하는 날까지 약 10일 가량을 기다려야 한다는 것이 아닌가.

원래 우리 팀의 입국일자가 등반허가서에는 6월 15일로 명시되어 있다. 우리가 이보다 앞선 6월 2일에 입국했기 때문이다. 사실 나는 허가서의 입국일자보다 먼저 입국하는 것에 대해선 별로 개의치 않았었다.

네팔의 경우 입산허가와 관계없이 정부연락관을 그때그때 배정해 주고 있어 파키스탄도 마찬가지겠지 하고 생각했었는데 그게 아니다. 관광성의 설명에 의하면 정부연락관 배정문제는 관광성 소관이 아니라 육군성 소관이라고 한다.

여기서 잠시 파키스탄의 등산허가와 정부연락관 배정에 관해 약간 설명할 필요가 있다. 파키스탄은 우선 히말라야와 카라코룸 그리고 힌두쿠시산맥이 모두 위치하고 있는 지구 위의 유일한 나라다. 파키스탄도 네팔, 인도, 중국과 마찬가지로 입산허가 해주는 산의 목록이 이미 발표되어 있어 그 중 어느 산을 택해 입산허가를 신청코자 할 때에는 등반을 원하는 해의 전년도 10월 말까지 관광성에 신청서를 제출해야한다. 단, K2만은 2년 전에 접수가 마감된다.

신청 순위대로 허가를 내주기 때문에 가능한 한 1월이나 2월에 빨리 신청하는 것이 여러모로 유리하다. 그런데 재미있는 점은 관광성이 직접 접수를 받지 않고, 반드시 신청국가에 주재하고 있는 파키스탄 대사관을 통해서만 접수를 받는다.

다시 말하면 파키스탄과 수교를 맺지 못해 외교관계가 원만하지 않은 국가는 파키스탄의 산을 등반할 수 없음을 뜻한다. 또 소정의 양식대로 신청서를 작성, 접수시킬 때 입산료를 전액 납부해야 하는 점이 네팔과 다르다.

대사관에 접수시킨 후 약 한 달쯤 기다리면 대사관에서 통보가 오는데 만약 불행하게도 다른 팀이 그 기간 중 그 등반루트로 이미 접수되어 있는 상태면 루트를 바꾸든지 등반기간을 바꾸든지 해야 하며, 모든 문서는 반드시 해당국 주재 파키스탄 대사관을 경유해야만 한다.

마감인 10월 말이 지나면 파키스탄 관광성은 다음 해의 등반허가 팀을 발표한다. 이 명단에서 빠지면 절대로 등반할 수가 없다. 네팔의 경우에는 관광성을 찾아가 허가 리스트를 보고 등반이 중복되지 않은 아무 산이나 정하여 그 자리에서 신청한 후 그 자리에서 정부연락관을 배정받아 곧 등반을 개시할 수 있어 파키스탄과는 판이하게 다르다.

파키스탄 관광성은 확정된 명단을 즉시 육군성으로 보낸다. 이 명단에는 원정대의 이름, 국가, 대원 명단, 산 이름, 등반루트, 등반 일정 및 파키스탄 입국일자 등이 기재되어 있다.

한편 육군성은 정규 사관학교를 졸업한 현역 육군대위 중에서 정부연락관으로 일하고자 하는 장교의 신청을 받는데 간혹 육군중위, 소령의 신청도 받는다. 공군대위의 신청도 받는데 대부분이 육군대위다.

여기에 관광성에서 보내온 원정대의 명단을 보고 어느 팀에 누구를 보낸다는 것을 정하여 해당 장교들에게 '귀하는 언제부터 시작하

이슬라마바드의 새벽을 달리다.

는 어느 산 어느 루트로 등반할 어느 원정대의 정부연락관으로 결정되었다.'고 통보한다.

해당 장교는 만약 배정받은 원정대나 산이 마음에 들지 않을 경우 정부연락관을 포기하겠다는 의사를 밝힐 수 있으며, 이 경우 다른 장교로 교체된다. 포기한 장교는 그 해에는 어느 산도 배정받을 수 없다. 다시 말해 신청한 장교도 통보를 받기 전에는 어느 산, 어느 팀에 배정받게 될지 통보 전에는 알 수가 없는데 이는 정부연락관의 중요성과 공정성을 견고히 하기 위한 조치다.

배정받은 장교는 사전에 필요한 교육을 받은 후 원정대의 입국일 3일 전에 관광성으로 가서 신고하게 되어있다. 한편 관광성은 결정된 정부연락관 명단을 육군성으로부터 통보받으면 즉시 원정대에게 해당국 주재 파키스탄 대사관을 통해 정부연락관 신상명세서를 공문으로 보내준다. 여기에는 이름, 계급, 나이 그리고 신장, 체중, 체격, 발 크기까지 명시되어있어 연락관에게 지급될 모든 장비에 이상이 없도록 하고 있다.

 우리는 관광성과 협의한 후 대장인 내가 정부연락관을 만나 브리핑을 받기 위해 이슬라마바드로 다시 돌아온다는 조건 아래 계획대로 추진하도록 합의했다.
 대원들은 으레 새벽 5시에 기상해 새들이 지저귀는 거리를 구보하거나 넓은 공터에서 축구 등을 하면서 체력관리를 했다. 운동이 끝나면 즉시 찬물로 샤워를 하고 아침을 먹는다. 낮에는 각자가 맡은 분야에 최선을 다하느라 여념이 없다. 저녁에는 대사관 직원 댁에 초대받아 가거나, 모두 모여 앞날의 등반계획에 관한 회의로 시간을 보내곤 했다.
 네팔과 달리 금주국가라 아무래도 술은 많이 안마시게 된다. 대원들은 벌써 날짜에 대한 감각이 서서히 없어져가기 시작하는 모양이다. 또 몇몇 대원들은 기온과 음식의 변화로 설사, 구토 등 컨디션이 좋지 않은 상태다.
 스카르두를 향해 떠나기 전날 우리들은 아프가니스탄 식당에 가서 꼬치고기 요리를 먹었다. 60cm가량의 기다란 쇠꼬챙이에 쇠고기와 양고기를 꿰어 바로 구운 음식으로 그런대로 맛이 좋아 모두 잘 먹는다.
 '저 왕성한 식욕이 끝까지 유지되어야 할 텐데…….' 내일이면 문명사회를 등지고 대자연의 품을 향해 들어간다는 생각에 기쁨과 설렘, 공포가 겹치며 야릇한 마음이 되었다.

그날이 왔다. 모든 출발준비를 끝낸 후 대사관저의 홍순영 대사를 인사차 방문했다. 홍 대사는 점심식사를 대접해주시면서 뜻한 목표를 달성하는 데 최선을 다해달라고 당부하신다. 우리는 포도주로 등정을 기원하는 건배를 들었다.

과연 몇 달 후에 우리 대원 모두가 이곳에 무사히 모일 수 있을까? 등정을 축하하는 축배를 들 수 있을까? 축배는 고사하고 몇 명의 동료를 잃은 슬픔에 어두운 나날을 보내게 되지는 않을까? 우리가 가는 곳은 위험천만한 곳이고, 아무도 어떻게 되리라고는 장담할 수 없는 처지가 아닌가.

대사관 직원에게 내가 만일 정부연락관을 만나러 오지 못하면 홍옥선 대원을 대신 보낼 테니 뒷일을 부탁한다고 말씀드렸다. 울긋불긋 요란하게 치장을 하고 물소같이 뚱뚱한 모양의 대형버스와 서구식 중형버스 한 대에 나누어 탄 우리는 이슬라마바드를 떠났다.

정찰대의 경험을 살려 미리 충분한 양의 빵과 과일 그리고 음료수 등을 여유 있게 차에 실었다. 버스는 미끄러지듯 이슬라마바드를 빠져나가더니 곧 남국 특유의 전형적인 시골길을 달린다.

아보타바드라는 비교적 큰 도시로 가기까지의 두 시간 동안 매우 아름다운 전경이 펼쳐졌다. 어떤 지역은 인도나 네팔의 풍경과 아주 흡사하다. 확 트인 시야에 녹음이 눈에 들어와 신선한 감을 준다. 이곳이 처음인 대원들은 이국의 풍경에 도취되어 열심히 카메라에 담고 있다.

아보타바드를 지나 어느 새 또 전혀 색다른 계곡 길로 달리기 시작한다. 언덕 위로 서서히 아름다운 황혼이 깃들더니 곧 어두워졌다. 밤사이에 버스는 칠라스를 지나 날이 훤하게 밝기 시작할 때쯤에 발티스탄 지역의 초입 길기트 삼거리를 지나고 있겠지. 한밤중 버스에 앉거나 혹은 쭈그리고 누워서 담요 한 장씩을 덮고 먼지가 자욱하고 덜커덩거리는 비포장도로를 달린다는 것은 결코 유쾌한 여행이라고 볼 수는 없다. 잠시 정차했을 때 몸을 움직이려면 기계의 나사가 빠진 듯 온몸이 벅적지근하다. 하관용 대원이 항의하듯 질문한다.

"대장님! 등반이 끝나고 돌아올 때도 이런 고문을 당해야합니까?"

"그야 모르지. 날씨가 나빠 비행기가 못 뜨면 또 이렇게라도 나와야지 별 수 있겠냐?"

"젠장, 빌어먹을……. 그럼 날씨가 좋을 때 꼭 스카르두를 출발합시다."

모두들 머리와 얼굴에 먼지가 쌓여 허옇고 입안에도 먼지 때문에 뭔가 잔뜩 들어있는 것 같다. 정말이지 등반을 끝내고 나올 때에는 이런 고생은 추호도 없기를 바란다.

날이 밝기 시작하니 말이 좋아 카라코룸 하이웨이지 인더스강의 급류를 한편에 끼고 가파른 절벽 중턱에 교묘하게 닦아놓은 좁은 도로를 덜커덩거리며 버스는 달린다. 위를 보면 곧 거대한 바위덩이들이 굴러 떨어질 것만 같고 아래를 보면 저 아래 뿌연 인더스강이 우렁찬 굉음을 내며 거세게 흘러가고 있는데, 길은 또 왜 이렇게 험하고 구불구불할까. 어느 곳에 당도하니 많은 죄수들이 길을 확장하고 있고 총을 든 군인들이 지키고 있다.

카라코룸 하이웨이.
인터스강을 끼고 가파른 절벽
밑을 지나 항상 위험이 도사
리고 있다.

풀 한 포기 없이 버림받은 이 광활한 대자연, 지구가 태어나고부터 지금까지 인간의 손길이 전혀 닿은 적이 없는 황갈색의 거대한 산과 협곡들, 기막히게 장엄한 장관이 전개되지만 버스에 타고 달리는 순간은 과연 무사할까 하는 조바심뿐이다. 우리들의 이런 심정은 아랑곳없이 45kg밖에 안돼 보이는 바짝 마른 운전사는 꼬박 굶으면서도 차를 잘도 몰고 간다.

이슬라마바드를 출발한 지 꼭 22시간만인 낮 12시에 파키스탄의 북부 발티스탄 지역의 중심지 스카르두에 도착했다. 그래도 예정보다 퍽 빠른 편이었다. 2년 전 정찰대원으로 이곳에 왔던 유재일은 그 당시에는 35시간이나 걸렸었다며 고개를 절레절레 흔든다. 똑같은 길을 작년에 내가 왔을 때에는 25시간 걸렸는데 이번에는 운전사를 잘 만났나 보다.

선발대원들은 우리를 보자 어린애같이 마냥 기뻐한다. 송정두는 큰 키에 껑충껑충 뛰면서 춤을 추고, 벌써 수염이 덥수룩한 정상모는 웃는 모습이 제일 못생겼다고 해서 얻은 별명 '미남'에 딱 어울린다. 키가 작은 창선이는 키가 제일 큰 박승기의 등에 올라타며 좋아하더니 이내 배꼽을 움켜쥐고 땅위를 뒹굴면서 깔깔거린다.

파키스탄 고유 의상을 입은 박승기의 독특한 머리 모습은 어느 누가 보더라도 웃음이 절로 나올 지경이다. 이제 다리가 부러져 못 온 막내 신영호를 제외하곤 19명 전 대원이 모두 모였다. 5월 3일 발대식 이후 35일 만에 처음으로 한자리에 모인 것이다. 그것도 이국 멀리 파키스탄 북부의 어느 한 마을에서.

이윽고 전세 낸 샤비르의 집에서 전체회의가 열렸다. 기대대로 선발대는 모든 임무를 차질 없이 완수했다. 우리 대원들의 장점은 일단 맡은 일은 철저히 해낸다는 점이다. 사실 나는 그동안 국내 훈련기간이나 준비기간에 엄격하게 일을 추진했었다. 놀 때는 화끈하게 놀고 일할 때는 최선을 다해 일하자는 사고방식을 꾸준히 대원들에게 주지시켜왔다.

맡은 바 일을 적당히 해결하려 했다가는 그 즉시 불호령을 내렸다. 대원들은 대장의 성격도 알고 또 스스로도 부여받은 일을 할 때는 요령피우는 것을 좋아하지 않았다. 나중에 생각해보니 이러한 대원들의 적극적이고 긍정적인 자세가 자연스럽게 팀워크로 이어져 등반 성공에 보이지 않는 큰 원동력이 되었다.

이곳에서도 할 일은 많았다. 모두 업무를 분담하여 맡았다. 그리고는 베이스캠프(BC)에서 사용할 연료인 석유는 이날 넉넉하게 구입을 했다. 전세로 빌린 샤비르의 집은 마당이 넓어 포장 작업하기는 좋으나 잠자리는 넓지 못해 몇 사람만 이곳에 머물고 나머지 대원들은 K2 모텔에서 묵기로 했다.

스카르두는 옛날 '발티스탄'이라는 나라의 수도로 오늘날도 이 지역 최대 도시지만 우리나라 시골의 어느 조그만 읍보다도 작다. 보잘 것 없이 생긴 단층집들이 번화가 거리의 양 옆에 나란히 있는데 대부분이 상점이다.

자동차가 지나갈 때마다 뿌연 먼지가 양 옆의 상점 안으로 들어간다. 우리가 구입할 포터용 식량, 신발, 선글라스 정도는 이곳에서 충분히 구입할 수 있었다. 대원용 식량 중에서도 설탕, 차, 건조과일 등 극히 일부는 구입이 가능하나, 등산 장비점은 하나도 없어 장비 구입은 불가능했다.

이 지방 사람들에게는 서양인보다 우리 동양인이 오히려 더 낯설은 외국인이라 그런지 신기한 듯 가까이 와 쳐다보며 아주 친절하고 반갑게 맞이해준다.

상점마다 물건들이 빈약한 편이라 장 보는 데 고충이 많다. 그래서 우리는 작년에 친구로 사귄 메이브의 도움을 받기로 했다. 메이브는

이슬라마바드에서 장보기

'발티스탄 운수회사'를 경영하는 이 지방의 유지다. 스카르두와 이슬라마바드를 정기적으로 왕래하는 트럭을 10대나 갖고 있으며, 트랙터도 13대나 보유하고 있다.

키가 190cm가량 되는 거구에 록 허드슨같이 잘생긴 미남으로 나이는 보기보다 열 살은 어려 이제 겨우 24살이다. 이 거구와 대원 중 키가 제일 작은 배종원이 시장을 돌아다니는 뒷모습을 보면 웃음이 절로 난다.

장사꾼들은 바가지를 씌우려고 노력하지만 메이브가 있어 오히려 다른 원정대보다 싸게 구입할 수 있었을 뿐 아니라 식품의 경우 품질이 매우 우수한 것들만 골라서 구입할 수 있었다.

스카르두의 번화가를 조금 벗어나면 발티스탄 특유의 황량한 전원풍경이 전개된다. 인더스강을 끼고 거친 사막과도 같은 드넓은 벌판이 이어지고 오후만 되면 안경과 마스크를 착용해야만 할 정도로 강한 모래바람이 불어 닥친다. 주위는 황갈색의 거대한 산들로 감싸여 있고 멀리 만년설의 흰 산들이 파노라마처럼 전개된다.

　강을 넘어 한 언덕에 힘겹게 올라 마을을 보면 지구 위의 세계와는 전혀 동떨어진 새로운 비밀세계, 법도 없고 따라서 죄 짓는 사람도 없는 어느 동화속의 작은 나라 같다.

　늙지 않는 사람들만 모여 사는 무릉도원 같기도 하고. 아마도 이 황량하고 거칠고 삭막한 풍경에 점점 동화되어 가는가 보다. 이 신비스럽게 아름다운 주변 경치는 우리가 산에서 피곤한 몸을 이끌고 돌아왔을 때엔 지금보다 훨씬 더 파라다이스 같겠지.

스카르두에서

이제 고소포터와 고용인들을 결정해야 한다. 우선 희망자들을 집결시켰다. 샤비르가 확보해 놓은 그들의 리스트와 인상착의로만 결정할 수밖에 없다.

　사람을 선택한다는 어려움을 절감하는 시간이 계속되었다. 더구나 저들에겐 생계가 걸린 심각한 문제라는 부담이 있다. 나는 부대장, 등반대장 그리고 의사대원인 정덕환 박사와 함께 의견을 종합하여 고소포터 10명, 요리사 2명, 키친보이(Kitchen Boy) 1명, 메일러너(Mail Runner) 3명 그리고 로컬포터(Local Porter)를 베이스캠프까지 인솔할 사다(Sirdar) 3명을 뽑았다.

　이곳의 사다는 베이스캠프까지만 로컬포터의 인솔을 맡으며 BC에 도착 후 자동적으로 해고된다. 네팔의 나이케와 같다. 합격되어

닷소에서 우리를 기다리는 포터들

좋아하는 이들보다 불합격돼 쓸쓸히 돌아서는 사람들의 뒷모습에 씁쓸한 절망감이 느껴진다.

이때 한 청년이 방으로 들어와 무릎으로 기어오더니 내 발을 붙잡고 제발 자기를 고용해달라고 애원하며 눈물까지 흘리는 것이 아닌가. 순간 마음이 약해졌다. 우리는 그를 요리사 보조로 추가 고용키로 했다.

장비담당인 송정두 대원이 고용된 이들에게 모든 지급장비를 규정대로 지급해주고는 일단 각기 집으로 돌아가서 가족들에게 K2로 간다고 전하고 떠날 채비를 갖추고 이틀 후에 집합하라고 지시했다.

이번에 뽑은 고소포터 중에는 브로드피크(8,047m)와 가셔브룸 2봉(8,035m)을 등정한 모하메드 알리가 있어 든든했다. 고소포터는 맨위의 캠프까지 우리의 장비와 식량을 운반해야 하기에 고소 적응력이 좋고 힘도 세야하며 등반능력도 어느 정도 갖춰야한다. 그러나 막상 K2 등반에 임했을 때는 이들의 반 이상이 기준 이하로 허약하여 대원들이 몹시 애를 먹었다. 고소포터의 반 이상을 잘못 선발하는 우를 범한 것이다.

저녁을 먹고 난 후 BC까지 300명의 포터와 함께 먼저 출발할 카라반 선발대원을 결정키로 했다. 우선 선발대를 이끌 책임자로 나는 마음속으로 부대장을 원했다. 그동안 고생도 남보다 많이 했지만 모든 지원의 책임은 부대장이 맡고, 등반대장은 BC 이상의 등반을 맡겨 정상까지 그를 올릴 생각이었기 때문이다. 내 뜻과 마찬가지였던 장 부대장이 선발대로 자청하고 나섰다.

장봉완 부대장, 그에게는 무슨 일을 맡겨도 걱정이 안 된다. 산속에서도 옆에 그가 있으면 마음이 푹 놓인다. 그는 어떤 일도 멋지게 해결할 수 있는 보기 드문 전천후 산악인이다. 그 외에 김현수, 유재일, 김창선을 선발대원으로 결정했다. 모두 스스로 자청하고 나섰다.

말없이 솔선수범하며 궂은일에 항상 앞장서는 희생정신이 강한 현수, 맡은 바 임무에 충실하며 사람 좋고 믿음직스러운 충청도 사나이 재일, 그리고 언제나 부지런하며 지칠 줄 모르는 신비스러운 힘을 지니고 있는 괴력의 사나이 창선, 이들이 장 부대장과 함께 선발대로 나선다면 어떠한 어려움이 닥치더라도 충분히 헤쳐 나갈 수 있을 것이다.

다음날 일찍부터 개인장비의 지급과 포장이 시작되었다. 오후에는 트랙터 9대에 선발대가 가지고 갈 화물을 모두 적재했다. 이 물량

트렉타에
짐을 싣고

은 닷소에서 300명의 포터가 베이스캠프로 옮길 것이다. 저녁식사는 뜻밖에 메이브가 초대하여 파키스탄 스타일 정식을 즐겼다.

약간의 위스키를 곁들여 먹는데 이 지방 사람들은 누구 다른 사람에게 들키기라도 할까봐 안절부절이다. 대부분의 무슬림 국가가 그러하듯 음주와 돼지고기 음식이 금지되어 있기 때문이다.

다음날, 새벽 2시에 트랙터가 먼저 출발하고 6시에 선발대 4명이 떠났다. 이들과는 BC에 도착해서야 다시 만난다. 전 대원이 모인지 이틀 만에 또 다시 두 팀으로 갈라지게 된 것이다. 고소포터 4명, 사다 2명, 요리사 1명이 함께 떠나고 보도와 안전을 위해 보도대원 3명과 정덕환 박사가 닷소까지 동행키로 했다.

선발대가 출발한 후 짐정리를 계속했다. 그러나 이날 한 가지 불미스러운 사건이 발견되었는데 우리들의 침낭 3개와 옷 몇 가지가 감쪽같이 분실된 것이다. 기분이 좋을 리가 없으나 우리에겐 다행히 여분이 있었다.

오후에는 폴란드 K2 원정대를 만났다. 이들은 내일 아침 일찍 출발이라 한다. 남자 5명과 여자 3명으로 구성된 이 팀은 공산국가 팀이라 그런지 첫 인상이 부드럽지 못하고 서먹한 느낌이다.

산을 함께 오르게 되어 반갑다고 먼저 인사하니 이들은 오히려 우리를 멀리하는 듯하다. 머지않아 산에서는 우리가 어떤 사람들인가 잘 알게 될 것이라고 마음속으로 생각하며 뭐든지 어려운 것이 있으면 서로 돕자고 말했다.

다음날 윤대표 등반대장과 정상모, 배종원, 송영호, 송정두, 장병호 이렇게 6명이 가까운 산을 등반하러 새벽같이 떠났다. 다들 산에 가고 싶어 했지만 박승기, 권순호, 하관용은 창고 정리 때문에 바쁘다.

홍옥선 대원은 이슬라마바드로 돌아가 항공편으로 홍콩에서 운송되는 수퍼 게이터(Super Gaiter)를 찾고 또 정부연락관과 관광성의 브리핑을 나대신 받은 후 함께 이곳으로 오게 된다. 관광성에는 내가 간다고 했지만 이날 새벽에 폴란드 팀도 떠난 지금 내가 본대를 이탈할 수는 없는 형편이다.

어젯밤 늦게 닷소에서 돌아온 민상기, 정덕환 대원과 샤비르와 메이브의 차를 타고 샹그리라 호텔로 구경 가기로 했다. '라'라는 것은 언덕 또는 고개라는 뜻이다. '샹그리라'라는 지명은 제임스 힐튼의 소설 『잃어버린 지평선 *Lost Horizon*』의 배경이 되는 티베트의 어느 발견되지 않은 지역이다.

시간이 정지된 듯 인간이 늙지 않는 신비스런 낙원인 이곳에 비행기 추락으로 우연히 들어가게 된 주인공들의 이야기가 생각나 인간이 감히 범할 수 없는 곳을 침범하는 기분이다. 검은 돌과 모래, 넓은 언덕의 황무지 한가운데 오아시스 같은 푸른 초원과 작은 호수가 있어 그림같이 아름다운 별천지였다. 신선한 풀냄새와 호수 주위의 아름다운 별장들 그리고 주먹만 한 커다란 장미꽃의 그 강한 향기가 이방인의 넋을 잃게 한다.

오후에는 산에서 돌아온 대원들과 함께 폴로경기를 구경 갔다. 필드하키와 같이 넓은 초원에서 펼쳐지는 경기로 말을 타고 하얀 공을 상대편 골에 넣는 박진감 넘치는 멋진 남성 스포츠다.

수백 년 전부터 이곳 산간지방에 전해 내려오는 오리지널 경기는 말을 탄 채 죽은 염소를 뺏고 또 뺏는 기마병들의 경기였단다. 비록 변형된 경기지만, 간혹 영화에서 볼 수 있는 유럽 귀족들이 즐기는 폴로경기와는 전혀 색다른 토속적인 야성을 느끼게 한다.

이 경기의 특징은 시간제한 없이 한쪽에서 먼저 아홉 골을 성공시켜야 승리한다는 점이다. 날쌘 말을 탄 야성미 넘치는 사나이들이 흰 공을 쫓아 숨 쉴 새 없이 공격과 방어를 하는 모습은 보는 이들로 하여금 손에 땀을 쥐게 한다.

상대방을 서로 돌담으로 몰아 붙여 말에서 떨어지도록 하기도 하며 공이 아닌 상대방의 몸을 막대기로 후려치기도 하고 상대편 말안장을 붙잡고 흔들기도 하는 그 옛날의 기마전을 연상시키는 박력 넘치는 경기였다.

우리들은 말로만 듣던 폴로경기를 실제로 구경했다는 기쁨으로 서로 떠들면서 숙소인 K2모텔로 돌아오는데 어느 노랑머리의 예쁜 아가씨가 거무스레한 티베트 유목민의 의상을 입고 묵직한 배낭을 메고 들어오더니 모텔 잔디밭에 텐트를 친다.

아마 며칠 머무를 모양이다. 갑자기 궁금증이 생긴다. 나는 민상기 대원과 함께 그녀의 텐트로 다가갔다. 우리를 보며 방긋이 웃는데 밝은 미소가 곱다. 그녀는 우리 원정대 모자를 보더니 "한국인이군요. 물론 남한이겠지요. 꼭 멋있게 성공하세요." 하며 먼저 말을 건넨다.

호주사람으로 시드니에서 초등학교 선생을 했다고 한다. 20대 후반의 젊은 여자다. 2년간의 세계 일주여행을 계획하고 6개월 전에 집을 떠났단다. 먼저 유럽대륙을 여행하다가 노르웨이에서 갑자기 인도로 가고 싶은 충동이 생겨 뉴델리 행 비행기를 탔고 인도 전역과 네팔, 카시미르를 거쳐 이곳에 막 도착하는 길이라고 한다.

한 가지 놀라운 점은 이곳에서 발토로 빙하를 거쳐 가셔브룸 BC까지 가이드와 포터 없이 혼자서 갈 계획이란다. 그것은 이 나라 트레킹 규정상 불가능하고 또 매우 무모한 행위다.

"혼자서 가셔브룸 BC까지 트레킹은 불가능하다고 말할 수 없지만 아주 무모한 행위입니다. 포터 없이 길 찾기가 어렵고 눈이라도 오면 살아나오기도 어렵습니다."

"그래도 망망대해를 홀로 헤쳐 나가는 스릴과 환희를 만끽할 수 있지 않을까요?"

"기쁨과 보람은 어느 정도 여유가 있을 때 느낄 수 있지요. 여행 중에는 특히 여유가 중요합니다. 발토로 빙하는 경험 많은 이곳 원주민들도 혼자서는 절대 움직이지 않습니다."

잠자코 고개만 끄덕이던 그녀는 우리 팀을 따라갈 수 없겠느냐고 묻는다. 나는 잠시 망설였다.

"시가르에서 경찰서 신고를 해야 하는데 잘 끝낼 수 있다면 우리를 따라와도 무방합니다. 그러나 경찰서에서 쉽게 허가를 해줄지 의문이군요. 그런데 왜 그런 고행을 하려는 거지요? 훈자지방이나 카라쉬지방으로 가면 트레커가 즐기기 더 좋을 텐데요." 하고 물었더니 그 대답이 일품이다.

"지금 가셔브룸 2봉(8,035m)에는 호주 팀이 등반 중인데 그 대원 중에 고등학교 때 아주 친했던 남자친구가 한 명 있어요. 그와 하룻밤을 지내며 서로 기쁨을 나누고 싶어요."

아니, 오히려 솔직해서 좋다는 생각이 든다.

"그런 다음에는?"

"다시 이곳으로 돌아와 길기트를 거쳐 실크로드를 따라 국경을 넘어 중국대륙으로 들어가려고 해요. 티베트고원을 여행하고 북쪽으로 올라가 곤륜산맥을 따라 몽고고원에 이른 후 아래로 황하를 건너 양자강을 따라 상하이까지 갈 예정입니다. 그런 다음에는 아프리카로 넘어가 북에서 남쪽 끝까지 걷거나 지프를 타고 아프리카대륙을 종주하고 싶어요."

나는 그녀의 여행일정을 들으며 그 대담성에 놀라지 않을 수 없었다.

"결혼은 하셨습니까?"

"아뇨, 우선은 아직 일 년 반가량 남은 이 여행에 최선을 다하려고 해요. 이번 여행은 학교 다닐 때부터의 꿈이었어요. 이 여행을 위해 지난 5년 동안 꾸준히 돈을 저축했지요. 여행이 끝난 후 어느 정도 정리하는 시간을 가진 다음 결혼에 대해 생각해보겠어요."

말 한마디마다 진실성이 있어 보인다.

"저는 꼭 결혼할 거예요. 그 후 아이를 세 명 정도 낳아서 잘 기르고 싶어요. 초등학교 선생으로도 다시 돌아가려고 해요. 이번 여행에서 얻은 풍부한 삶을 바탕으로 학교에서 아이들을 가르치면 더욱 훌륭한 선생이 될 수 있다고 믿어요."

나는 불현듯 그녀에 대한 부러움이 가슴 속 깊이 꿈틀거리는 것을 느꼈다. 사실이지 나도 학교 다닐 때 꿈이 세계일주 여행이었다. 그러나 그저 막연히 꿈만 꾸었지 구체적인 계획을 세우고 하나하나 준비한 적은 없었다. 지금 내 앞에 있는 이 여자는 여행을 실현하기 위해 꾸준히 노력해왔고 결국 실천에 옮겼다는 점이 바로 나의 부러움이다.

그녀는 우리가 이틀 후에 떠난다는 이야기를 듣고는 며칠 후 다른 팀을 따라가겠다고 한다. 그러면서 손을 내밀며 꼭 성공하길 바란다며 웃는다. 그녀의 손을 잡으며 나 역시 그녀의 여행이 계획대로 무사히 끝나기를 바란다고 말하며 뒤돌아섰다. 그녀는 뒤에서 큰소리로 "이번 여행 중에 꼭 한국에도 가겠어요." 라고 한다.

이제 완전히 떠날 준비를 끝내야 했다. 빠진 것들을 모두 조사하고 부족하다 싶은 식량은 넉넉히 구입했다. 한 상자에 300개씩 담긴 계란을 네 상자 사서 베이스캠프까지 올리자고 하니 다들 중간에 상할 것이라고 반대한다. 그러나 거의 대부분의 계란이 베이스캠프 도착 후에도 변질되지 않아 나중에 등반할 때 아주 긴요한 식품이 되었다. 훗날 생각하니 퍽 잘 된 일이었지만 구입 당시는 모두들 괜히 돈만 버린다고 생각했었다.

트랙터 5대에 짐을 모두 싣고 나머지는 집안에 잘 보관해놓았다. 이때 가셔브룸으로 떠난다는 영국 팀과 브로드피크로 향하는 유고 팀의 대원들이 우리를 찾아왔다. 그들의 고용인에게 지급할 장비와 옷들이 약간 모자라는데 팔라고 사정사정한다. 다행히 여벌이 있어 그냥 주었다.

"우리는 돈을 원치 않습니다. 그 대신 꼭 성공하십시오." 하니 고마워 어쩔 줄을 모른다.

이날 밤 송영호 대원의 생일파티가 있었다. 머나먼 이국땅에서 그것도 고난의 길을 떠나기 전날 밤 생일을 맞는 당사자의 기분은 과연 어떨까. 나는 이날 처음으로 송영호가 술을 마시는 모습을 보았다.

내일은 출발이다. 왠지 잠이 오지 않는다. 억지 잠을 청해보나 뇌기능은 오히려 활발히 움직일 뿐이다. 앞으로 대장이 해야 할 임무는 무척 많다. 원정대에 필요한 제반 행정처리 업무, 대원 관리, 기타 많은 문제들을 능숙하게 처리해 나갈 자신은 있었다.

그동안 다섯 차례에 걸친 히말라야 원정에 참가하며 직접 실무를 담당했었고 대장의 경험도 두 차례 있었다. 그러나 그때와 지금의 원정은 차원이 다르다. 지금의 대상은 소위 세상에서 가장 어렵다는 산이요 또 우리 팀은 지금까지의 한국 원정대 중 등반능력, 재정 등 모든 면에서 규모가 사상 최대이기 때문이다.

어떤 경우가 닥치더라도 최선을 다해 '나의 임무에 충실하자!'라고 다짐해본다. 가장 중요한 것은 끝까지 팀워크가 흐트러지지 않도록 하는 것이다. 그러기 위해서는 대원 개개인과 충분한 대화를 나누고, 각자의 개성을 살리도록 하며, 어려운 문제가 닥칠 때에는 항시 솔선수범하여 매사에 실수가 없도록 사전에 예방하는 것이리라.

카라반 기점인 닷소를 향해

6월 12일 비가 쏟아지고 있는 아침에 우리는 스카르두를 떠났다. 작년에 정찰대원으로 참여한 바 있는 송영호는 계속 스카르두에 남도록 했다. 그는 이곳에서 홍옥선과 정부연락관을 기다리다가 함께 BC로 올 것이다. 그러니까 우리들의 카라반은 엄밀히 말해 3개 팀으로 분산된 셈이다.

샤비르는 어제 저녁 고향에서 아들이 위독하다는 전갈을 받고 급히 떠났다. 그러나 놀랍게도 아침 우리의 출발 직전에 되돌아왔다. 환송하기 위해서라며 젖은 머리를 닦는다. 그의 고향 카풀루까지는 이곳에서 지프로 4~5시간 걸리는 발티스탄 지방에서 두 번째로 큰 마을이다.

29세의 이 발티 신사는 파키스탄 관광성의 스카르두 지부 부국장으로 이곳을 거쳐 가는 모든 외국원정대의 편의를 돌봐주고 협조해주는 일이 주 업무다. 우리 한국 팀과는 각별히 친숙하여 작년 정찰 때부터 두터운 우정을 나눠왔다.

샹그리라 호텔에서의 샤비르, 필자, 메이브, 민상기 대원

금년 1월에 우리의 초청으로 우리나라를 방문한 바도 있고, 선발대가 입국했을 때 이슬라마바드까지 일부러 찾아와 우리 일을 도와주기도 했다. 그와는 현지 관리와 원정대 입장이 아니라 국경을 초월한 다정한 친구사이다.

그는 대장인 나를 위해 별도로 지프 한 대를 제공해주었고 운전은 메이브가 직접 하겠다고 나섰다. 출발하는 나의 손을 꼭 잡으며

"꼭 성공하시오. 나는 알라에게 당신들을 위해 기도하겠습니다." 하고 조용히 말한다.

스카르두와 카라반의 출발지점인 닷소까지는 78km에 불과하나 지프로 7시간이나 걸리는 험한 길이다. 작년엔 급류를 만나 이틀 걸

렸었다. 우리를 태운 차들은 비 오는 거리를 조용히 빠져나와 카풀루와의 갈림길에서 브랄두 다리를 향해 달린다.

운치 있게 흔들거리는 나무다리를 지나 언덕을 오르니 마치 넓은 초원 같은 사막이 나온다. 지프는 이 사막을 위태롭지만 잘도 달린다. 사막 한 가운데쯤 도착하자 도저히 그냥 지나칠 수 없음을 느꼈다. 대원들은 너나 할 것 없이 모두 내려 사막과 멀리 보이는 하얀 산들을 배경으로 서로 짝지어 기념촬영을 하곤 다시 차에 올랐다.

지프는 계곡을 오르내리며 계속 달리다가 시가르 마을에 도착했다. 언제인가 국내에서도 한 번 지나쳐 본적이 있는 듯 묘한 친근감을 주는 마을이다. 이곳 또한 도저히 그냥 지나칠 수 없는 곳이어서 우리들은 차에서 내려 식당에 들어가 거세게 흐르는 시냇물소리를 들으며 이 지방 차를 마셨다.

나는 시골마을 어느 곳에 들르든지 꼭 차를 한두 잔씩 마시는데 이는 1975년도에 에베레스트로 정찰 갔을 때부터 생긴 버릇이다. 시가르 경찰서에서 발토로지역 진입신고를 끝내고 다시 출발할 즈음 날씨가 개이기 시작했다.

굽이굽이 이어진 계곡을 가로지르며 닷소에 도착하니 작년에 정이 흠뻑 들었던 까닭인지 퍽 친근감이 느껴지며 아름답게 보인다. 우리들은 엉성한 모텔을 지나 브랄두 강(江)과 가까운 살구나무 숲속 아늑한 평지에 야영지를 마련했다. 야영지 경관이 그림같이 아름답다.

요즘 며칠 동안 제일 바쁘게 움직이며 골머리를 앓고 있는 대원이 수송담당인 박승기다. 300명의 선발대 포터 짐을 일일이 점검하느라 바빴었는데 이제는 본대 200명분의 짐을 연료, 고소장비, 개인장비, 카라반 식량, BC 식량, 통신, 막영, 산소 등으로 구분해 꼬리표를 붙이느라 정신이 없다. 그리고는 선발된 포터들에게 별도의 인식표를 나눠 주는데 포터들은 조금이라도 지기 편한 것, 가벼운 것을 고르느라 야단법석이다.

포터들과 사다와 승강이를 벌이느라 바쁜 승기에게 대원들도 무언가 찾고 싶은 것이 있으면 그를 불러댄다. 후리후리하게 큰 키에 파키스탄 모자와 의상을 입고서 공책을 들고 체크하느라 쩔쩔매고 있는 그를 볼 때면 웃음이 절로 난다.

1975년과 1977년 에베레스트 원정 때 내가 수송담당이었기 때문에 그가 땀 흘리며 일하는 모습을 보니 감회가 새롭다. 77년도에는 포터가 무려 800명이 넘었었다. 슬며시 그의 옆으로 다가가서 최선을 다해 실수 없도록 하라고 거듭 일러준다.

그는 언제나 미소와 여유를 잃지 않고 항시 시원시원하게 대답하는 장점이 있는 반면에 어떤 일이든지 시키면 충분히 할 수 있다고 큰소리부터 쳐놓고 나중에 생각하는 단점도 함께 지니고 있다. 박승기는 이날 밤 그의 일기장에 다음과 같은 글을 썼다.

이제 오늘이 새로운 출발이다. 내일부터는 지난 수년간 꿈꿔 오고 기다려왔던 K2를 향해 첫 발걸음을 옮기게 된다. 내가 수송담당을 맡은 것은 작년 가을 회의 때부터다.

우리 팀의 특색이자 좋은 점은 각 분야별 담당자에게 그 결

닷소에 도착해 새로운 마을이 형성된다.

정권까지 위임한다는 것이다. 이는 대장에게 보고만 한 뒤 곧 실행에 옮길 수 있어 능률적이며 효과적이다. 그러하기에 준비할 때부터 수송담당으로서의 막중한 책임을 수없이 느껴왔다.

특히 장비와 식량을 포장할 장소를 구하기 위해 공문 하나 들고 수십 군데를 찾아다니며 맥 빠진 걸음으로 뒤돌아서기 일쑤였던 일들, 수송 박스를 결정하느라 어려움을 겪을 때 결국 담프라 플라스틱 골판지로 규격과 색상을 정해 제작했던 일.

한 달 이상을 합숙하면서 장비와 식량들을 구입하고 포장하던 일들이 머릿속에 떠오른다. 또한 부산세관을 통관할 때 애먹었던 일. 컨테이너에 짐을 차곡차곡 쌓느라 온 힘을 쏟던 일과 선박회사와 운송회사와 기간과 요금을 맞추느라 승강이 하

닷소에서의 첫 야영

던 일……
 그러나 그러한 모든 일들은 이제 하찮은 지난 추억일 뿐 이제부터가 진짜 중요하다. 최선을 다하자. 그러면 하늘이 도울 것이다. 난 그걸 믿는다.

 어느 정도 정리가 끝나가자 하관용 대원이 곱창 전골요리를 준비하기 시작한다. 그 냄새가 군침을 돌게 한다. 흙탕물이 차가운 브랄두 강의 흐름도 듣기에 따라서는 맑은 시냇물소리 같다. 아름다운 새소리와 상쾌한 푸른 하늘, 이 모든 것이 우리들의 첫 야영 기분을 한층 즐겁게 해주고 있다. 식사 후 모닥불 가에 둘러앉아 간담회가 시작되었다.

전진 59

야영생활시 서로 일을 찾아하면 효과적이니 솔선수범하는데 앞장서겠다고 장병호가 먼저 입을 열었다. 맡은 바 일에 최선을 다하고 서로가 어려울 때 돕는 일에도 최선을 다하겠다는 하관용, 배우는 자세로 매사에 진지하게 임하겠다는 권순호, 쓰러질 때까지 열심히 뛰겠다는 송정두, 그동안 배우고 아는 대로 즐겁게 야영생활을 하면 기쁨만 있고 슬픔은 없을 것이니 임무에 최선을 다하겠다는 박승기다.

4년간 준비해 왔고 이제 첫 야영이니 감회가 깊으며 더욱 각오를 새롭게 하겠다는 정상모, 부족한 점이 많지만 하나하나 배우면서 팀의 중요한 일원이 되겠다는 배종원, 어떻게 대원들을 도와줄 것인가만을 생각하겠다는 최덕신, 열심히 촬영하고 최고의 멋진 작품을 만들겠다는 임경수, 촬영의 주인공들은 대원들이니 다소 귀찮더라도 열심히 협조해달라고 민상기가 부탁한다.

대원들의 건강유지와 진료 그리고 연구 측면에서 노력을 꾸준히 하겠다는 정덕환, K2에서 시작하여 K2에서 끝내자며 끝까지 단합을 강조하는 윤대표, 다들 한마디씩 한다. 표정 또한 진지하다.

이 순간은 모두가 한마음이었음이 분명했다. 끝으로 나는 새로운 각오, 더욱 굳건한 팀워크, 즐거운 야영생활, 최선의 건강관리 그리고 모두 서로 사랑하는 마음을 지니자는 당부로 간담회를 끝냈다.

이제 우리 본대의 긴 카라반은 시작되었다. 진한 커피향기가 모닥불 타는 냄새와 한데 어우러져 텐트 주위를 낮게 맴돌고 있었다.

천리 길도 한 걸음부터

카라반의 첫날

새벽녘 키친보이가 잠을 깨우며 홍차를 건네준다. 침낭에서 일어나자마자 마시는 따뜻한 홍차 한 잔은 상쾌한 기분과 이어진다. 참 좋다. 텐트 밖으로 고개를 내미니 날이 흐린 것이 아무래도 비가 올 것만 같다. 우기도 아닌데 초장부터 긴장시키는군.

사실 우리의 카라반은 여러 가지로 철저한 준비를 했지만 비에 대비한 준비는 소홀했다. 그동안 세 차례의 정찰에도 비에 관한 언급이 전혀 없었기 때문에 네팔 히말라야와 달리 비 걱정은 별로 하지 않았었다. 그런데 첫날부터 겁을 준다.

어제 짐 분배가 끝났음에도 아침에 출발하려니 포터들이 또 짐을 갖고 서로 다투고 있어 사다가 쩔쩔맨다. 이때 인상 좋은 젊은 경찰관 한 명이 나타나더니 열심히 땀 흘리며 도와주는 게 아닌가.

낙천적 성격의 이 젊은이는 정상모와 2년 전 정찰 때 아주 친했었다고 한다. 그의 도움으로 포터들이 쉽게 떠날 수 있었다. 나는 고소포터 6명을 불러 2명은 보도대원의 취재를 돕도록 하고, 2명은 막영을, 2명은 사다를 도와주도록 했다. 메일러너 2명은 주방을 돕도록 지시하고 출발을 서둘렀다.

가까운 브랄두 강 급류의 물살이 바위에 거세게 부딪치면서 요란한 소리를 내며 거칠게 흘러간다. 처음에는 걷기에 편한 넓은 길을 한 시간가량 걸어가니 작년 초에 건설했다는 다리가 나온다. 말이 다리지 양쪽 강가에 시멘트로 기둥을 만들고 굵은 쇠줄로 팽팽히 고정시켜 놓은 것뿐이다.

여기에 케이블카처럼 쇠바퀴를 달고 밑에 나무상자를 매달아 놓은 것으로 짐이 없을 경우 대원 2명이 겨우 쪼그리고 걸터앉을 수 있게 되어있다. 강 양쪽에서 서로 잡아당길 수 있는 밧줄이 나무상자 위 고리에 연결되어 있어 강 저쪽에서 힘껏 당겨야 건너갈 수가 있고, 다 건넌 후에 다시 이쪽에서 밧줄을 당기면 빈 나무상자가 흔들거리며 되돌아온다.

작년에 이 외줄다리를 이용해봤는데 강 중간쯤 왔을 때에는 강바람이 세차게 불어와 나무상자가 심하게 좌우로 흔들거리고 바로 밑에는 우렁찬 굉음을 내며 무섭게 흐르는 급류가 있어 찰나지만 간이 콩알만 해지는 두려움을 느꼈었다.

제 아무리 강심장의 소유자라도 이 나무상자에 앉아 있는 동안은 마치 고양이 앞의 쥐 심정과 다를 바 없으리라. 마음 약한 임산부는 절대 태우지 못할 그런 다리다. 한 번 왕복하는 데 3분씩 걸리니 우리는 건널 포터가 많아 시간상 차포고개를 넘기로 했다.

구불구불 올라가는데 경사는 급하지 않으나 상당히 높고 거대한 고갯길이다. 정찰대원으로 이곳에 경험이 있는 대원들을 제외하고

외줄다리를 건너는 홍옥선과 김창선 대원

는 '첫날부터 카라반 길이 만만치 않구나'하며 바짝 긴장하게 되었음이 분명했다.

닷소를 출발할 때 상쾌한 기분으로 콧노래를 부르며 떠들어대던 대원들이 이제 누구하나 웃는 사람이 없다. 포터들의 선두와 후미 사이가 두 시간 이상 간격이 벌어지게 되어 대원들은 빨리 걸을 필요는 없었다.

우리는 대원들 간에도 선두와 후미를 정했다. 제일 선두에 윤대표 등반대장과 배종원, 맨 마지막에는 하관용과 수송담당인 박승기가 맡기로 했다. 그 밖의 대원들은 서로 흩어져 포터들을 보호하면서 걷기로 했으며 나는 조금 뒤편에서 통신담당인 권순호, 의료담당 정덕환과 함께 걸었다.

무전기는 서로 나누어 지참했다. 오늘의 코스는 비교적 긴 편이지만 수시로 가랑비가 내리고 햇볕이 따갑지 않아 보행하기는 오히려 수월한 편이었다.

카라반의 첫날은 여러 가지 의미를 지니고 있다. 산행이란 으레 첫날이 가장 힘든 법이라 차라리 잘되었다 싶다. 1975년에 에베레스트에 정찰 가서 람상고부터 첫 카라반을 시작할 때다.

지금은 고인이 된 최수남 대장, 역시 고인이 된 고상돈 대원 그리고 김인섭 부대장, 김운영, 한정수, 이원영 대원과 함께 모두 덥다고 웃통을 벗어버린 채 걷다가 다음날부터 등과 목이 따가워 무척 고생했던 기억이 새롭다.

차포고개의 한 고갯마루에 앉아 웅장한 경치와 줄지어 오르는 일행을 바라보며 잠시 쉬고 있는데 털보 하나가 이쪽으로 내려오고 있다. 그 유명한 나지르 샤비르였다.

훈자지방 출신으로 이 나라에서 암벽 등반의 일인자로 불리고 있고 하야츠 소령, 자히드 소령과 함께 제일의 고산등반 권위자이기도 하다. 1981년에 일본 원정대의 일원으로 K2 정상을 이 나라 사람으로는 두 번째로 올랐다.

그는 이슬라마바드에서 트레킹회사를 경영하고 있다. 재작년에 친해진 정상모와 서로 뺨을 부비며 요란스런 인사를 하는데 가히 볼 만한 장면이다.

뒤를 이어 이번엔 서양인 털보가 내려온다. 둘이 함께 트레킹 중이란다. 어딘가 낯이 익은 듯해 통성명을 하니, 아! 바로 세계적인 산 사진작가로 이름 높은 미국인 갤런 로웰 아닌가.

세계 곳곳의 암벽 등반을 무수히 개척한 등반가로도 유명하다. 나마저도 로웰의 산악서적을 여러 권 갖고 있으니 그는 분명 현존하는 최고의 산 사진작가임에 틀림없다. 세상에! 우연히 이곳에서 이들을 만나보게 되다니 너무나 기쁘다.

"브리지로 강을 건너면 더 편할 텐데 왜 힘들게 이 차포고개를 넘고 있지요?" 하고 로웰이 물어온다.

이런 답답한 사람 보았나. 우리 포터가 몇 명인데. 나는 그 이유를 설명하려다가

"그렇다면 당신은 왜 고개를 넘고 있습니까?" 하며 웃으며 되물었다.

그는 팔을 옆으로 벌리고 어깨를 추켜올리면서 고개를 갸우뚱한다. 그러더니 크게 웃으며 꼭 성공하기를 바란다면서 손을 내민다. 참 쾌활한 사나이들이다. 세상을 품 안에 안고 있는 듯 진정 멋진 풍운아들이다.

야영지로 정한 차포마을에 도달하니 대원들은 거의 도착했는데 포터들의 걷는 속도가 느려 대부분 뒤에 처졌다. 이들은 대략 15분 간격으로 쉬곤 한다. 걷는 방식이 네팔 쪽 포터들과는 다르다는 것을 쉽게 느낄 수 있다. 네팔의 경우 천천히 걸으면서 대략 30분 간격으로 쉬는데 이 지방 포터들은 꽤 자주 쉰다. 대신 걸을 때는 제법 빠른 편이다.

차포마을은 멀리서 보기에는 전체적으로 아늑하여 여느 외딴 시골마을과 다를 바 없다. 그러나 가까이서 보는 마을의 집들은 몹시 초라하다. 마을사람들의 생활도 퍽 가난하게 보인다. 빈약한 오두막집은 문이 작고 실내는 캄캄했다.

돌을 쌓아 흙을 칠한 벽은 모두 헐어 만지면 바싹 마른 흙가루가 부슬부슬 떨어진다. 어느 방이건 강아지가 겨우 넘나들 정도의 나무틀로 짠 작은 창문이 하나씩 있을 뿐이다. 우리의 관습으로 보면 그것은 마치 어두운 감옥의 창문 같다. 바닥도 먼지투성이다.

이 위에 어느 원정대에서 얻은 듯한 그라운드시트나 타포린(Tarpaulin 방수 천)을 깔아 놓았다. 잠시만 앉아 있어도 벼룩이나 빈대 때문에 온몸이 근질근질한 것 같아 오직 빨리 밖으로 나가고 싶은 심정뿐이다.

우리는 밀밭과 밀밭 사이의 어느 돌담 옆 공터를 야영지로 정했다. 하룻밤 지내기에는 그런대로 제법 운치 있는 곳이다. 장병호가 마을 위쪽에서 떠온 개울물은 생각 외로 맑고 깨끗하다. 매트리스를 깔고 앉아 포터들을 기다리기로 했다.

특히 텐트와 주방기구를 진 포터가 늦게 도착하는 바람에 모두 할 일 없이 앉아 있어야 했다. 나는 윤대표 등반대장을 불러 이제부터는 포터들의 짐 운반도 순서를 정해 꼭 먼저 도착되어야 하는 물건들은 항시 선두그룹이 이끌도록 지시했다.

또 한 차례 소나기가 퍼붓기 시작한다. 순식간에 막영지가 소란스러워진다. 그러나 대원들이 모두 바삐 솔선수범하며 움직이니 대장이 잔소리할 필요가 전혀 없다. 이럴 때 내가 할 일이란 가만히 앉아 가져다주는 따뜻한 홍차만 마시고 있으면 된다.

대원들은 대장의 권위를 끔찍이 생각한다. 매일 아침 꼭 인사하러 텐트를 찾아오고, 식사를 할 때에도 대장이 숟가락을 들기 전에는 절대로 먼저 먹는 법이 없다. 야영지에 도착할 때도 먼저 도착한 대원이 마중 나와 내 배낭을 빼앗다시피 받아들고는 앞장서서 야영지로 안내한다.

그 사이에 다른 대원은 준비한 따뜻한 차나 혹은 시원한 주스를 찻잔에 가득 담아준다. 가장 좋은 자리에 매트리스를 깔아놓고는 저녁식사 준비가 끝날 때까지 편안히 앉아 있으란다. 생각하기에 따라서는 '굿이나 보고 떡이나 먹어라' 하는 식이다.

사실 나는 대원들과 어울려 함께 텐트도 치고 나무도 모으는 등 무슨 일이라도 하고 싶은데 그들은 원치 않는다. 입장을 바꿔 생각하며 마음을 편히 가지려고 하나 가만히 앉아 그들이 땀 흘리며 열심히 일하는 모습에 미안한 마음만 생긴다. 그러나 어쩔 수 없는 노릇 아닌가. 위급할 때를 제외하고는 대장으로서 대접받는 데에도 이젠 익숙해져야 되겠다.

가만히 앉아서 바쁘게 창고작업을 하고 있는 배종원을 물끄러미 바라본다. 식량 리스트를 들고 다니며 물건을 찾고 있는 모습을 보면 웃음이 절로 난다. 작달막한 키에 체크하고 있는 폼이 어딘가 자연스럽지 못하다. 그에게는 서류나 연필이 어울리지 않는다.

그는 전투부대 특공대원이나 고기 잡는 뱃사람처럼 선이 굵은 남성적인 일이 어울린다. 매일 아침 대원들에게 간식을 나눠주고 부식을 꺼내오지만 메뉴가 즉흥적으로 바뀔 때에는 영락없이 투덜투덜거리며 심술을 부리는데 모습이 인상적이다. 그러나 보기와는 달리 무척 낙천적이며 유머 감각도 뛰어나다. 매혹적인 저음으로 가요를 즐겨 부르는 애창가이기도 하다.

 카라반 첫날이고 모처럼의 산행이다. 그래서 그런지 대원들은 모두가 식욕이 왕성해진 모양이다. 이날 저녁 동네의 통통하게 보기 좋은 닭 여덟 마리가 떼죽음을 당해야했다.

위기일발의 사태지역을 통과하며

기상하자마자 하늘을 처다보니 날씨는 화창할 것 같다. 대원들에게 오늘 코스는 어제보다 더 길고 험하니 포터들의 사이사이에 끼어 행군을 도우라고 했다. 사실 이날의 코스는 빙하 위를 제외하곤 가장 험난한 코스다. 낙석이 심해 작년에도 못가겠다는 포터들을 안심시키느라 진땀을 흘렸던 기억이 떠오른다.

 주방 팀의 착오로 아침을 굶고 출발해야 했다. 어제 닭고기로 포식한 것으로 위안 삼아야지 달리 도리가 있겠는가. 차포마을을 떠난 지 얼마 동안은 걷기 좋은 들길과 산길을 지난다. 그러다가 오른쪽 브랄두 강을 건너가는 작은 외나무다리가 놓여 있는 환상적인 화강암 계곡을 감상한 후 조금 더 걷다보면 약 2시간 이상을 강가 바싹 옆에 붙어서 걸어가야 한다.

 날씨가 좋아서 다행이라 생각하며 걸어가지만 경사가 급한 협곡을 빠져나가는 도처에 낙석의 위험이 도사리고 있다. 급류와 돌사태

사이를 때로는 옆으로 때로는 널뛰기 하듯 교묘히 행군해야 한다. 앞을 보니 위험에 직면하는 일없이 무사히 통과하기란 어림없는 듯싶다. 만일 비가 온다면 더욱 위험하리라.

아스꼴리 마을 사람들도 이 지역을 통과할 때는 항시 아침나절에 움직인다. 일단 오후에 접어들면 절대로 이곳을 통과하지 않고 훨씬 산 위쪽에 있는 또 다른 산길을 따라 걷는다. 이때는 산등을 몇 번씩 넘어가야 하는 번거로움을 감수해야 한다.

촬영을 맡은 민상기와 임경수 대원은 포터들의 행군을 카메라에 담느라 앞뒤에서 바쁘게 움직인다. 이들보다 덜 바쁜 대원들은 때때로 배낭을 내려놓고 인더스강 상류로 이어지는 브랄두의 뿌연 물줄기를 바라보며 간식을 나눠먹곤 한다.

박승기는 쉴 때마다 우렁찬 목소리로 우리 가곡을 몇 곡씩 뽑아댄다. 내 목소리가 더 크냐, 너의 급류소리가 더 크냐 하는 식으로 고래고래 악을 쓰며 노래를 부르는데 옆에서 듣는 입장으로는 차라리 그냥 물소리만 듣는 것이 훨씬 더 편할 것 같다.

강가에 바싹 붙어 통과할 때는 그래도 위험이 덜한 편이다. 조금만 충격을 주어도 사태가 일어나는 급사면 통과가 문제다. 그러나 포터들에게는 강가도 쉽지 않은 모양이다. 몇몇 대원들과 함께 물가 바위 위에 앉아 포터들의 행군을 지켜보고 있는데 마침 한 포터가 발을 헛디뎌 물속으로 빠지고 만다.

다행히 그곳의 물줄기는 급하지 않았지만 포터는 놀라 허겁지겁 다시 물속에 머리까지 들어갔다 나온다. 다른 포터가 내밀어주는 지

괭이를 잡고 겨우 빠져나온 포터는 놀란 가슴을 진정시키기 어려운지 부들부들 떨며 헉헉거린다. 포터가 안전하니 자연스럽게 그 포터가 지고 있던 짐으로 눈길이 돌려졌다.

물이 주르르 흐르는 그 짐은 색깔을 보니 틀림없이 대원들의 개인 짐인데 누구 것인지 알 수가 없다. 유심히 바라보던 권순호가 갑자기 벌떡 일어나며 투덜거린다.

"젠장 빌어먹을 놈의 포터 녀석, 바로 내 장비 박스잖아."

순간적으로 다른 대원들의 안도의 숨을 내쉬는 모습이 역력하다. 특히 송정두는 기분 좋다는 듯이 유쾌하게 웃어댄다.

"거 좀 웃지 마시오, 누구 약 올리는 거요? 시방!"

순호가 화를 내자 기분 좋다고 더 큰소리로 웃어댄다. 정두와 순호는 같은 고등학교 선후배 사이인데도 틈만 있으면 서로 골탕 먹이려고 혈안이다. 지금은 뜻밖의 사건으로 순호가 KO패 당한 셈이다. 약이 올라 한 마디 더 한다.

"너무 좋아하지 마시오. 다음번에 물에 빠지는 포터는 틀림없이 형의 짐을 멘 녀석일 테니까." 정두가 맞장구친다.

"글쎄, 네 말처럼 된다면 오죽이나 좋겠냐"

강가를 지나니 이제부터야말로 위험천만한 사면을 가로질러야 한다. 가도 가도 끝이 없어 보이는 고약한 길이다. 이제는 단 한 번이라도 발을 헛딛거나 몸의 균형을 잃으면 곧 바로 저 아래 브랄두의 격류로 떨어질 것은 정한 이치다. 밑을 내려다보니 커다란 바위덩어리도 충분히 떠내려 보낼 정도로 물살이 거칠고 무시무시하다.

물소리가 요란해 서로의 말소리도 가까이서 알아듣지 못할 정도

다. 만일 저 급류 속으로 떨어진다면 무사히 탈출하기가 결코 쉽지는 않을 것이다. 이따금 멈추면서 겁주는 사면위를 쳐다본다.

한 사람이 위를 쳐다보면서 낙석이 없어 안전하다고 느끼는 순간 "지금이다!" 하고 외치면 쏜살같이 그 지역을 통과하는 그런 식이다. 대원들이야 별 걱정 없지만 만일 포터 한 사람이라도 균형을 잃고 미끄러질까봐 가슴이 조마조마하다.

전문적인 산악훈련을 받은 바 없는 최덕신 대원은 다른 대원보다는 작고 가벼운 배낭을 멘 채 포터들 사이에 끼어 걷고 있었다. 그는 KBS 체육부 기자다. 운동으로 다져진 탄탄한 근육과 늠름한 체격이 믿음직스럽다. 태권도 4단인 그는 성격도 쾌활하고 힘도 장사다.

산행이 이틀째라 그런지 다른 대원들보다 힘이 더 넘쳐흐르고 여유가 있어 보인다. 그가 막 한 사태지역의 사면을 통과하고 있을 때였다. 사면위의 바위 두 개가 조금 내려앉는 기분이 든다. 그러더니 서서히 아래로 움직이는 것이 아닌가.

나는 급히 소리를 질렀다.

"빨리 이곳으로 뛰어와!"

그는 나를 보더니 뭐 그렇게 염려할 필요가 없다는 듯이 여유 있게 웃는다. 나는 재빨리 손으로 위를 가리켰다. 그는 내 손이 가리키는 바로 위쪽 사면을 보더니 순간 기겁을 하고 달려온다. 그 큰 덩치가 마치 평원에 사는 야성의 맹수처럼 이쪽을 향해 뛴다.

그 뒤를 이어 요란한 소리와 함께 돌덩이들이 무시무시한 속도로 굴러 떨어진다. 정말 찰나의 순간이었다. 그는 내 옆에서 씩씩거리며 사태 뒤에 일어나는 흙먼지를 뒤돌아보며 멍하니 서있는데 온몸이 식은땀으로 촉촉이 배어있는 듯하다. 천천히 이마의 땀을 닦아내며 하는 말이 "거 왜 진작 말 해주지 않고 아슬아슬한 순간이 닥치도록 늦게 알려주는 겁니까?"

나는 그의 모습이 우스워 크게 웃었다. 그도 따라 웃으며 먼저 앞으로 나아가기 시작한다. 그러면서 혼자말로 중얼거린다.

"이놈의 지역 되게 위험하구만. 우리 마누라 졸지에 생과부 될 뻔했어."

그럭저럭 위험지대를 무사히 통과하게 되자 곧이어 비교적 야영하기 좋은 넓은 평지에 도착했다. 우리가 예정했던 점심을 먹을 장소다. 포터들도 삼삼오오 짝을 지어 곳곳에서 불을 피우기 시작한다. 그런데 문제가 하나 생겼다. 먹을 양식은 도착했는데 버너와 식기를 들고 오는 포터가 아직 도착하지 않았다.

키친보이에게 물으니 아침에 가장 늦게 출발했기 때문에 제일 늦게 도착할 것이라고 한다. 아침에 분명히 사다를 불러 취사장비, 막영장비 그리고 일부 연료는 반드시 일찍 도착하도록 하라고 주의를 주었었다. 또 아침식사도 굶은 채 출발했는데 점심식사를 위해 이곳에서 취사장비가 도착될 때까지 기다려야 한다는 것이 상당히 불쾌했다.

대원들 모두 배가 고플 것이다. 사다를 불러 막 화를 냈다.

"우리가 트레킹 팀이냐? 이곳에 놀러온 줄 아느냐? 왜 식사를 못하고 기다리게 만드느냐?"

그는 내가 워낙 화가 나 있었으므로 아무런 변명 없이 다만 "죄송합니다. 내일부터는 절대로 이런 일이 없도록 하겠습니다." 하며 머리를 조아린다.

그가 예의 바르게 사과를 했기에 어느 정도 화가 풀렸지만 그래도 기분이 좋지 않았다. 취사담당인 하관용을 불렀다.

"너의 부주의로 아침식사도 하지 못했다. 점심식사가 이렇게 늦는 것도 순전히 너의 책임이다. 내일부터는 남보다 한 시간 이상 먼저 기상하고, 점심식사에 필요한 취사도구는 키친보이와 메일러너도 직접 짊어지게 하여 항시 먼저 도착하도록 해라." 하고 야단을 쳤다.

관용이는 해외등반이 처음이다. 어제는 포터들에게 짐을 분배하는 북새통 속에 출발했지만 오늘부터는 다르다. 어떻게 보면 그의 실수는 처음이기 때문에 쉽게 이해할 수 있다. 그러나 나는 사정없이 야단을 쳤다.

다른 대원들이 모두 화가 나 있었기 때문에 내가 더욱 화를 냄으로써 그들의 화난 마음을 간접적으로나마 어느 정도 풀어주어야했기 때문이다. 우선 급한 대로 라면을 끓여 요기를 했다.

대원들을 배고프게 한다는 것은 전적으로 대장인 내 책임이다. 또한 카라반 중식을 라면으로 때운다는 것은 말이 안 된다. 무거운 카메라를 멘 보도대원들에겐 특히 미안했다. 그래서 나는 대원들에게 사과하는 의미로 점심을 굶기로 했다.

어제의 차포 언덕은 웅장한 반면에 길이 구불구불 돌아가기 때문에 경사가 그다지 급하지 않았지만 지금부터 넘어야할 쫑고고개는 경사가 꽤 급하다. 한 시간가량을 계속 급경사를 쳐 올라가야한다.

쫑고 고개를 넘는 도중
잠시 숨을 돌리는
임경수 카메라 기자

이런 급경사를 오르는 것은 대원들에겐 힘을 한번 확 쓰면 되는 일이다. 그들은 힘의 배분 요령을 잘 알고 있다. 그러나 전문 등산가가 아닌 기자들에게는 이 고갯길이야말로 고행길이 아닐 수 없다.

보도대원 중 민상기 대원은 별 어려움 없이 잘도 올라간다. 그는 원래가 산악인 출신이다. 10여 년 전 그가 홍익대학교 산악부원일 때부터 나는 그를 잘 알고 있었다. 우리는 산에서 자주 만났었다. 해외원정 경험도 풍부한 그다. 1980년 유럽알프스 그랑조라스 북벽 및 마터호른 북벽등반, 1981년 카라코룸 바인타브락 등반, 1982년 히말라야 마칼루 등반, 1984년 히말라야 에베레스트 등반 등 그의 해외원정 경력은 화려하다.

모두가 취재기자로 참여했지만 고산에서의 등반경험은 누구보다도 풍부했다. 다만 바쁜 기자생활로 인해 최근의 국내 산악훈련에 별로 참여치 못했을 뿐이다. 카메라 기자로서도 실력이 출중해 마칼루 원정의 생생한 다큐멘터리 영화로 ABU 방송 특별상을 수상하기도 했다.

그러나 다른 보도대원 임경수와 최덕신에게는 계속 이어지는 가파른 언덕길이 결코 쉽지 않은가보다. 평지에서는 누구보다도 강한 그들이 경사진 산길에선 아무래도 등반대원들에게 뒤지는 것은 지극히 당연한 노릇이다. 특히 큼직한 카메라를 어깨에 둘러 멘 임경수는 가끔 푹 주저앉으며 "어 어휴~" 하며 긴 한숨을 내뿜는다.

"끝까지 힘을 내야 해. 누구 하나 도와 줄 사람이 없어. 스스로 올라가야지." 하고 어깨를 툭 치며 말을 건네니 웃으면서 하는 말이 걸작이다.

"대원들이야 좋아서 이곳에 왔지만 나는 무슨 죄가 있습니까. 목구멍이 포도청이라 방송국에서 가라고 하니 어쩔 수 없이 따라왔을 뿐이지요. 그러나 이렇게 길이 험하고 힘들어서야 앞길이 노랗게 보일 뿐입니다."

"원래 카라반 길이란 국내 장기등반 때처럼 처음 2~3일이 가장 힘든 법이야. 이제 며칠 지나면 괜찮을 거야. 자! 같이 올라갑시다."

헉헉대며 언덕 끝에 당도하니 맞은편 산에 부딪치며 꺾어지는 바람이 시원하다. 뒤를 돌아다보니 어제 넘었던 차포고개의 일부가 멀리 보이고 아침부터 조마조마 가슴 두근거리며 뚫고 빠져나온 고약한 사태지역이 처음부터 끝까지 한눈에 굽어보인다. 등반이 끝나고 내려 올 때에도 또 한 번 저 곳을 뚫고 빠져나가야 하겠지.

이제 내리막길이다. 만약 비가 오고 있을 때는 몹시 위험할 것이다. 한번 실수로 미끄러진다면 저 아래 브랄두의 급류로 굴러 떨어지는 동안 멈출 곳이라고는 한 군데도 보이지 않는다. 하관용의 표현대로라면 떨어지는 동안에 허기가 져서 급류에 도착되기 전에 굶어 죽을 것이란다.

재작년 정찰 왔던 유재일은 이곳이 제일 겁나는 곳이라고 이야기했었는데 이번에는 겁 없이 잘 걸어갔는지 궁금해진다. 그는 선발대원으로 3일 전 이곳을 지나갔으니 어떤 모습으로 통과했는지 알 길이 없다.

무사히 언덕길을 내려와 쫑고마을을 향해 걷는데 시장기가 돈다. 하루 종일 먹지 않고 걷는 일이 그리 유쾌한 일은 못 된다. 그러나 내색하지 말아야지. 쫑고마을은 차포마을에 비해 비옥하고 넓은 평야를 갖고 있다.

집들도 비교적 크며 마을 전체가 넓게 펼쳐져 있어 흡사 우리의 시골 마을같이 아름답고 포근하며 친근감이 감돈다. 개울물도 맑고 깨끗하다. 어제처럼 마을 가운데 공터에 야영지를 정했다. 돌담이 울타리로 둘러싸여 있는 꽤 널찍한 공터다.

마을 어린이 수십 명이 몰려오더니 먹을 것을 달라는 시늉을 한다. 입을 벌리고 혀를 길게 내밀면서 손가락 하나로 혓바닥 가운데를 꼭 누른다. 그리고는 손을 내민다. 이것이 먹을 것을 달라는 그들의 표현이다.

작년에 정찰대로 카라반을 떠나던 첫날이었다. 그날 한낮에 밀밭 가운데서 일하던 처녀 두 명이 마침 그 옆을 지나던 홍옥선 대원에

대원들을 수시 검진하는 정덕환 박사

게 그런 표현을 했었다. 그때 홍 대원은 그들의 표현을 '나는 당신에게 반했어요. 이리 와서 나랑 함께 사랑을 나눠요.'라고 스스로 마음대로 해석하고는 우리들에게 달려와 "지금 저 처녀들이 나보고 연애하자는데 어떡하지?" 하며 어깨에 힘을 주면서 폼을 잡았다.

다음날에야 그것이 먹을 것을 달라는 뜻인 줄 알고 무안해서 얼굴이 벌개졌고 우리들은 그때마다 "옥선아, 지금 쟤들이 너보고 연애하자는데 빨리 가봐." 하며 놀려댔었다. 배종원, 임경수, 최덕신 등 몇몇의 대원이 과자, 사탕을 몇 봉지 꺼내더니 아이들에게 나눠주고 있다.

의료대원 정덕환 박사는 대원들과 고소포터, 고용인들을 하나하나 불러 혈압과 폐활량, 맥박 등을 측정하고 있다. 그는 출국 전 서울에서 종합진찰 받은 대원들의 진료리스트를 갖고 그때그때 각자의 신체변화를 체크한다. 대민 진료 또한 빼놓을 수 없다. 마을사람들이 우르르 몰려오며 어디 어디가 아프다고 야단이다.

정 박사는 원주민의 지급용으로 많은 의약품을 별도로 준비해왔는데 그중에 특히 기생충 약은 어느 누구에게든지 충분한 양을 지급해주고 있다. 비교적 영어를 잘하는 메일러너 샤반을 불러 간호원 역할을 담당케 했다.

이날 저녁식사도 푸짐한 닭고기 요리였다. 카라반 기간 중 마을에 있을 때는 보다 싱싱한 야채나 고기를 직접 구해 마음껏 먹을 셈이다.

마지막 마을을 지나 강을 건너

안개가 자욱하고 상큼한 자연냄새가 감도는 것이 오늘도 맑은 날씨가 보장된 듯하다. 이날은 짧은 코스다. 서둘지 않고 아침식사를 느긋하게 끝냈다. 가벼운 마음으로 출발한다. 마을을 빠져나와 완만한 작은 산을 몇 개 넘으니 노천온천탕이 하나 나온다.

네다섯 명이 목욕할 수 있는 크기다. 바로 길 옆이라 약 200m가량 옆으로 더 오르면 훨씬 더 좋은 노천온천탕이 있기에 그곳으로 향했다. 천연적인 탕 세 개가 나란히 붙어있어 많은 대원이 동시에 목욕을 즐길 수 있어 좋다.

옷을 훌훌 벗고 탕 안으로 살며시 들어갔다. 서둘러 들어가면 밑에 깔린 이끼 등이 물에 떠 지저분해지기 때문이다. 온천물이 따뜻해 기분이 매우 좋다. 짙은 유황냄새가 물씬 풍긴다. 따뜻한 온천물에

노천
유황온천에서의
목욕(김현수,
유재일, 홍옥선,
김창선 대원)

가슴까지 담근 채 느긋이 앉는다. 뒤로는 바위 언덕이고, 앞으로 확 트인 시야에 넓은 초원과 강 건너 마주 보이는 하얀 산들이 조화를 이뤄 아름다움의 극치다. 정말 기가 막힌 대자연의 파노라마다.

목욕을 하다 문득 이 경치를 카메라에 담고 싶다는 욕망이 생긴 민상기 대원이 탕에서 나와 무비카메라를 든 채 촬영하느라 왔다 갔다 바삐 움직인다.

홀랑 벗은 남자가 카메라를 들고 촬영하는 폼이 가히 일품이다. 우리들의 목욕장면을 찍겠다며 가랑이를 벌린 채 쭈그리고 앉아 열심히 카메라에 담고 있는 민 대원의 폼이 우리만 보기에는 너무 아까운 광경이었다.

빨래까지 끝낸 후 새 옷으로 갈아입고 다시 출발이다. 푸르른 밀밭 사이로 포플러나무가 울창하고 그 사이 도랑을 따라 시골길을 걷는 기분이 매우 상쾌하다. 신선한 향기가 그윽하다. 멀리 침봉 군들이 하늘을 찌를 듯 아스라이 보이고, 오른쪽에는 5천 미터가 넘는 산들이 하얀 모자를 쓴 채 웅장하게 버티고 있다. 그 아래 신선하고 푸른 밭도랑 사이는 황량한 사면과는 달리 매우 풍요롭게 보인다. 콧노래가 저절로 흘러나온다.

한참을 걷다 통할이란 작은 마을을 지나니 이때부터 왠지 몸이 나른해지고 늘어지는 기분이다. 웬 일일까? 하면서 아스꼴리 마을 공터에 도착하니 먼저 도착한 대원들이 모두 늘어져 자고 있는 것이 아닌가.

하기야 서울을 떠난 지 보름이 넘도록 하루도 휴식이 없었고, 이틀간의 험하고 긴 카라반 길을 걸은 후 온천물에 목욕까지 했으니 몸이 늘어지는 것이 당연한 노릇이다. 모두가 다 비슷할 테지.

다만 왕성한 체력의 소유자 장병호만이 낮잠을 안자고 포터들의 짐을 체크하고 있는데 왼쪽 손을 붕대로 감고 있다. 왼쪽 넷째 손가락이 칼에 심하게 베여 정 박사가 즉시 치료한 것이다. 꿰맬 정도는 아니나 약 열흘정도는 물이 들어가지 않도록 조심해야 한다고 한다.

별명이 여포인 장병호는 항시 스테미너가 철철 넘쳐 지칠 줄 모르는 청년이라 그와 함께 있으면 나까지도 힘이 솟는다. 그는 무엇이든지 수선하고 고치는데도 일가견이 있다. 또한 언제든지 얼굴 한 번 찌푸리는 일 없이 태평양 같은 넓은 마음의 소유자이지만 너무 덤벙대는 것이 한 가지 흠이다.

그가 주방을 몇 번 왔다 갔다 하면 어김없이 버너가 한 번쯤 넘어지고 끓이던 찌개가 엎어지곤 한다. 어느 날인가 서울에서 배종원 대원이 특별히 주문해온, 인삼과 꿀을 섞어 곱게 포장한 유리병을 병호가 덤벙대다가 그만 콱 밟아 박살을 내버렸다. 바로 옆에 서 있다가 깜짝 놀라는 종원이의 표정이 심하게 일그러졌다.

"야, 임마. 그 인삼 꿀은 너에게 주려고 특별히 마련한 건데 깨버리면 어떻게 하냐?" 하는 종원이에게 "저에게 주려고 갖고 오신 것이라면 오히려 잘 됐습니다. 저는 그런 것 먹으면 소화불량에 걸려버리니까요." 하며 껄껄 웃던 장병호다.

몇몇 대원들과 이곳 마을의 지도자인 하지마디 촌장 댁을 방문했다. 다 찌그러져가지만 의자들과 테이블이 있는 응접실로 안내되었다. 촌장은 우리를 반갑게 맞이하며 차와 계란, 차파티 등을 대접한다.

올해 이곳을 지나간 수많은 원정팀 중 우리 한국 팀이 가장 조직적이라고 극찬을 하는데 그 속셈이 궁금해진다. 어찌 되었건 이곳에 있는 유일한 초등학교에 준비해간 공책, 연필 등을 한 박스 선물로 기증했다. 많은 의약품도 전달했다.

하지마디 촌장. 금년 48세인 그는 세습제 촌장으로 파키스탄 정부에서 발행한 촌장 증명서를 갖고 있다. 인자하게 생긴 그는 행동이 고상하고 유머감각이 뛰어나며 마을사람들의 덕망을 한 몸에 받고 있는 절대적인 지도자다.

(여기서 재미있는 사실 하나. 하지마디 촌장과 우리의 키친보이 유숲은 매부와 처남 사이고, 동시에 장인과 사위 사이다. 그러니까 유숲은 누나를 촌장의 8번째 부인으로 보내고 그의 많은 딸 중 하나와 결혼했다. 서로 만

족할만한 물물교환이었다고 유숲이 자랑한다. 신부를 구하려면 돈이 많이 드는데 자신은 누나 덕분에 힘들게 돈을 벌지 않아도 되었으니 행운이라고 한다. 이해할 수는 있다.)

이곳에서는 모든 식량의 매매가 바로 이 촌장을 통해서만 이루어진다. 값은 엄청나게 비싼 편이나 이곳이 최후의 마을이니 당장 아쉬운 원정대로서는 촌장이 부르는 비싼 값을 치르고라도 필요한 식량을 구입해야지 별 도리가 없다. 이러한 제도 때문에 마을에 상점이 없으며 이들 입장에서는 현명한 방법이라고 이해도 된다.

우리는 염소 4마리와 닭 20마리 그리고 야크라는 소 한 마리를 구입했다. 마을 안에 있는 계란을 하나도 남김없이 모조리 걷었다.

아스꼴리 마을은 시골 중에서도 풍요로운 마을이다. 집들도 큼직하고 지붕에 곡식을 널어놓고 햇볕에 말리는 집도 여기저기 볼 수 있다. 아낙네들은 우리들을 보자 생긋이 웃으며 얼른 문안으로 들어가 문틈으로 살며시 내다본다.

강아지가 멍멍 짖고 염소 떼들이 많아 사람 사는 곳 같다. 지저분한 옷차림 따위에는 아랑곳하지 않는 아이들의 표정은 여느 아이들처럼 맑고 순박하다. 순간 내 아들과 딸이 보고 싶은 충동이 강렬히 솟는다. 녀석들은 지금 무얼 하고 있을까.

정 박사는 이곳에서 거의 5시간을 대민진료에 시달려야 했다.

> 메일러너 샤반에게 통역을 맡기고 손짓발짓 해가면서 160여 명의 환자를 진료했다. 기침이 심한 사람이 눈에 띄게 많았고

갑상선질환 환자가 많은 것이 인상적이었다. 만성질환이 대부분이었으나 영양실조 환자는 생각보다 적어 의외였다.

투약만으로는 마음에 차지 않는지 주사를 놓아달라는 환자가 가끔 있어 우리나라나 여기나 주사를 맞아야만 치료가 된다는 생각은 매일반이다 싶어 실소를 금치 못했다. 약을 받아 가면서도 약의 용법과 용량을 설명하는 나의 말에는 별로 귀담아 듣지 않는 것 같아 약을 주면서도 조금 불안하다.

대부분이 남자환자였으나 특별히 부탁받은 여자환자를 치료하기 위해 왕진을 할 기회를 가졌다. 마구간 같은 곳에서 닭, 양들과 같이 기거하고 있는 그들의 주거생활에 측은한 생각이 들었으나 나름대로 만족해하고 즐겁게 살고 있다.

생활의 만족도는 각자의 마음가짐에 달려있다는 삶의 지혜를 배운다. 산속 마을에서 태어나 주어진 삶에 충실하며 나름대로 재미있는 생활을 하는 모습이 물질문명 속에 시달리며 욕망의 노예가 되어가는 도시생활에 익숙한 우리들에겐 좋은 교훈이 된다고 생각된다.

정 박사의 후일담이다.

저녁식사 후 마을사람들을 위해 비디오영화와 단편 만화영화 몇 편을 보여주었다. 보도대원들이 준비한 7인치 포터블 모니터에서 방영되는 동영상은 이들의 혼을 빼놓을 듯 했고, 특히 숀 코네리 주연의 〈바람과 라이온〉은 무슬림의 공감대가 형성되어선지 엄청난 인

아스꼴리 마을에서 영화구경, 어른 아이가 따로 없다.

기를 끌었다. 모두들 영화는 처음 구경한다고 하니 그럴 수밖에.

다음날 아침, 작년에 이곳에 보관해놓았던 장비 등을 꺼내고 맥주와 위스키 그 밖의 불필요한 몇 가지 짐을 보관시켰다. 술은 꼭 필요한 양만 BC로 갖고 가기로 했다. 당분간 좋은 날씨가 계속될 것 같다.

꼭 성공을 빈다는 하지마디 촌장 이하 여러 마을사람들을 뒤로하고 우리는 이 최후의 마을을 떠났다. 앞으로는 집 한 채 구경할 수가 없다. 오로지 대원들과 고용인들 그리고 짐을 나르는 포터들만이 거친 빙하 위에서 생활해야 한다.

임경수 대원과 이야기를 나누며 걷고 있는데 포터들이 모여 있다. 가까이 가보니 우리가 산 야크가 발광을 하고 있는 것이 아닌가. 나는 자일을 꺼내 묶도록 이르고 사다를 마을로 보내 3명을 야크 몰이꾼으로 더 고용했다. 이틀간 만 끌고 가면 된다. 그리고는 잡을 것이다.

대열은 아무 탈 없이 잘 나아간다. 길이 좋아 발걸음도 가벼워진다. 그러다가 영화 〈알리바바와 40인의 도둑〉에서 봄직한 바위절벽 사이의 관문을 빠져나오니 거대한 빙하가 눈앞에 전개된다. 이 빙하를 가로 질러야 하는데 결코 쉬울 것 같지 않다.

만일 지금 눈이 오고 있다면 엄청난 고생을 감수해야 하겠지. 바로 이 모레인(Moraine) 지대 직전에 좌측으로 틀어 빙하를 따라 북쪽으로 올라가면 바인타브락 산군과 히스파르 언덕이 나오며 시아친 빙하와 히스파르 빙하 그리고 비아포 빙하 등 거대한 빙하의 바다가 전개된다. 그러니까 지금 가로질러야 하는 모레인 지역은 비아포 빙하의 시작 지점인 셈이다.

빙하 위를 걷는 것이란 결코 유쾌하지 못하다. 겉은 태양에 녹아 돌무더기들이 노출돼 쌓여있고 속에는 얼음덩이들이라 잘못 밟으면 미끄러지기 십상이다. 빙하는 서서히 녹아 흐르며 간혹 빙괴 사이에 얼음물의 통로를 이루는 터널들이 마치 얼음 동굴처럼 들여다 보인다.

얼음에서 발산되는 냉기로 인하여 따가운 태양아래 있어도 신선한 냉기가 느껴진다. 마치 살아 움직이는 거대한 공룡이 누워있는 그 위를 개미떼가 지나가는 듯 묘한 기분이다.

한참 만에 구불구불 오르고 내리며 빙하 길을 빠져나오니 그림같이 아름다운 낙원이 나타난다. 영락없이 〈아라비안나이트〉 영화의 한 장면 같다. 지금 우리들은 푸른 장미를 찾아 여러 난관을 하나하나 극복해 나가는 전설 속의 모험가 신바드의 일행이라고 할 수 있지 않을까? 이 환상적인 낙원은 강가의 숲으로 형성되어 있다. 가족과 함께 낚시하거나 캠핑하기에 제격인 아름다운 장소다.

고로혼이란 이름의 숲 속에서 우리들은 간단한 간식을 먹으며 휴식을 즐겼다. 수풀덩굴 사이사이에서 포터들이 짝을 지어 차를 끓이고 있는데 나무 타는 냄새가 향기롭고 모락모락 피어나는 모닥불 연기가 보기에 좋다.

작년에는 이곳에서 파키스탄 브로드피크 원정대와 함께 야영을 했었다. 현역 군인으로 구성된 그들은 8,000m 산에 도전하는 최초의 파키스탄 단일팀이었다. 자기 나라에 있는 산을 오르는 데 사상 처음으로 다른 나라의 도움 없이 단독으로 오르는 것이다. 그들 중 하야츠 소령과 자히드 소령이 브로드피크 정상을 밟았다. 갑자기 보고 싶어진다. 그들은 지금 어디에 있을까?

다시 길을 걷기 시작한다. 넓은 강가를 따라 걷다가 바위산을 비스듬히 오른다. 바위산을 오를 때는 언제나 미국 서부영화에 나오는 어느 장면들이 연상되곤 한다. 얼마 후 우리들은 이날의 최대 관문인 넓은 강가에 도착했다. 비아포 빙하지대에서 흘러나오는 이 강은 넓게 퍼져 여러 갈래로 흐르면서 브랄두로 이어지게 된다. 이 강을 건너야 발토로 빙하를 향해 브랄두강의 상류로 거슬러 올라갈 수 있다.

브랄두 강은 발토로 빙하에서부터 시작되며, 발토로 빙하의 제일 높은 지역인 콩코르디아 일대에서 제일 높은 K2는 따라서 브랄두의 시발점이고, 브랄두는 거대한 인더스강 최상류의 작은 강이니 결국 K2는 인더스강의 발원지가 된다.

선두그룹의 윤대표 등반대장과 정상모 대원이 나에게로 오고 있다.

"이곳에서 직접 도강을 시도합시다." 그들은 자신 있게 의견을 제시한다.

"물론이지. 나도 이곳에서 도강하고 싶어. 안전하게 건널 수 있는 길은 찾아냈냐?"

"찾아냈습니다. 대원들은 비교적 안전하게 건널 수 있겠습니다."

"포터들은?"

"포터들 중에서 겁이 많은 사람들이 문제인데 건너는 순서를 잘 정하고, 대원들이 흩어져 포터들 사이에 끼어서 도와주며 용기를 심어주면 충분히 가능합니다."

"좋았어. 그렇게 하자. 어느 물건 하나라도 물에 떠내려가지 않도록 신경 쓰라고 포터들에게 단단히 일러 놔."

돌아서는 상모를 다시 불렀다.

"물이 몹시 차니 먼저 건너간 사람들은 모닥불을 피워놓도록 하게. 옷을 말리고 보온도 해야 하니까."

"알았습니다." 명쾌한 대답을 하더니 포터의 선두그룹으로 간다.

정상모는 포터들을 다루는 데 탁월한 능력을 지니고 있다. 본대 대원 중 윤대표 등반대장과 정상모, 송정두가 이곳의 경험이 있어 발티스탄 사람들의 성격을 비교적 잘 알고 있다. 그러나 정두는 워낙 마음씨가 착해 포터들에게 강한 어필을 제대로 못하는 편이고, 대표는 너무 강해 문제다.

그는 비타협적이라 포터들을 매끄럽게 다루지 못한다. 너무 순수하다. 반면에 상모는 육군 장교출신이고, 고등학교 체육교사라 그런

아스콜리 마을을 지나 뼈 속까지 차가운 물을 건너는 카라반 행군

지 포터들과 고용인들을 다루는 데는 완벽한 자질을 갖추고 있다.

 물살이 빠르고 바닥은 울퉁불퉁하며 미끄럽다. 폭이 약 20m가량 되는 강 셋을 계속해서 건너가야만 한다. 빙하에서 흘러나오는 물이라 몹시 차갑다. 느낌에 영하 20도는 되는 것 같다. 뼈 속까지 뚫고 들어오는 차가움이 매섭다.

실제로 이 빙하 물은 섭씨 영하의 온도다. 일반적으로 영점 이하는 얼텐데 히말라야 고산 빙하에서 막 흘러나오는 물은 예외다. 예상보다는 쉽게 도강을 끝냈다.

　나는 잘 건너다가 막판에 발이 미끄러지면서 어깨까지 물에 흠씬 젖었다. 옆에 있던 임경수 대원이 기분 좋다고 웃어댄다. 왜 사람들은 남이 눈앞에서 넘어지거나 미끄러지면 좋아하는지 모르겠다. 실은 나부터 그러하지만.

　나중에 점검하니 물에 떠내려간 것은 살아있는 닭 네 마리뿐이었다. 이로써 우리는 하루 반을 앞당기게 된 셈이다. 만일 우리가 여기에서 이 강을 건너지 못했다면 작년처럼 이곳에서 2시간가량 떨어진 왼쪽 상류에 설치된 조그만 외줄다리로 건너야만 하는데 이 다리도 닷소마을 위에 있는 다리와 똑같아 두 사람 건너는 데 3분씩 소요된다. 그렇게 강을 건넌 후 이곳까지 다시 2시간가량 내려와야 한다. 모닥불로 언 몸을 녹이고 옷을 갈아입었다.

　한참을 다시 걷다보면 왼쪽 산중턱에 황갈색의 거친 절벽이 병풍처럼 장관을 이루고 있어 올려다보며 걷기에 목이 아플 지경이다. 흙으로 형성된 약간 오버행의 이 천연의 절벽들은 그 형상이 기기묘묘하고 제각기 달라 '이것은 어떻게 생겼다. 저것은 누굴 닮았다.'고 생각하며 걷다보니 어느덧 신이 창조한 예술품을 감상하고 있는 기분이 든다.

　나중엔 '이것은 무엇을 나타낸 것일까?' '저것은 무엇을 뜻하는 것일까?' 하며 걷게 되었다. 신의 예술작품 바로 아래 야영지를 정했다. 초브락이란 지역이다.

경치는 일품이나 마른 먼지가 몹시 심하고 먹을 물이 흙탕물뿐이다. 병호가 주스를 타서 한잔 주는데 시간이 지나니 색깔도 변하고 맛도 이상하다. 이런 물이라도 몸에 넣어야만 생존할 수가 있겠지.

한참을 가만 놔두면 잔 밑에 회색의 석회가루가 앙금으로 가라앉고 여러 번 여과해도 별로 침전되지 않고 물 색깔은 여전히 뿌옇다. 생각 끝에 미숫가루를 타 먹었다. 그 색깔이 그 색깔이라 구별이 되지 않으니 마시면서 마음은 차라리 편하다. 밥을 짓는데 밥 색깔도 조금 뿌옇다.

멀고도 먼 고행의 길

빠유 숲에서

초브락을 출발한 후 얼마 안가면 야영하기 좋은 발트바르를 지나게 된다. 작년에도 이곳에서 야영을 했었다. 다시 울퉁불퉁한 들판을 가로지르고 때로는 강가에 바싹 붙은 오솔길을 따라 계속 걷다보면 바위산을 넘게 된다. 그 위에서 바라보면 황갈색의 황량한 계곡 어느 한곳만 유일하게 푸른 작은 숲을 발견하게 된다. 그곳이 오늘의 야영지인 빠유다. 빠유만 지나면 나무가 전혀 없다.

바위산을 내려가는데 열 명가량의 트레킹 팀이 올라온다. 서로 마주치게 되자 먼저 인사를 했다.

"굿모닝"

그러자 그들 중 제일 나이가 많아 보이는 50대의 남자가 답례를 하면서 누가 리더냐고 묻는다.

"바로 나요." 하니 며칠 전 한국 팀 선발대가 빠유에서 야영을 한 후 그곳이 온통 쓰레기 천지가 되었다고 훈계조로 말한다.

"도대체 당신들은 어느 나라에서 왔습니까?"

"우리들은 모두 스위스 사람으로 콩코르디아까지 트레킹하고 되돌아오는 중이오."

"그렇다면 어떻게 한국 팀이 빠유를 더럽혔다고 확신합니까?"

"우리가 되돌아오는 도중 폴란드 K2 원정대와 한국 선발대를 만났는데, 빠유에 지저분하게 널려있는 대부분의 쓰레기에 '메이드 인 코리아'라는 글자가 새겨져 있습니다."

"그럴 리가 없습니다. 우리 한국인은 절대로 쓰레기를 자연 속에 방치하거나 그대로 버리지 않습니다. 뭔가 이상합니다. 당신들 말을 도저히 믿을 수 없군요."

그들이 화를 내는 모습을 보니 우리 선발대의 쓰레기가 빠유에 널려 있는 모양이다. 그들은 화가 안 풀렸는지 조소의 표정으로, 폴란드 팀은 대원 8명에 포터가 100명뿐인데 한국 팀은 대원도 많고 포터도 많아 전근대적인 등반을 한다고 비웃는다. 적어도 내 눈에는 우리를 비웃는 것 같이 보였다.

'행운을 빈다.' 라는 극히 간단하고 기본적인 인사말도 없이 그들은 우리 곁을 떠나갔다. 그들과 씁쓸한 기분으로 헤어지자 서둘러 그곳으로 달려가서 내 눈으로 직접 확인하고 싶었다.

빠유는 그림같이 아름답고 포근한 환상적인 멋진 숲이다. 도착해 보니 과연 많은 쓰레기들이 숲 가운데를 지나는 개울 옆에 널려있다. 주로 나뒹구는 빈 깡통이며 간식포장 대부분이 우리 선발대가 버리고 간 것이 틀림없다.

당시 선발대의 행실에 몹시 분개했다. 그러나 나중에 알고 보니 선발대가 이곳을 출발하기 전에 쓰레기를 한데 모아 큰 비닐봉지에 넣어 다른 쓰레기더미 위에 놓고 간 것을 그 후 포터들이 뭐 가질 것이

도살 전문가가 염소 가죽을 벗긴다. (염소고기가 최고의 요리)

없나하고 봉지를 뜯어 흩트러 버린 것이 확인되었다. 어쨌든 스위스 트래킹 팀이 한국 원정대에 대해 화를 낼만하다고 이해했다. 우리는 이곳에서 하루를 쉬고, 출발 전에 숲 전체를 깨끗이 청소하여 모든 쓰레기를 불에 태우기로 했다.

막영지 설치가 대충 끝나가자 사다가 오더니 야크를 잡자고 한다. 포터 중에서 야크를 잡는데 경험 많은 몇 명이 자청하고 나섰다. 다음은 야크 도살을 목격한 정덕환 대원의 회고다.

몇 사람의 도살 전문가처럼 보이는 포터가 야크를 숲 아래로

야크 고기를 포터들에게 주기 위해 나눔

끌고 가 능숙하게 쇠뿔에 밧줄을 묶었다. 그런 다음 줄을 커다란 나무에 묶더니만 사지를 각기 다른 줄로 묶어 발바닥이 하늘로 향하도록 뒤집어 놓고 예리한 칼로 목의 경동맥 부위를 절개한다. 온몸의 피가 다 나오게 해 죽였다.

처음에는 몸부림치던 불쌍한 동물이 피가 빠져나감에 따라 서서히 약해지면서 가엾게 죽어갔다. 아마도 죽음이 임박한 것을 예견한 듯 나무에 묶여질 때 슬프게 보이던 야크의 눈을 지금도 잊을 수 없다.

야크의 가죽을 벗겨낸 후 사다는 대원들과 고용인이 먹을 고기의 부위를 묻는다. 관용이는 야크의 혀와 갈비 한 짝 그리고 내장 일부와 등심부위를 잘라낸다. 대원들이 먹을 고기를 먼저 갖고 오자 포터들은 서로 많이 가지려고 싸움을 한다. 고기를 보고 눈이 뒤집힌 것이다.

나중엔 우르르 나에게 몰려오더니 대원들의 고기도 다 내놓으라고 하는 게 아닌가? 그들이 먹을 고기가 모자란다고 떠드는 모양이다. 메일러너와 고소포터들이 그들을 말리고 달래보았으나 막무가내다.

원래 사다에게 포터들을 위해 염소 2마리를 주겠다고 약속했었다. 이후 특별 배려 차원에서 야크로 바꿔 더 푸짐하게 주었는데 고맙다고 하기는커녕 오히려 더 요구를 한다. 나는 포터들에게 정 그렇다면 야크고기는 한 점도 주지 않고 원래의 약속대로 염소 2마리만 주겠다고 하니 그제야 슬금슬금 뒤로 물러선다.

나는 욕심내고 싸움하며 욕설을 퍼붓던 주동자들을 골라내 그들 16명을 즉시 해고하고 하산시켰다. 나머지 포터들은 16명분의 고기를 더 나눠 갖게 된 셈이다. 그런 다음 추후 어떤 항의할 일이 있으면 사다를 통해 정정당당히 요구하라고 했다. 그렇지 않고 말썽부리는 자는 누구를 막론하고 그 자리에서 해고시키겠다고 엄포를 놓았다. 반면에 제대로 할 일을 다 하는 포터들에게는 규정 이외의 약간의 혜택을 베풀겠다는 말도 잊지 않았다.

그들은 고기 덩어리를 놓고 한참을 서로 이야기하더니 나중엔 고기의 어느 부위를 막론하고 똑같은 양으로 나누어 그라운드 시트에 가지런히 늘어놓은 후 한사람씩 가져가기로 결정을 내린다.

모처럼의 즐겁고 푸짐한 저녁식사를 하게 된 포터들은 날이 어두워지자 숲 가운데에 모닥불을 피워 주위에 모이더니 노래와 춤의 향연을 벌렸다. 박수를 치고 노래 부르며 신나게 춤추며 노는 모습은 옆에서 구경하는 것도 흥겹다.

 카라반 중 처음으로 갖는 휴식일이다. 햇살이 따갑다고 느낄 때 비로소 자리에서 일어나 텐트를 나왔다. 조금 지나 몇 사람의 서구 산악인들이 나타나 나무 그늘에 풀썩 주저앉는다. 몰골이 말이 아니다. 얼굴은 햇볕에 시꺼멓게 그을렸고 몇 군데 허물이 벗겨졌다. 입술도 온통 부르터있다. 프랑스 등반대로 가셔브룸 2봉(8,035m)에서 오는 길이란다.

 우리는 그들이 편히 쉴 수 있도록 널찍한 자리에 타포린을 깔아 따뜻한 홍차를 대접했다. 한 사람 또 한 사람씩 도착하더니 모두 14명이 모였다. 이중 여자가 4명이고 리더는 50세가 넘어 보인다.

 14명의 프랑스인으로 구성된 이 가셔브룸 2봉 원정대는 캠프4까지 설치한 후 3명이 등정에 성공했다고 한다. 금년 시즌에서 제일 먼저 성공한 원정대가 바로 이들이라고 막 도착한 정부연락관이 설명한다.

 이들은 몹시 배고파했다. 종원이가 등정을 축하한다는 인사말을 곁들이며 푸짐한 간식을 내어 놓자 이들은 허겁지겁 맛있게 먹는다. 며칠 굶은 사람들 같다. 그러더니 어느 정도 배가 부르자, "이 음식들은 모두 한국에서 만든 것입니까?" 하고 묻는다.

 듣기에 따라서는 아직 개발도상국인 한국에서 이렇게 맛있는 음식들을 만들 수 있느냐는 놀라움으로 해석될 수 있어 불쾌했다.

 "물론 메이드 인 코리아입니다. 우리들은 유럽제품이나 미국제품보다 한국제품이 더 맛있다고 생각합니다." 라고 웃으면서 말한 후

"당신들이 한 번도 먹어 보지 못한 음료수들을 드릴 테니 음미해보시오." 하면서 수정과와 식혜, 단팥죽, 인삼차 등을 내 놓았다.

이들은 어린애처럼 감탄하면서 서로 돌려가며 맛을 본다. 그러더니 "좀 여유가 있으면 팔 수 없습니까?" 하고 묻는다.

"우리들은 절대로 팔지는 않습니다. 그냥 드리고 싶지만 앞으로 우리도 음료수가 필요해서 대신 사탕과 과자를 줄 테니 요긴하게 잡수십시오."

이들은 매우 고마워한다.

"정말 고맙습니다. 사실 우리들은 간식이 모두 떨어졌습니다."

꼭 성공하길 바란다며 손을 흔들면서 이들은 아스꼴리를 향해 사라져 갔다. 은근히 마음이 조인다. 저들은 벌써 성공하고 하산하는데 우리는 아직 BC에도 도착하지 못하고 잊지 아니한가.

휴식일인데도 불구하고 윤대표, 정덕환, 배종원, 정상모, 송정두, 장병호 등이 바로 뒤에 있는 빠유 피크를 향해 등산준비를 서두른다. 결국 만년설이 시작되는 설선(Snow Line)까지 등산하고 내려왔는데 지도를 펴보니 4,700m 지점까지 올라갔다 왔다. 대단한 훈련이었다.

오후에 대원들이 빨래와 목욕을 하고 독서도 하면서 휴식을 즐기는 사이에 포터들은 이날 각자 한사람이 6인분씩의 차파디를 만들었다. 이곳에서 6인분을 만드는 이유는 연료를 절약하기 위해서다. 이곳에는 땔감으로 사용할 나무는 많지만 앞으로는 버너를 사용해야만 한다.

차파디는 밀가루를 반죽해 우리 고유의 빈대떡처럼 얇고 넓게 만

포터들이
차파디
만드는 모습

들어 불에 구운 것으로 밀가루 자체가 누런색이라 맛있게 보이지 않는다. 하지만 맛들이면 도시에서의 흰 밀가루로 만든 차파디 보다 더 고소하다.

 이들의 식사는 이 차파디가 주식으로 돌덩이 같은 소금을 잠간 담갔다가 빼낸 홍차만 곁들이면 그만이다. 아마 세상에서 이들처럼 간단한 식사를 즐기는 민족도 없을 것이다.

 밤이 되자 포터들은 또다시 모닥불을 피우고 춤과 노래의 향연이 벌어졌다. 이들의 노래가 끝나지 않는 한 조용한 잠자리는 불가능하다. 그럴 바에는 차라리 이 향연에 같이 참여하는 것이 더 편할 것 같다. 이 기회에 이들의 춤과 노래를 배워야지. 음악과 무용은 인종과 국경을 초월하여 모두에게 공감을 주는 무한한 표현이며 화기애애한 소통이니.

 다음날 9시쯤 느지막하게 아름다운 숲 빠유를 떠났다. 그 전에 2시간여에 걸쳐 숲 전체에 흩어진 쓰레기를 하나도 남김없이 주워서 모두 불에 태웠다. 포터들은 오히려 뭘 청소하느냐고 의아해 한다. 대원들은 이들에게 자연을 깨끗이 하는 것이 나라를 사랑하는 것이라고 설명하느라 바쁘다.

발토로 빙하에 들어서며

오르락내리락 거리며 황량한 들판을 가로질러 걷는다. 마주 보이는 황량한 산들이 햇살을 받아 더 황량하게 보인다. 빠유를 출발한 지 한 시간이 넘자 이윽고 발토로 빙하의 초입에 도착했다. 이곳부터는 땅을 밟지 못한다.

오직 빙하 위에 노출된 크고 작은 돌덩이와 흙 그리고 얼음과 눈 위를 걸어가야 한다. 빙하로 진입하기 전 왼쪽의 자그마한 냇물을 건너야 하는데 그곳엔 낮은 수풀이 조금 우거져있다.

숲과 잔잔히 흐르는 냇물이 삭막한 대지 위의 유일한 작은 화원처럼 느껴진다. 등반을 끝내고 돌아오는 날 직선거리 70km에 달하는 거친 발토로 빙하가 끝나는 바로 이 지점에서 저 숲은 망망한 사막 속의 작은 오아시스처럼 반가움을 안기워주리라.

후일담이지만 등반이 끝나고 내려올 때 이곳에서 배종원 대원이 놀라운 솜씨로 많은 고기를 잡아 우리는 신선한 매운탕을 먹게 되었다. 펄펄 뛰는 물고기를 맨손으로 잡아내는 그의 귀신같은 솜씨보다도 이런 곳에 물고기가 살고 있다는 사실이 더욱 놀라웠다.

발밑을 스치는 메마른 풀잎들이 가냘프게 살랑거리는 소리가 귓

전에 들려온다. 포터들도 이제부터는 만만치 않는 길을 걸어가야 하기 때문인지 초입에서 한참을 쉬고 있다. 날씨는 바람 한 점 없이 무덥다.

나는 그들을 뒤로 하고 먼저 서서히 걷기 시작했다. 빙하 길은 평평한 길이 드물다. 계속 오르락내리락 구불구불 앞사람의 발자취를 찾아가며 걷는다. 오르막길은 자칫 잘못 디디면 미끄러지기 십상이고, 길을 잘못 들게 되면 굉장한 고생을 감수해야 한다.

길 없는 울창한 숲 속에서 헤매는 것보다 훨씬 더 힘들다. 한참을 걷다보니 황량한 빙하 위에 오직 나 혼자임을 느낀다. 앞을 봐도 뒤를 봐도 아무도 보이지 않는다. 나는 잠시 앉아 쉬다 홀로 빙하 위를 계속 걷기로 했다.

이처럼 며칠이건 계속 걷는다는 것이 얼마나 즐거운 일인가. 배낭은 큼직했지만 걷기에 부담을 느낄 만큼 무겁지는 않다. 대원들 모두에게 배낭을 무겁게 지지 말도록 했다. BC 이상에서 등반에 지고 갈 물량이 엄청날 텐데 카라반 길에서 조차 배낭이 무거울 필요는 없다.

나는 대원들보다 약간 더 무겁게 배낭을 멨다. 그것은 어느 정도 의도적인 면이 포함돼 있다. 내 배낭을 받아주는 대원들에게 나이가 가장 많고 직책이 대장인 사람이 자기들보다 더 무거운 배낭을 메고 산행한다는 것을 느끼게 함으로써 해이해지기 쉬운 마음을 긴장시키고 요령을 피울 수 없게끔 하자는 생각에서다. 낭만적인 카라반 길에서도 정신 상태에 따라 사고가 발생할 수 있기 때문이다.

또 나는 걷기가 힘들더라도 대원들 앞에서는 절대로 그런 표현을 안 짓기로 했다. 언제나 그들 앞에선 여유 있고 늠름해야 한다. 그리고 사실 그렇게 행동을 취하는 것은 나에겐 별로 힘든 일이 아니다.

나는 걷는 산행만큼은 대원들에게 결코 뒤지지 않는다는 자신감이 있었다. 고소캠프에서도 절대로 뒤지지 않겠다는 의욕으로 가득 차 있다. K2는 지원에 총력을 기울이고 브로드피크는 나 자신도 반드시 정상에 오르겠다고 스스로 그 욕망을 가슴 깊이 간직하고 있었다.

"이번에야말로 꼭 해내야지."

한참을 혼자 걸어간다. 황량한 오지 위를 걷는다는 것이 이렇게 즐거울 수가 없다. 히말라야 원정은 목표로 정한 산을 향해 하염없이 걷는 이런 트레킹이 있기에 더욱 값진 추억을 제공해준다. 바쁜 도시생활에서 벗어나는 상큼한 해방감은 물론, 마치 지구의 끝에 있는 거칠고 황량한 오지를 걷는 기분은 바로 이 길을 걸어본 자만이 가질 수 있는 특권이리라.

미국의 『등산*Mountaineering*』을 보면 대자연 시민권(Wilderness Citizenship)을 취한다는 말이 있다. 가령 도심을 벗어나 한적한 오솔길의 낙엽을 밟으며 걷거나 혹은 울창한 숲속을 홀로 사색하며 산책하거나 하는 흐뭇한 낭만의 시간과 이 황량한 빙하 위를 걷는 맛이 비교될 수 있겠는가. 차원이 달라도 한참 다르다.

전자가 바닷가 파도소리를 들으며 해변의 모래 위를 산책하는 기분이라면, 후자는 육지라고는 전혀 보이지 않는 망망대해의 한가운데서 홀로 파도와 싸우며 항해하는 기분과 같을 것이다.

히말라야 원정에 참여할 때마다 느끼는 것이지만 이 대자연 속에서 등반하며 지내는 몇 달 동안이 결코 시간이나 돈을 헛되이 낭비하고 있는 것이 아니라는 사실이다. 아니, 오히려 값지고 풍요로운 삶의 깊이를 이처럼 짧은 시간에 많이 깨닫게 되는 경우가 또 어디에 있겠는가.

혼자 명상에 잠기며 싸늘한 대기 속 황량한 경치에 도취되어 걸을 때는 어떤 강렬한 삶에 대한 사랑을 느끼게 되며 정신을 더없이 맑게 해주고 육체를 신선하게 만든다. 청년시절에 어느 아름다운 처녀와 사랑을 나누는 그러한 설렘과 환희의 행복감도, 지금 이 거친 빙하 위를 걸으며 느끼게 되는 삶에 대한 강렬한 사랑과 열정에 비하면 덧없고 하찮은 것이 아니겠는가.

드넓은 대자연 속에서 하나의 자그마한 생명체로서의 자아를 발견하며 그 어떤 목적을 위해 땀 흘리는 노력과 무한히 생성되는 삶에 대한 애착을 강렬하게 느낄 수 있는 곳은 이 빙하지대 외에는 세상 어디에도 없다는 생각마저 든다.

이 지역은 인간에 의해 더럽혀진 사악함이 전혀 없다. 오로지 태고적부터 가꿔지지 않은 순수한 대자연의 향기와 그 속에서 살아 움직이는 작은 자아를 발견할 수 있을 뿐이다.

맑은 공기, 드높은 창공 그리고 그 위에 계신 절대자인 신만이 존재하는 곳, 아마 어떤 선인이 이곳에 오신다면 그는 필경 저위에 계신 하느님과도 대화를 나눌 수 있으리라.

어떤 상념이 머릿속에 들어왔다가 떠나고 또 다른 상념이 다시 머릿속에 들어오곤 한다. 문득 뒤를 돌아보니 포터의 선두그룹과 대원

정찰대 최창민 대장이 만난 라이홀트 메스너. 그는 가셔브룸 1봉, 2봉을 등정하고 하산 중이었다.

들이 뒤따라오고 있다. 그들의 모습을 우두커니 바라본다. 포터들은 원정대의 짐을 BC까지 날라다주고 또 등반 후 닷소까지 운반해주는 일이 유일한 생계수단이다.

일 년에 한 시즌뿐인 카라코룸이지만 몇 차례 원정에 참여하고 나면 일 년은 먹고살 수 있다고 한다. 지금 여기에서 그들의 삶을 생각할 필요는 없다. 그들과 우리는 각기 서로 다른 길을 살고 있지만 근본적으로는 크게 다를 바 없지 않은가.

최덕신과 송정두가 무슨 이야기를 재미있게 나누며 오고 있다. 그들의 모습을 바라보니 나도 모르게 입가에 미소가 흐른다. 저 믿음직스러운 친구들, 그렇다! 저들과 함께 빙하 위를 걷기에 더욱 즐거운 것이다. 가까이 오기를 기다렸다가 함께 간식을 먹고 다시 걷기 시작했다. 서로 이야기를 나누기도 하고 혹은 말없이 명상에 잠기며 걷기를 반복한다.

라인홀트 메스너란 이탈리아 등반가가 생각난다. 작년(1985년)까지 12개의 8,000m급봉을 등정했다. 이제 마칼루(8,463m)와 로체(8,516m)만 등정하면 세계 최초로 14개 8,000m 급 고산을 모두 등정하는 대기록을 세우게 된다.

일찍이 1975년 페터 하벨러와 단둘이 가셔브룸 1봉(8,068m, 일명 히든피크)를 알파인 스타일로 올랐고, 또 둘이 1978년에 최초로 에베레스트 무산소 등정기록을 세웠다. 1982년에는 불과 넉 달 만에 칸첸중가(8,586m), 가셔브룸 2봉, 브로드피크 세 8,000m 고봉을 연이어 등정하기도 했다.

그는 등산에 관한 저술가로도 유명하다. 우리 글로 번역된 그의 책도 여러 권 있다. 글을 참 잘 쓴다. 그의 글을 읽다 보면 그가 등반 못지않게 이런 트레킹을 얼마나 좋아하는지 쉽게 알 수 있다. 그는 특히 혼자서 걷는 것을 무척 좋아한다.

누가 옆에 있는 것보다 혼자이기를 바랬다. 다른 대원이 멀리서 걷고 있다해도 홀로 자연과의 대화를 즐기며 사색하는 데는 별 지장이 없을 텐데 그의 눈엔 아무도 안보여야만 한다는 것이다. 이런 점이 바로 내가 그를 등반가로는 존경하면서도 인간적으로는 별로 높이 평가하지 않는 이유다.

그것은 동서양의 개념적 차이로 설명할 논리는 아니며 다만 인간

릴리고의 야영장은 발토로 빙하에서 아주 드문 평지다.

의 성격 차이다. 물론 이 황량하기 그지없는 빙하 위를 홀로 걷는다는 것은 묘한 흥분감과 함께 차분한 심정으로 자신을 돌이켜볼 수 있게 한다는 점 때문에 매우 좋다.

여럿이 함께 걸을 때보다는 분명히 느낌이 다르고 야성이 더 강렬히 일어나겠지. 그러나 앞뒤에 내가 사랑하는 동료, 죽음도 함께 나눌 수 있는 산 벗들이 있기에 더욱 즐거운 것이고, 혼자 사색하며 걷다가도 그들을 바라보는 즐거움은 상당히 큰 것이다.

어떻게 보면 이러한 길을 걸을 때 아무도 눈에 안보여야만 좋다는 그는 특별하고 비범한 영웅이고, 나 같은 사고를 가진 사람은 평범한 범인에 불과하다는 차이인지도 모른다. 어쨌든 행복이란 늘 가까이 있겠지만……

 험한 빙하 위를 걸어가는 데에는 스틱이 꼭 필요하다. 나무지팡이도 좋고 스키 스틱도 좋다. 최창민 선배가 2년 전 이곳을 다녀온 후 이곳에는 두 발 달린 짐승도 네 발 달린 짐승도 다닐 수 없고 오직 세 발 달린 짐승만 다닐 수 있다고 하신 말씀이 기억나는데 다소 과장된 말씀이지만 틀린 얘기는 아니다. 그러나 스틱 사용이 익숙해지면 하나 보다는 둘이 훨씬 편하다.

 이윽고 릴리고에 도착했다. 넓은 야영지다. 그러나 왠지 수많은 파리 떼가 윙윙거리고 공중변소처럼 악취가 풍긴다. 권순호가 달려온다.

 "오늘 빙하 길로 접어들면서부터 선발대와 무전통화가 가능했습니다."

 "정말이니?"

 "네, 많은 이야길 주고받았습니다. 지금 선발대는 콩코르디아를 향하고 있는데, 3시 정각에 통화하기로 했습니다."

 그것 참 기분 좋은 일이 아닐 수 없다. 그들은 우리와 3일 차이다.

 바람 한 점 없이 강렬한 태양이 뒤통수를 뜨겁게 한다. 그늘이 없어 우산을 꺼내들고 있는데 이탈리아인 2명이 오고 있다. 이탈리아 K2 원정대 대원들이다. 반갑게 인사를 나눴다. 지금 한창 남릉 루트로 등반 중이지만 이들이 보기에는 성공하기 어렵다고 한다.

 그러면서 등반을 포기하고 팀을 이탈하여 먼저 하산하는 이유는 팀의 리더와 트러블이 생겼기 때문이란다. 이를 듣는 순간 이들이 한심스럽게 느껴졌다. 그들은 무거운 배낭 때문에 내려가기 힘이 든다며 포터 한 사람만 달라고 사정한다.

'당신들처럼 단체정신이 약한 산악인들에게는 포터가 남아도 못 주겠소.'라는 말이 입에서 튀어나올 뻔했으나 한편으로는 그들이 몹시 배고픈 것 같아 내려가면서 먹으라고 간식을 조금 주었다. 그랬더니 허겁지겁 다 먹어 치운다. 그 모습을 보니 측은한 생각이 들어 떠나는 그들에게 간식을 더 줬다.

3시가 되었다.
"여기는 선발대, 본대는 감 잡고 응답하라." 장봉완 부대장의 목소리다.

반갑다. 그동안 많은 산행을 그와 함께 해왔지만 이때처럼 그의 목소리가 멋지게 들린 적이 없었다.

"여기 대장이다. 부대장 목소리가 매우 아름답다."

예기치 않던 답변에 껄껄 웃는데 옆에서 함께 웃는 현수, 재일, 창선의 웃음소리도 똑똑히 들린다. 전화소리같이 무전기 감이 좋다. 국산 무전기가 그동안의 해외 원정등반에 사용했던 외제보다 훨씬 질이 우수하다니 기분이 더욱 좋다.

"다들 몸 컨디션은 어떤가?"
"대원 모두 양호합니다. 본대는 어떻습니까?"
"여기는 모두 건강하고 모든 일에 전혀 차질이 없다."
"수고 많습니다. 우리 선발대는 내일 BC로 들어갑니다. 가서 제일 좋은 위치에 터를 잡고 모레 바로 ABC까지 진출해보겠습니다."

ABC는 'Advanced Base Camp'의 약자로 전진기지를 뜻한다. 우

삼국지의 장비 같은 하관용이 요리 칼을 들었다.

리의 전진기지는 동남릉 출발지점에 위치한다.

"대단히 고생이 많다. 너무 무리하진 말게나. 계속 수고, 교신 끝."

통화를 끝내고 나니 입맛이 개운하고 기분이 흡족해진다. 옆에 있던 하관용이 한마디 한다. "기분도 그런데 나머지 산 닭 8마리를 오늘 몽땅 해치워 버립시다."

"좋다, 먹자. 아직 야크 고기도 있고, 염소 3마리가 건강하게 잘 자라고 있으니까."

싱싱한 닭고기는 오늘로 끝이다. 맛있게 먹은 후에는 향기 그윽한 커피를 마시며 서로간의 담소로 피로를 풀었다.

하관용의 짓궂은 농담은 모든 대원들의 피로를 풀어주는 데 적격이다. 그의 익살스런 이야기를 들으면 웃지 않을 수 없고 배꼽을 움켜줘기 일쑤다. 큰 덩치에 부릅뜬 봉이 눈, 얼굴에 지저분하게 돋아난 수염이 영락없이 삼국지 만화에 나오는 장비의 모습 그대로다. 그는 취사를 맡아 대원 중 제일 바쁘고 고생도 가장 많이 한다. 덕분에 모든 대원은 언제나 즐거운 야영생활에 늘 맛있는 요리를 즐기고 있다.

우르두까스

 날씨는 계속 맑다. 우리는 따뜻한 햇살 속에 릴리고를 떠났다.
 대원들 중 몇 명은 고소병 예방약인 아스타졸 아마이드를 이날부터 먹기 시작했다. 일명 다이나막스라고도 불리는 이 약은 미국에서 처음 개발했다고 한다. 이 약이 처음 고산등반에 사용된 것은 1978년에 미국 여자팀이 안나푸르나 1봉(8,091m)을 등반할 때였다.
 용감한 미국여인들은 2명이 등반 중 사망하는 비운을 딛고 마침내 2명의 대원이 정상에 올랐다. 원정이 끝난 후 고소순응에 이 약이 매우 효과적이었다는 발표를 하자 그 뒤부터 모든 원정팀들이 다투어 이 약을 사용해왔다.
 이 약은 일종의 이뇨제이기 때문에 먹고 얼마 후에는 팔과 다리가 약간씩 저리고 기분이 이상해진다. 또한 소변이 자주 마렵다. 그러나 부작용은 거의 없다. 복용 시 유의해야 할 점은 BC 도착 후부터 먹기 시작하면 별효과가 없고, 3,000m 고도에서부터 매일 꾸준히 먹어야한다. 또 약과 함께 충분한 양의 수분을 꾸준히 섭취해야 함을 잊어선 안 된다.

빙하길에 들어서며 주위의 대 암벽들에게 위축된다. 너무나 멋지게 보이는 주위의 산들과 거벽

릴리고를 출발해 조금 걷다보면 곧이어 가파른 고개를 비스듬히 넘어야한다. 꽤 경사가 급한 사면이다. 한참을 오르고 나면 곧 옆으로 트래버스해야 하는데 이곳에서 바라다 보이는 빙하 반대편 경치가 기막히게 좋다. 세상에 이렇게 환상적인 경치가 이곳 말고 또 어디에 있겠는가. 나는 바위 위에 걸터앉아 주위의 경관을 실컷 즐기기로 했다.

아름다운 빠유피크를 왼쪽으로 트랭고타워, 그레이트타워, 그랜드 캐시드럴, 울리비아. 비앙고피크, 무즈타그타워 등이 발토로 빙하를 사이에 두고 마치 병풍처럼 늘어서있다. 표고 2,000m가 훨씬 넘는 거대 암벽들이 수직으로 우뚝우뚝 치솟아 있어 아름다움의 극치를 이룬다.

카라반 중 중앙에 보이는 산이 가셔브룸 4봉(7,925m)

오른쪽으로는 가셔브룸 산군이 검푸르게 보인다. 그 초입에 가셔브룸 4봉이 발토로 빙하를 아래로 굽어보며 우뚝 버티고 있다. 그 옆에는 거무스레한 산등성이가 무시무시할 정도의 중압감을 주면서 위용을 자랑하고 있고 정상부위에는 눈발이 휘날리는 듯 눈구름이 붙어 있다. 바로 우리가 오를 브로드피크다. 그 조금 왼쪽 깊숙이 K2가 자리 잡고 있겠지.

북쪽으로는 이 대 장벽들 사이로 구름 한 점 없는 파란 하늘과 하얀 산들이 서정적인 분위기를 자아내며 멀리 보인다. 저 곳을 넘어가면 미지의 새로운 세계, 영원히 늙지 않는 지상의 낙원 샹그리라가 정말 있을 것만 같다.

이 모든 전경에 도취되어 앉아있자니 지금까지 느끼지 못했던 그 어떤 환희와 함께 보이지 않는 새로운 힘이 온몸에서 솟아난다. 모든 중압감에서부터 해방된 느낌이다. 나 자신 아직 새파랗게 젊은 사람이라는 것을 강렬하게 깨닫는다. 벌떡 일어났다.

걷는 걸음마다 힘이 새롭게 솟아난다. 그렇다! 지금 우리에게는 뚜렷한 목표가 있다. 우리는 단순히 이 황야 속에서 방황하는 고독한 사나이들이 아니다. 잡념 따위는 이제 이 빙하의 틈 속에다 묻어버리자.

우르두까스는 빙하에서 산 중턱으로 올라가는 곳에 위치하고 있었다. 나무는 없지만 바위 사이에 간간이 땅이 있고 푸른 풀밭이 있고 들꽃도 눈에 보인다. 우리는 큼직한 바위 위에 텐트를 쳤다. 산 위에서 흘러내리는 맑은 폭포도 있다. 물이 너무 차가왔지만 이렇게 맑고 신선한 물을 구할 수 있다는 것이 이 황량한 빙하 위에서는 얼마나 진기하고 고마운 일인가.

최덕신은 고소포터들을 불러 모으더니 샘물가로 데리고 가서 한 사람씩 목욕을 시킨다. 나도 함께 목욕하기로 했다. 우리들은 목욕할 때 옷을 모두 벗지만 이곳 사람들은 절대로 옷을 다 벗지 않는다. 노출을 꺼려하는 이 지방의 오랜 종교적인 관습 때문이리라.

주위의 경치가 우리의 기분을 상쾌하게 만든다. 햇살이 따스하고 하늘엔 구름 한 점 없다. 매트리스를 깔아놓고 그 위에 옷을 벗은 채 드러누워 일광욕을 즐겼다. 어제만 해도 태양의 직사광선 밑에서 쉬는 것은 생각조차 할 수 없었다. 휴식할 때는 내려쬐는 뙤약볕을 피하여 바위 밑 그늘을 찾아야만 했다.

대기는 온통 가끔 부는 메마른 바람과 함께 사막과 같은 뜨거운 열기로 가득 차 있다. 작열하는 태양 아래 노출된 피부가 따가웠다. 주위의 모든 흙과 돌과 바위가 이글이글 타는 태양 아래 뜨겁게 달구어져 있어 숨이 콱콱 막히는 느낌이었다. 그러나 이제부터는 다르다. 오히려 태양이 구름 속에 그 모습을 잠깐 동안 감추면 곧 쾌적한 서늘함이 온 대지를 덮는다. 고도가 점점 높아가고 있다는 증거다.

석양에 벌겋게 물든 하늘은 어둠 속에서 서서히 그 빛을 잃어갔다. 언덕 위에서 포터들의 기도소리가 들린다. 고음과 저음이 혼합된 이들 원주민 특유의 아름다운 목소리가 드넓은 빙하계곡에 넓고 깊게 퍼져나간다. 선발대의 김창선은 일기에 이렇게 적고 있다.

> 한낮의 태양은 머리를 타고 흘러 온몸을 불태운다. 누런 황무지와 강한 모래바람과 석회수 이것이 바로 카라코룸이다. 희뿌연 안개가 계곡 아래로부터 서서히 퍼져오고 아직은 산봉우리에 해가 반사되지 않을 때 하루를 시작한다.
>
>   힘든 일과를 끝내고 텐트를 치면 어둠이 찾아와 온 천지가 어스름할 즈음 포터들의 알라를 찾는 기도소리와 함께 하루를 끝낸다.

저녁식사 후 둥그렇게 모여앉아 그윽한 향기의 차를 마시며 담소를 즐기고 있을 때였다. 정상모가 갑자기 소리를 지른다.
"저기 저 트랭고타워에 누가 등반 중이다. 지금 불빛이 보였다 안

보였다 한다."

우리들은 모두 트랭고타워 쪽을 뚫어지게 바라보았다. 정말 불빛이 가물가물 거리는데 어느 등반 팀이 그곳에 있는 게 분명하다. 송정두가 빛이 강력한 손전등으로 신호를 보내니 저쪽에서 응답이 온다. 윤대표가 금년도 원정팀 리스트를 들여다보면서 지금 트랭고타워는 폴란드의 쿠르티카와 일본의 야마다가 함께 등반 중이라 한다.

보이테크 쿠르티카는 최초로 가셔브룸 1, 2봉을 횡단하고 브로드피크 연봉도 횡단했으며, 다울라기리 1봉(8,167m) 동벽에 새로운 루트를 개척한 세계적인 첨예등반가다. 가셔브룸 4봉(7,925m)의 직벽을 직등한 바도 있다.

야마다 노보루는 일본의 대표적 전위등반가다. 다울라기리 1봉의 남동릉(1978년)과 북서릉(1982년)을 개척했으며 작년에 K2를 무산소로 올랐다. 현재까지 6개의 8,000m 고산을 등정한 그는 아마 동양인으로는 최초로 14개의 산을 완등하리라 본다.

작년에 K2 일본원정대의 ABC에서 그와 함께 차를 마시며 많은 이야기를 나눴었다. 우리들은 그들의 성공을 기원하는 신호를 보냈다. 그랬더니 그 앞의 그레이트타워에서도 신호가 오는 게 아닌가. 그곳에도 어느 팀이 등반 중인 모양이다.

잠자리에 누워 잠을 청하는데 옆에서 불을 켜놓고 무엇인가 열심히 노트에 적고 있던 윤대표가 불쑥 말을 건넨다.

"형, 조금 전에 본 앞의 팀은 틀림없이 이태리 팀일 거요."
"그걸 어떻게 알아?"
"스카르두에서 샤비르에게 한 번 들은 적이 있는 것 같아요." 하는 그의 표정을 보니 순간적으로 그 어떤 영감이 머릿속을 스친다.

지금 대표는 저 바위벽을 오르고 싶어 하는 것이 틀림없다. 언제인가 그는 꼭 저 바위를 오르려 이곳에 다시 올 것이라는 예감이 든다.

"그렇지?" 하고 물으려다 그만 두었다.

지금 K2와 브로드피크 이외의 어떤 산도 화제에 올리고 싶지 않았다. 그의 마음이 조금이라도 흩어 질까봐 우려해서다. 지독한 노파심이다.

지금 대원 중 대표만큼 정상에 오를 것이란 확신을 주는 대원은 없다. 그는 이름처럼 현재 우리나라 클라이머를 대표하는 등반실력을 지니고 있다. 산을 향한 순수한 신념에도 한 점 흐트러짐이 없다. 믿음직스런 사나이다.

말보다 행동이 우선하고 반면에 또 놀라울 정도로 글을 가까이 한다. 그가 등반 못지않게 대단한 학구파라는 것을 원정준비 전까지는 미처 몰랐었다. 너무 말수가 적어 조금 걱정이 되지만 그에게 거는 기대는 무척 크다.

어느 목청 좋은 포터의 기도소리에 잠이 깼다.

자! 출발준비를 서두르자. 오늘은 이틀 코스를 하루에 뽑을 계획이다. 앞을 내다보니 빙하의 언덕과 계곡을 가로지르며 이어지는 포터들의 행렬이 장관이다.

우르두까스에서 내려와 다시 빙하를 밟는다. 처음부터 만만치가 않다. 한 달 전에 눈이 뒤덮인 이 빙하 위를 지나간 다른 원정대는 우리보다 훨씬 더 고생을 했으리라. 이렇게 제멋대로인 빙하에서 제대로 올바른 길을 찾는다는 일이 얼마나 어려운가는 몇 번씩 길을 잘못 들어 고생해봐야 안다. 빙하 위의 길을 찾는 데는 이곳을 많이 다녀본 포터들이 최고다.

출발 전 대원들에게 포터들을 앞세워 뒤따라 걸으라고 일러두었지만 영리한 우리 대원들은 그런 말 없어도 그렇게 할 것이다. 점점 빙하 깊숙이 들어간다. 그 속에는 쾌적하고 맑은 싸늘한 대기와 고요한 적막함이 기다리고 있다.

빙하 곳곳에 얼음물이 흐르며 때로는 호수처럼 고여 있다가 구불구불 녹아 흐르기도 한다. 또한 얼음터널이 형성되어 기기묘묘한 갖가지 형상을 나타내기도 한다. 가끔 언덕 위의 돌들이 굴러 떨어지는 소리. 얼음이 갈라지는 소리가 들린다. 그러나 이내 고요한 적막 속으로 빨려 들어가고 만다.

발토로 빙하 위를 달리는 차가운 바람도 이곳에서는 소리 없이 조용히 지나간다. 무서운 적막감이 주위를 맴돌고 있다. 우리가 아무리 큰소리로 떠들어도 이 일대를 지배하는 고요함을 깨뜨릴 수는 없을 것이다. 너무 고요해 오히려 가슴이 두근거린다.

나는 반바지를 입고 있는데 햇살을 받으면 따갑고, 구름이 가리면 싸늘한 대기에 노출된 피부가 금방 퍼렇게 변한다. 저녁부터는 긴바지를 입어야겠다. 침낭도 이젠 고소침낭으로 바꾸고 우모복도 꺼내놔야지.

빙하 위의 돌 색깔이 어느 사이에 온통 검은 색으로 변해있다. 한참 걸어가다 보니 나도 모르는 사이에 벌써 비앙고를 지나왔구나하

발토로 빙하에서 보는 칼날이 시퍼런 능선의 마셔브룸(7,821m)

는 생각이 든다. 오른쪽 가까이에 마셔브룸(7,821m)이 선명히 나타난다. 마셔브룸 정상은 참으로 특이하게 생겼다.

봉우리는 칼날 같은 능선으로 되어있는데 능선 한쪽 위에 A형 텐트 모양의 하얀 눈이 뒤덮인 곳이 있고, 그 위가 바로 주봉 정상이다. 발토로 쪽에서 보이는 정상 바로 아래로는 등반이 거의 불가능해 보인다.

마셔브룸 북벽의 직벽 코스야말로 카라코룸에서 가장 어려운 코스 중 하나임이 분명하다. 저 직벽도 언제인가 용감한 산사나이의 도전을 받을 날이 오겠지.

일찍 출발했음에도 불구하고 몇 차례 길을 잘못 들어 괜한 고생을 한 박승기가 성질이 났는지 계속 투덜거리며 돌을 모아 힘들여 케언

길 찾기 어려운 지점에 이정표로 돌탑인 케언을 쌓는다.

(cairn)을 쌓고 있다. 돌탑은 케른이라고도 부르며 길 찾기 어려운 지점에 돌을 쌓아놓아 옳은 방향을 찾도록 도와주는 일종의 이정표다.

"몸은 괜찮니?"

"견딜 만합니다. 고산병이란 녀석이 이 빙하 위 어디엔가 숨어 있다가 나를 잡아먹으려고 덤빌 텐데 아직까지는 나타나지 않습니다."

사실 박승기나 하관용, 배종원 등은 한 걸음 한 걸음 나아갈 때마다 그들 자신의 고도 기록을 깨고 있다. 계속 기록갱신을 하면서 걷는 셈이다. 그들도 자신의 기록을 이번에 8,611m까지 세우려는 야심을 품고 있겠지. 하지만 어차피 한두 번 거쳐야 하는 고산병이라는 복병의 공격을 물리치는 과제가 지금으로선 제일 큰 관심거리다.

"힘든데 그냥 가지 뭘 그렇게 만들어?"

"원래 길을 잘못 찾아 고생해본 사람이 다음 사람을 위해 길을 제대로 가르쳐주게 되지요."

"그래도 그 힘은 두었다 나중에 써라."

"오늘 힘은 오늘 써야지 나중엔 또 새로운 힘이 생깁니다." 하며 곳곳에 열심히 케른을 쌓으며 길을 간다.

대원 중 키가 제일 큰 승기는 힘이 장사로 3년간의 국내훈련도 누구보다 열심히 받았다. 그는 일찍이 단독으로 소백산맥과 태백산맥을 종주한바 있는 철인이다. 산 속에서 혼자 길을 찾고 텐트 없이 잠을 자며 수십일 동안 산속에서 홀로 생활하는 데 타고난 능력을 보유하고 있는 진짜 산사나이다.

암벽과 빙벽등반 실력도 수준급이고 스키와 오리엔티어링에도 탁월한 실력을 보유하고 있다. 아무리 깊은 산 속이라도 승기가 옆에 있으면 아무런 걱정이 없다고 모두들 이야기하곤 했다.

그에게 다시 물었다.

"너 이번에 등반이 끝나면 곧바로 결혼하기로 했다면서 네 약혼녀 보고 싶지 않냐?"

그의 약혼녀도 그처럼 후리후리한 키에 국세청에서 컴퓨터 엔지니어로 근무하고 있는 유능한 직장인이다. 그는 출국 전날 그녀와 함께 아버님 산소에 찾아가 성묘를 드렸었다. 그때 아버님 산소 앞에 엎드려 무슨 결심을 했을까?

"무지무지하게 보고 싶습니다. 저 바위들이 그녀 얼굴처럼 보입니다. 그러나 지금은 K2가 더 보고 싶습니다."

"내일이면 K2를 바라 볼 수 있어."

나와 정 박사는 그를 앞질러 쭉 나아가기 시작했다. 고로에 도착하니 벌써 텐트를 다 쳐 놓았다. 여기까지 끌고 온 염소를 모두 잡아 한 마리는 이날 저녁 고소포터들과 함께 다 먹어치우기로 하고, 나머지 3마리는 포터들에게 BC까지 나르게 했다.

　이곳에서 염소를 잡는 데에는 그럴만한 이유가 있다. 히말라야의 어느 산을 오르는 원정대가 그 산이 보이는 곳에서 살생을 하면 산의 신령님이 화가 나서 그 원정대는 성공을 못하거나 반드시 희생자가 생긴다는 셰르파의 오랜 속설 때문이다.

K2가 보인다

어느 로컬포터의 죽음

고로에 도착할 즈음 마을로 내려가는 빈 몸의 포터들을 자주 만나곤 했는데 바로 우리 선발대의 짐을 BC까지 날라다준 포터들이다. 고로에 도착한 후에는 이들의 사다 2명이 내려왔다. 그들도 이날 밤을 이곳에서 보내기로 한 모양이다. 이 나라의 로컬포터 규정을 보면 네팔보다는 훨씬 많은 포터의 권익이 보장되어있다.

네팔의 경우 BC까지 짐을 날라다주면 그때까지의 임금만 계산하면 되는데 이곳은 카라반 출발지점까지 되돌아가는 임금도 주어야 하며 내려가는 기간도 올라올 때까지 똑같이 계산해서 지불해야한다. 단, 올라올 때의 반값으로. 또 일주일에 하루는 휴식일도 계산에 넣어야한다. 식량과 연료도 지급해주어야 한다.

우리는 선발대 사다 2명을 불러 아무 사고 없이 무사히 우리 짐을 BC까지 운반해준 노고를 치하하며 함께 푸짐한 염소고기를 즐겼다. 파키스탄 사람들은 염소고기를 그들의 음식 중 으뜸으로 친다. 양고기 보다 한수 위다.

큰 축제일수록 염소고기가 있어야한다. 고기가 연해서 우리들의 입맛에도 맞았다. 그러나 몇몇 대원들은 염소고기 요리가 처음인지 냄새가 역하다며 잘 먹지 않는다.

해가 저물자 날씨가 이내 쌀쌀해졌다. 선발대의 포터 중에는 낮부터 몸이 아파 다른 포터들의 부축을 받으며 내려온 사람이 한명 있었다. 정 박사는 그 포터를 진료하느라 바쁘다. 그 포터가 누워있는 움막에는 특별히 버너 3개를 피워놓게 했다. 바닥도 두텁게 만들고 다른 이들이 밤새 간호하도록 했다.

정 박사 말에 의하면 오늘 밤만 무사히 넘긴다면 내일부터는 괜찮아진다고 한다. 그러나 아침에 일어나니 권순호가 와서 보고하기를 밤 12시경에 죽었다는 것이 아닌가. 밤사이에 그들의 울음소리가 그치지 않았다는데 내 텐트는 떨어져있어 전혀 몰랐었다.

정 박사는 입맛이 씁쓸한 듯했다. 그는 이날을 다음과 같이 회고했다.

> 그가 밤사이에 사망한 것이다. 너무도 황당하고 슬픈 소식이다. 옆에서 자던 사람이 죽어도 몰랐다니. 위급해 보이면 나를 깨워서 조치를 취할 수도 있지 않았을까하는 안타까움과 함께 심한 자책감에 빠진다.
>
> 어젯밤 그의 잠자리를 돌아보면서 내 침낭을 빌려줄까 생각도 했으나 그들과의 거리감, 불결하다는 생각과 함께 대단치 않은 중세로 보고 그냥 지나쳐 버린 내 자신이 부끄럽다. 등반을 위해 자기 장비를 아끼기 이전에 나는 의사가 아닌가!
>
> 깊은 인정을 베풀 용기도 없고 고산의학에 대한 지식도 변변

치 못하면서 이들로부터 신뢰를 받으면서 동행한다는 것이 깊은 가책을 주어 살얼음을 밟고 서있는 느낌이다. 의사이기 이전에 인간으로서의 자격이 있어야 하는 거였는데……. 그를 내 침낭 속에 재우다가 사망했더라도 평생 잊을 수 없는 일이다.

나는 그가 우리들과 만났을 때 죽은 것이 그래도 불행 중 다행이라고 생각했다. 엄밀히 따지면 그는 이미 우리의 포터가 아니다. 그러나 우리는 2주일만 가입해도 되는 로컬포터의 보험을 보험료를 두 배로 내면서까지 기간을 한 달로 정했기 때문에 충분히 보험료를 받을 수 있다.

또한 사망자가 고용된 원정대의 대장과 의사 그리고 정부연락관이 서명한 사망진단서가 있어야 보험금을 지급받을 수 있는데 그는 우리 본대와 함께 있을 때 죽었다. 나는 정 박사가 작성한 영문 사망진단서에 서명을 했다. 이어서 지금쯤 아래 어디에선가 올라오고 있을 정부연락관에게 모든 상황을 편지에 자세히 썼다. 우리 연락관은 대장의 얼굴을 보기도 전에 그가 해야 할 중요한 일을 하게 될 것이다.

우리는 죽은 포터의 시신을 아래로 운구하는 데 필요한 지게 하나와 시신을 덮을 더블백과 몇 개의 타포린 그리고 약간의 식량과 플래시 몇 개를 주었다. 그들은 매우 고마워한다. 한 포터가 대표로 내 앞으로 나오더니 "당신들은 마음씨가 착하고 의협심이 강하기 때문에 꼭 성공할 것입니다. 우리도 당신들의 성공을 위해 알라에게 기도하겠습니다." 하며 내 손을 꼭 잡는다.

우리는 그들을 뒤로 하고 콩코르디아를 향해 출발했다. 요즈음은 날씨가 계속 좋아 오히려 걱정이다. 날씨는 언제나 좋을 리가 없다. 항시 변하는 게 자연의 섭리고 BC에 도착한 이후의 좋은 날씨가 우리에겐 더욱 중요하기 때문이다.

이날의 빙하 길은 그동안의 길보다 훨씬 더 가혹했다. 눈과 미끄러운 돌들을 디디며 걷는 게 여간 힘들지가 않다. 또 이제부터 고산병이 서서히 나타날 때가 됐다. 대원들 중에 몇 사람은 컨디션이 저조한 상태다. 더군다나 아침에 한사람의 죽음을 목격했으니 당연히 분위기가 어둡다. 특히 배종원은 혈색이 매우 안 좋다.

저녁에 먹은 염소 내장으로 배탈이 생겨 밤새 설사하고 토했다고 한다. 임경수와 최덕신 대원도 걱정된다. 그들은 훈련받은 산악인이 아니기 때문이다. 그래서 나는 정 박사에게 그들과 함께 걸으라고 했다. 다른 대원들도 이때쯤 고산병 초기 증상이 하나 둘 나타날 때다.

콩코르디아

눈 덮인 미끄러운 돌밭과 얼음 위를 걷기가 여간 조심스럽지 않았고 나중엔 카라반 신발이 어느 사이에 눈에 젖고 양말도 젖은 상태라 촉감이 안 좋다. 그러나 냉랭한 대기 속에서 아침 햇살을 받은 주위 경관들이 발걸음을 가볍게 만든다.

고로에서 발토로 빙하 중 가장 높은 위치인 콩코르디아를 향해 걸어가려면 그 맞은편의 우뚝 솟은 가셔브룸 4봉을 바라보며 걷게 된다. 원래 발토로 빙하는 세계에서 제일 긴 빙하였으나 후에 이를 셋으로 나누어 발토로, 콩코르디아, 어퍼발토로로 각각 구분 지었다.

가셔브룸 4봉은 높이가 8,000m에서 75m가 모자란다. 아침 햇살을 받아 아름답게 빛나고 있다. 거의 대부분 바위가 노출된 상태의 황갈색 전면 직벽이 보석처럼 반짝반짝 빛나고 있어 보는 이로 하여금 황홀함을 느끼게 한다. 책이나 사진에서만 보아왔던 저 유명한 거대 암벽을 바로 눈앞에서 마주보며 걷고 있다니 가슴이 뿌듯하다.

직벽과 어떤 대화라도 나누고 싶어지는 친근감이 감돌며 나중엔 나도 모르게 산악인 특유의 도전적인 열망으로 가득 차 가슴이 두근두근 거리며 얼음같이 차가운 흥분에 휩싸이게 된다. 저 아름다운 벽을 오르고 싶은 욕망을 느끼지 않는 산악인은 별로 없으리라.

가셔브룸 보다는 작지만 콩코르디아의 수문장격인 미터피크의 전면 직벽의 위용도 우리를 감동시킬만한 필요 충분조건을 모두 갖추고 있다. 직벽의 아름다움에 도취되어 넋을 잃고 바라보지만 자세히 보아도 루트의 연결이 쉽지 않아 오르기가 어려워 보여 한편으로는 두려움이 생긴다.

나는 송정두, 권순호와 함께 찬란한 햇살을 받으며 말없이 눈 위를 걷고 있었다. 권순호는 비교적 말이 없고 조용한 성격의 소유자다. 착하게 생긴 얼굴 모습 그대로 곱고 착한 마음씨를 지니고 있다. 그러나 그는 확실한 사람이다. 언제나 주어진 업무에 열과 성을 다해 끝까지 일을 완수해내고야 만다. 순호만큼 확실하고 완벽하게 매듭을 짓는 대원도 없다. 따라서 그는 모든 대원의 신임도 한 몸에 받고 있다.

그는 결혼한 지 7개월 밖에 되지 않았지만 달콤한 신혼생활의 즐거움을 마다하고 K2 등반을 결심했다. 순호의 부인도 열성적인 여성 산악인이다. 대학에서 상업디자인을 전공한 엘리트이기도 하다. 그는 처음에 산에서 그녀를 만났다. 두 번째 만났을 때 데이트 신청을 하고, 세 번째 만났을 때 사랑한다고 고백하고, 네 번째 만났을 때 결혼하자고 말했다. 다섯 번째 만났을 때는 그녀로부터 좋다는 승낙을 받아냈다고 한다.

송정두는 지금 한창 열애 중에 있다. 그의 애인 역시 연세대학교 산악부 출신의 산악인이다. 코오롱스포츠 정보센터에 근무하고 있어 직장도 산과 밀접한 관계가 있다. 그와 그녀가 항시 붙어 다니는 것은 대원들 사이에 당연한 것처럼 여겨질 정도로 유명했다.

장비를 구입하러 다닐 때도 함께였고 대한산악연맹 사무실에서 진지하게 회의를 할 때도 그녀를 한쪽 구석에 앉아있게 하고 수시로 쳐다보곤 했다. 그녀 또한 직장 근무시간에도 사랑을 위해 그에게 달려 나오는 요령을 잘 알고 있었다.

그녀 직장의 상사는 나에게 그녀가 지금 한창 연애 중이지만 직장의 업무도 언제나 잘하고 있다고 칭찬을 아끼지 않았다. 이들 한 쌍처럼 열렬하고 진지하게 사랑을 나누는 젊은 남녀도 세상에 흔치는 않을 것이다.

이들은 자기들처럼 행복한 젊은이는 이 세상에 아무도 없다고 생각하고 있음이 분명했다. 그녀는 선발대로 정두가 먼저 출국한 후에도 본대의 준비를 위해 헌신의 노력을 아끼지 않았다. 언젠가 그녀가 열심히 포장작업을 돕고 있을 때 그녀에게 말을 건네었다.

"지금 원정대에 바라고 싶은 것이 있다면 뭐지?"
"그야 등정에 성공하고 모두 무사히 돌아오는 것이지요."

"그럼 정두에게는?"

"저는 정두 씨가 원정대의 대원으로서 부족함이 없는 훌륭한 산악인이 되었으면 해요."

"그 점은 조금도 염려할 필요 없어. 정두는 어떤 일이 닥치더라고 훌륭하게 해낼 능력이 충분히 있어. 나로서도 정두에게 거는 기대가 매우 크지."

"정말 그랬으면 좋겠어요. 만일 정두 씨가 마음이 약해지기라도 하면 좀 심하게 꾸짖어 주세요."

그녀는 나를 조용히 쳐다본다. 맑은 호수처럼 눈망울이 곱다. '사랑하는 여인의 눈빛이 바로 저런 것이구나.' 하고 느낀다.

"나도 부탁 하나 하지. 편지를 자주 보내줘. 그곳에서는 누구에겐가 편지를 쓸 때와 받을 때가 제일 행복하거든. 일선에 있는 국군장병들보다 그 강도가 몇 십 배 더하지."

갑자기 정두와 이야기를 나누고 싶어졌다.

"야, 정두야. 너 숙희 보고 싶지 않니?"

그는 슬며시 웃으며 나를 바라본다. 저 만치서 걷던 권순호가 갑자기 귀를 쫑긋해 하더니 얼른 내 옆에 바싹 다가붙는다. 뻔한 노릇이다. 순호는 지금 우리들의 대화 속에서 정두를 두고두고 놀려댈만한 소재를 찾으려는 것이 분명하다.

"선발대로 왔을 때는 무척 보고 싶었습니다.

"그럼 지금은?"

"카라반을 시작한 후에는 혼자 사색하면서 걸을 수 있어 마음의 안정과 여유가 생겼고, 또 지금 제가 할 일이 무엇인가 뚜렷이 느끼게 되어 그리운 마음이야 항시 있지만 K2 대원으로서의 제 본연의 임무를 더욱 강하게 느끼게 됩니다."

"그래? 그것 참 좋은 일이구나. 편지는 언제 썼니?"

"오늘 아침 엽서를 써서 내려가는 포터 편에 보냈습니다."

"그것 참 빠른 솜씨다. 뭐라고 썼냐고 물어봐도 되니?"

"보고 싶다는 말은 한 마디도 안 썼고 K2로 향하는 사나이의 의지를 적었을 뿐입니다."

"정말이니? 옆에 순호가 있다고 거짓말하는 거 아니냐?"

"저 녀석이 아침에 번개처럼 뺏어 죄다 읽어봤는데요."

그렇다. 정두에게는 지금 그녀가 필요하다. 정두는 그녀의 사랑이 있기에 힘든 산행도 누구보다 열심히 할 수 있고 정상도 쉽게 오를 수 있을 것이다.

콩코르디아는 울퉁불퉁한 돌밭이라 텐트 치기가 나빠 막영작업에 많은 시간을 보내야 했다. 우리가 오를 K2는 이곳 콩코르디아에 도착해야 비로소 그 모습을 바라볼 수 있다. 맑은 하늘에 K2 전면이 모두 보여 설렘과 함께 숙명적인 친근감이 느껴진다.

작년에 이곳에 처음 도착했을 때가 생각난다. 진눈깨비가 내리며 주위는 온통 짙은 안개로 꽉 차있었다. 그때 순간적으로 안개가 살짝 걷히며 구름 위에 정상이 잠깐 나타났었는데 우리가 정상이라고 상상했던 위치보다 훨씬 더 높은 곳에서 그 모습을 드러냈다. 그때 우리들은 너무 놀라 기겁을 했었다.

콩코르디아에서 보는 K2의 위용(정상을 구름이 숨기고 있다.)

"세상에 저렇게 높을 수가……!"
"저렇게 신비스러울 수가……!"

 유럽 사람들은 K2를 '죽음을 부르는 산'이라고 말하며, 파키스탄 사람은 '하늘의 절대군주'라고 부른다. 원주민이 초콜리라고 부르는, 이 세상에서 가장 오르기 어렵고 험하다는 카라코룸산맥 중앙 깊숙이 자리 잡고 있다.
 흔히들 일반인들은 세계 최고봉을 에베레스트라고 하지만, 산악인들은 K2라고 말하는데 거기에는 충분한 이유가 있다. 우선, 이 K2에 접근하는 방법이 용이하지 않다.
 허가를 받기가 쉽지 않으며, 일단 K2가 지배하는 카라코룸왕국에 입국할 허가를 받은 후에도 이 대왕이 계신 콩코르디아까지 들어오려면 수많은 문무백관들이 지키는 여러 차례의 힘든 관문을 통과해야한다. 약 10여 일의 힘든 과정을 넘어 최후의 출입문인 콩코르디아 입구에 들어오게 되면 그때에서야 비로소 먼발치에서 대왕을 알현할 수가 있다.

절대군주이자 대왕인 K2는 스키앙 빙하, 마르포퐁 빙하, K2 빙하, 사보이아 빙하, 고드윈 오스틴 빙하, 필리피 빙하 이렇게 6개의 빙하에 둘러싸여 고고히 위용을 드러낸다. 주위에는 아름다운 시녀 엔젤리스피크, 사보이아피크, 스키앙캉리 등이 대왕 곁에서 시중들고 있으며, 영의정쯤 되는 브로드피크가 바로 옆에서 대왕을 보좌하고 있다.

일급 문무대신들이 가셔브룸산군에 모여 있고 그 밖에 쵸코리사, 마셔브룸, 무즈타그타워, K6, K7, 세르피캉리, 시아캉리, 발토로캉리, 테렘캉리, 미터피크, 살토로캉리 등 용감무쌍한 장군들이 대왕을 호위하고 있다. 인간이 범할 수 없는 고고함과 위대함 그리고 장엄함이 숨 쉬고 있는 것이다.

이곳은 지구의 일부라기보다는 하나의 독립된 별세계다. 신이 계신 곳 아니면 신전으로 통하는 지구 위의 가장 높은 지역, 인간이 도달할 수 있는 가장 최후의 관문이다. 이곳이야말로 지구 위에 조물주가 창조하신 최고의 위대한 걸작품으로서 신비와 감동을 지닌 곳이다.

K2를 처음 바라보는 대원들의 심정은 과연 어떠했을까. 박승기는 그의 일기에 이렇게 썼다.

황량한 돌밭과 얼음지대인 콩코르디아를 향해 오늘도 카라반 길은 멀고도 험하다. 이윽고 한낮의 내리쬐는 태양 아래 K2의 모습이 우리가 기필코 올라야하는 동남능선부터 완연한 자세로 눈앞에 펼쳐진다.

온 시야가 꽉 찰 정도의 거대한 K2는 그 장엄한 모습으로 너무도 강렬하게 내 가슴을 엄습한다. 심장이 멎는다. 사진으로만 보아왔던 K2의 실제 모습은 더욱 장관이었다.

나도 모르게 무릎을 꿇었다.

"저는 그대 앞에 오기 위해 4년간의 훈련을 받느라 세 번씩이나 직장을 옮겨야 했습니다. 그동안의 훈련과정과 준비과정이 주마등처럼 머릿속을 스치며 온몸은 감격에 떨고 있습니다. 지금 그대 앞에 서니 이제 어떠한 어려움이 닥치더라도 기필코 그대 머리 위에 태극기를 휘날릴 것이라는 자신감이 용솟음칩니다.

그대 K2여! 부디 저희들을 그대의 그 넓은 가슴으로 따뜻하게 받아주시옵소서."

관용이가 건네주는 따뜻한 우유 한 잔에 피로를 풀어본다.

언제나 선두그룹으로 앞장서 걷던 배종원 대원이 이날은 저만치 느지막하게 모습을 드러낸다. 얼굴이 핼쑥한 것이 매우 피곤한 모습이다. 그의 글이다.

엊저녁 염소 내장을 잘못 먹은 것이 탈이 나 새벽 1시경부터

카라반 중 망중한의 유재일, 하관용, 장병호 대원

텐트를 들락날락거리며 토했는데 창자를 꼬챙이로 헤집는 것 같다. 밤에 포터들이 알라를 부르며 슬피 우는 소리가 들리더니 어젯밤 앓던 그 포터가 죽었다고 한다.

  달빛이 별빛이 차갑게 쏟아지는 빙하 위에서 그 포터는 죽었다. 잃어버린 자유와 행복을 되찾는 한 마리 새가 되었을 것이다.

  아침에 물을 조금만 마셔도 명치 부근이 따갑고 쓰려 목구멍을 넘기기 힘이 든다. 한 시간쯤 걷다가 기운이 없어 도저히 못 걷겠다고 그냥 풀썩 주저앉았다. 지금 생각하니 어떻게 여기까지 왔는지 알 수가 없다.

전진 133

콩코르디아! 참 아름다운 이름이다. 비록 얼음과 돌만을 안고 있지만 위대한 제왕 K2가 마주 보이는 곳. 누가 가르쳐주지 않아도 K2는 단번에 알아볼 수 있었다. 삼각뿔 형태의 독립 봉으로 어느 방향으로 오르든지 정상을 쉽게 내주지 않을 것은 분명하다. 무서워진다. "경쟁하듯 등반하면 우리는 지고 말 것이고, 전쟁하듯 등반하면 승리할 것이다." 하는 대장님의 일성이 들린다.

그렇다, 내일이면 K2 전선에 배치되는 우리는 전장 터의 용사다. 용사! 네가 골리앗이라면 우리는 다윗! 우리는 용사다. 용사!

저녁이 가까워오자 BC의 선발대로부터 무전기로 연락이 온다.
"여기는 BC. 본대 응답하라." 장 부대장의 목소리다.
"여기 본대는 모두 콩코르디아에 있다."
"수고 많았습니다. 지금 막 현수, 재일, 창선이가 ABC에 진출하여 텐트들을 설치하고 내려왔습니다. 저도 어제 로컬포터 중 건장해 보이는 포터 30명을 선발해 ABC로 급한 짐들을 올려놓고 왔습니다."
"대단히 수고 많았다. 그런데 우리 BC는 어떻던가?"
"그런대로 구색을 갖추어 놓았습니다. 그런데 6월 21일 미국 팀이 눈사태를 당해 그 중 대장을 포함한 2명이 숨졌습니다. 1명은 시체를 찾기가 불가능하고 1명의 시체는 다행히 찾아내 묘지로 옮겨 묻는데 우리도 함께 참여해 도왔습니다."

이 말을 듣는 순간 모두들 표정이 굳어지고 일그러진다. 갑자기 숙연한 분위기가 감돈다. 오늘 아침 포터 1명의 죽음을 목격하고 기분이 울적했었는데 또 2명의 미국인이 사망했다니……

무서운 밤

잠자리에 누운 지 제법 오래 되었는데도 불구하고 왠지 잠이 오지 않는다. 울퉁불퉁한 돌 위라 잠자리가 불편한 점이 그 이유였겠지만 그보다 오늘 접한 3명의 사망 소식이 잠을 이루지 못하게 한 주원인이었으리라. 한참을 뒤척이다 울적한 기분도 달랠 겸, 신을 신고 텐트 밖으로 나왔다.

콩코르디아의 밤은 몹시 추웠으나 싸늘한 빙하 위의 달빛은 환했다. 보름이 가까워 둥그런 달은 구름과 구름 속을 헤치며 쏜살같이 질주하고 있다. 주위의 모든 산들이 달빛에 하얗게 보인다.

한낮의 태양 아래 눈부실 정도로 하얗던 산들이 이 쓸쓸한 달밤에는 더욱 더 처절한 흰 색을 띠고 있다. 하도 해맑게 보여 유령같이 무섭게 느껴지기도 한다.

조용히 산책을 하다가 널찍한 바위 위에 걸터앉았다. 그런데 이게 웬 일인가. 이생각저생각 하다가 문득 고개를 들어보니 유령같이 허연 주위 산들이 옆으로 바싹 다가와 있지 않은가? 산들이 움직이고 있다. 산들은 내 옆으로 조금 조금씩 가까이 다가오고 있다. 그러더니 '너는 뭣 하는 놈이냐' 하고 묻는 것만 같아 겁이 덜컥 난다.

급히 주위를 둘러보아도 이 거대한 괴물들을 피해 숨을 곳이라고는 전혀 보이지 않는다. 겁먹은 자세로 몸을 움츠리는데 이번에는 저 아래 우르두까스 산기슭에서부터 빙하가 서서히 파도를 일으키며 이쪽으로 몰려오고 있는 것이 아닌가.

물살이 점점 거세지고 파고가 점점 높아진다. 분명 저 발토로 빙하는 이쪽을 향해 무서운 기세로 달려들고 있다.

'으악' 하는 사이에 나의 몸은 파도 속에 휩쓸려 저 아래 깊숙이 떨어진다. 온몸이 사정없이 아래로 아래로 떨어진다. 주위는 온통 시꺼먼 빙하의 물만 보이고 어두운 하늘은 점점 작게 보인다.

그러다 이번에는 물결을 타고 한없이 위로 높이 솟아 올라간다. 이제는 콩코르디아가 저 아래 아주 작게 보인다. 현기증이 난다. 그러다가는 또 시꺼먼 파도를 타고 아래로 깊이깊이 떨어지고 다시 위로 높이 치솟기를 반복한다. 어지럽다. 토할 것만 같다. 주위의 산들은 발토로 빙하의 파도에 밀려 멀어지다 가까워지곤 한다. 바다 위에 떠있는 한 조각 나뭇잎에 불과한 자신을 느낀다.

한참 후 파도는 잠잠해지고 평온해 졌으나 이번에는 뒤에 있는 브로드피크가 그 무시무시한 큰손을 뻗어 내 뒤통수를 움켜지려 하고 있다. 바로 앞의 미터피크도 그 흉측하고 음흉한 모습으로 고개를 내밀며 내 얼굴을 바싹 들여다보며 히죽 웃는다. 오싹 소름이 끼치며 온 몸에 식은땀이 흐른다. 정말 죽고 싶은 심정이 생긴다. 차라리 눈을 감아버리자.

심장의 고동이 어느 정도 가라앉았다 싶어 서서히 일어나 걸어가나 다리에 힘이 빠져 비틀비틀 거린다. 주방 텐트로 들어가 식수통의 뚜껑을 열고 살얼음을 깨어 차디찬 냉수를 한 사발 들이마셨다.

머리가 쪼개지는 것 같다. 마음을 진정시켰다. 텐트를 나와 다시 바위 위에 걸터앉으니 바위가 움찔하며 움직인다. 분명히 움직이고 있다. 그렇다. 이 빙토로 빙하는 분명 살아 숨 쉬고 있다.

  빙하가 살아 움직이고 있다는 사실을 이 한밤중에야 비로소 깨달은 것이다. 빙하가 갈라지는 소리, 빙하 틈으로 돌들이 굴러 떨어지는 소리가 들린다.

  이렇게 두려울 때는 집 생각하는 것이 상책이다. 나의 아들 홍석, 초등학교 4학년으로 공부 잘하고 똑똑한 놈이다. 내 인생을 건 나의 외아들이다. 그리고 내 딸 희진, 초등 2학년. 역시 영리하고 천진난만한 개구쟁이 외동딸이다. 얼굴도 예쁘고 언제나 명랑하다. 지금쯤 아내가 아이들을 재우고 있겠지.

  언제였던가, 택시를 타고 어디를 가고 있을 때였다. 아내가 불쑥 "K2원정대 대장이 된 것을 축하해요." 하며 축하 악수를 청하는 게 아닌가. 미소를 띠우고 아무 말 없이 내미는 내 손을 그녀의 두 손으로 꼭 잡으며 "반드시 성공하세요." 한다. 그 이후로는 왠지 모르게 항시 기분이 좋았던 기억이 난다.

  사실 나는 그동안 히말라야에 간답시고 매년 2~3개월씩 집을 비우기 일쑤였다. 이번에는 또 어떤 그럴듯한 핑계를 댈까하고 망설이고 있다가 아내의 기분이 매우 좋을 때 얼른 찬스를 잡아 "이번에는 가야만 돼. 안 가려고 마음먹었었는데 내가 대장으로 결정됐기 때문에 어쩔 수 없어." 하며 곁눈질로 살짝 아내를 쳐다보았다.

  이거 또 당했구나하는 눈치가 역력했다. 무슨 말을 할까하고 망설이며 역시 곁눈질로 나를 살짝 보다가 서로 곁눈질끼리 마주쳤다.

우리는 웃고 말았다. 그 후 며칠간 아무 말이 없다가 택시 안에서 불쑥 꼭 성공하란 말을 전하는 것이다. 아내의 격려는 그 누구의 격려보다 더 큰 힘이 되었다.

"정말 고마워. 그런데 한 가지 부탁이 있어."

"뭔데요?"

"지금 대원들 중에 반 정도는 결혼을 했는데 대부분 신혼이고 또 장 부대장, 민상기 대원과 나를 제외하곤 결혼 후에 처음으로 해외 원정을 떠나게 된 셈이야. 그러니 부인들을 가끔 불러 즐거운 모임을 갖고 그들을 위로해줘야겠어"

잘 알았다는 아내의 손을 이번에는 내가 두 손으로 꼭 잡았다.

어느 때처럼 텐트 안으로 밀어주는 홍차 한 잔으로 아침잠에서 일어났다. 간밤에 하도 혼이 나 마치 무슨 악몽을 꾼 것 같았다. 아침 햇살에 비치는 주위 산들이 어젯밤에 언제 그랬느냐는 듯이 의연한 자세로 앉아 있다. 발토로 빙하도 어젯밤과는 달리 평화로운 분위기 속에 생기가 넘치고 밝고 명랑해 보인다.

배종원 대원을 불렀다. 그는 아픈 배가 한결 좋아졌다면서 밝게 웃는다. 다행이다. 그러나 최덕신 대원이 밤새 끙끙 앓았다고 한다. 틀림없는 고산병 초기 증상이다. BC까지 걸어 들어가는 데에는 아무 염려 없다고 하며 배낭을 멘다. 그렇다면 좋다, 출발하자. 오늘은 BC로 들어가는 날이다.

빙하 위의 길은 대부분이 눈길이다. 이는 고도가 그만큼 높아졌다는 것을 뜻한다. 한참을 걸어가니 오른쪽으로 모레인 언덕을 하나

카라반 중 점차 고도가 높아지며 로컬포터들도 힘들어한다.

넘어 브로드피크 BC로 들어가게 되어있어 잠시 들러보기로 하고 발길을 돌렸다. 국제 팀과 스페인 팀의 BC가 나란히 위치하고 있다.

국제 팀의 대장인 칼 마리아 헤르리히코퍼 박사가 반갑게 맞아준다. 옆에 있는 40대 초반의 여인이 독일 특유의 커피라며 진한 향기의 커피를 한잔 가득 대접한다. 박사에게 딸이냐고 물으니 그냥 "My Girl Friend." 라고 대답하며 웃는다. 지금 나로서는 박사와 함께 커피를 마시며 담소를 즐기고 있다는 것이 큰 영광이 아닐 수 없다.

헤르리히코퍼 박사. 70 노령의 의학박사이며 위대한 등산가인 이 전설 속의 영웅을 모르는 산악인은 세상에 별로 없을 것이다.

20대 초반인 1938년에 이미 히말라야 중심 인물로 부상했고, 1953년 낭가파르바트 초등정 때 역시 전설적인 인물 헤르만 불과의 불화

전진 **139**

로 유명한 당시의 대장이다.

박사는 낭가파르바트만 해도 22년간 8차례의 원정을 직접 이끌면서 초등부터 4등까지 팀을 성공으로 이끌었다. 30회 이상 원정대를 조직했고, 1954년 독일 해외탐험협회를 설립한 개척자다.

브로드피크, 라카포시, K2, 에베레스트 등에서 신화적인 업적을 남긴 분으로 특히 카라코룸을 사랑했다. 파키스탄 군 당국도 카라코룸 등반사에 고금을 통해 가장 위대한 업적을 남긴 박사를 위해 스카르두와 BC간의 구간을 특별 헬기로 모시기로 했다고 한다.

박사는 나에게 성능 좋은 쌍안경을 주면서 브로드피크 주봉과 중앙봉 사이의 꼴을 보라고 한다. 꼴 바로 밑에 몇 개의 점이 움직이고 있는 것이 보인다. 날씨도 좋고 해 오늘 중으로 정상을 밟을 것이 틀림없어 보인다.

마지막 캠프를 출발한 지 5시간이 지났다는데 아직 꼴에 도착 못한 것을 보면 러셀하며 나아가기가 쉽지 않은 모양이다. 박사는 또 K2의 남벽을 보라고 한다. 이들의 등반 루트인 매직라인 선상의 약 7,300m 지점에 2개의 점이 움직이는 것이 보인다. 이 팀은 지금 두 산을 동시에 오르고 있는 중이다. 따라서 BC도 두 팀으로 나눠 각각 설치되어 있다.

이왕 쌍안경으로 K2를 보게 된 바에 샅샅이 살펴보기로 했다. 남릉 상부의 약 8,200m 지점쯤의 작은 프라토(Plateau, 눈평원)에 검은 점 하나가 눈 안에 들어온다. 이탈리아의 레나또 가사로또가 단독으로 등반 중이라고 한다.

각 팀이 나름대로 숨 가쁘게 등반을 전개하고 있음을 한눈으로 감지하게 되자 가슴 가득히 새로운 긴장감이 감돈다. 이제 우리는 사방에서 포화가 터지는 긴박한 최전방에 배치된 군인 같은 현실감과 긴장감을 느끼지 않을 수 없다.

헤르리히코퍼 박사는 며칠 후 헬기로 스카르두로 떠났다. 결국 이날 박사와의 만남은 처음이자 마지막이 됐다.

보이지 않는 손

다시 눈 위를 걷기 시작한다. 걷다가 잠시 휴식을 취하는데 갑자기 혼자가 된 느낌이다. 앞을 봐도 뒤를 봐도 아무도 보이질 않는다. 혼자 사색에 젖어본다. 2년 전 네팔 히말라야의 바룬체히말을 등반했을 때 빙하 위에서 고생했던 기억이 생생히 떠오른다.

일곱 명으로 구성된 한국외대산악회 팀은 히말라야에서 한국인으로는 처음으로 등정주의가 아닌 등로주의를 실천한다는 의욕을 간직한 채 바룬체를 오르기 쉬운 완만한 등로를 외면하고 가장 경사가 급한 남벽을 택해 등반 중에 있었다.

다섯 명의 공격조는 2팀으로 나뉘어 바룬체의 북봉과 중앙봉 등정을 성공한 후 캠프2로 내려온 다음날이었다. 그때 나는 한 대원과 전진캠프에 있었으나 하룻밤 사이에 폭설이 20Cm가량 내렸다. 아침이 되어도 폭설은 가라앉을 기미가 보이지 않고 오히려 강한 눈보라를 동반한 채 주위는 온통 짙은 안개로 휩싸였다.

캠프2에 있는 다섯 대원은 이날로 하산하길 원했지만 대장인 나는 크게 망설이지 않을 수 없었다. 캠프2와 캠프1과는 수직표고 차 800m의 직벽으로 24피치로 나눠 고정로프를 설치했지만 평균경사 70도의 직벽을 이러한 악천후 속에서 하강한다는 것은 극히 무모한 행위였다.

그러나 캠프2에서는 내일이라고 날씨가 좋아진다는 보장이 없으니 이날 하강을 감행하겠다고 한다. 나는 결국 이들에게 조심해서 하강하라고 이르고 한 대원과 셰르파들을 캠프1로 올려 보냈다.

당시 정부연락관은 요리사와 함께 BC에 있었는데 어느 날인가 요리사가 무전기를 망가뜨리는 바람에 우리와 연락이 두절된 상태였고 간혹 셰르파를 통해 서신 연락만 하고 있었다. 우리들의 등정 소식을 전하기 위해 한 셰르파를 BC로 내려 보내려고 했지만 이런 날씨에 혼자서는 도저히 못 내려가겠다고 해 할 수 없이 나도 배낭을 메고 전진캠프를 출발했다.

우리의 BC는 빙하가 시작되는 지점에 있고 전진캠프는 빙하가 끝나고 등반이 시작되는 지점에 있어 전진캠프와 BC와의 사이는 오직 빙하길 뿐이다. 보통 때는 세 시간이면 충분히 내려갈 수 있는 길이 이날은 다섯 시간이나 걸렸다.

수염이 덥수룩하게 자란 연락관은 너무 기뻐 눈물까지 흘리며 나를 반겨 맞이한다. 실로 20여 일만의 만남이었다. 라면을 먹는 둥 마는 둥하며 다시 혼자 전진캠프를 향해 서둘러 BC를 떠났다.

내려올 때는 그래도 등 뒤로 눈보라가 몰아쳐 걷기에 수월했지만 이제는 맞바람을 거슬러 올라가야만 한다. 내려올 때 만들었던 러셀자국이 눈보라에 전혀 보이질 않는다. 어쩜 이렇게 감쪽같이 없어졌을까.

한참을 새롭게 길을 만들면서 앞으로 나아가지만 맞바람이 얼굴을 때려 제대로 앞을 분간할 수 없고 사방은 짙은 안개로 뒤덮여 제대로 길을 찾아가는지 엉뚱한 다른 곳으로 가고 있는지 전혀 알 도리가 없다. 셰르파를 데리고 올걸 후회막심이다.

세상에서 눈이 덮인 빙하 길을 눈보라 속에서 걷는 것처럼 힘든 산행은 아마 없을 것이다. 그것도 에베레스트의 쿰부 빙하처럼 사람들이 많이 다녀 길이 나있고 야크도 다닐 수 있는 빙하와는 달리 태고부터 인간이 지나간 적이 별로 없는 이 천연의 빙하를 계속 오르락내리락 구불구불 우회하며 걷기란 여간 힘든 노릇이 아닐 수 없다.

발아래 바위가 비스듬히 미끄러지는 돌인지, 움직이는 돌인지, 뾰족한 돌 끝인지 발로 꾹 눌러보기 전에는 전혀 알 길이 없다. 조심조심 걸어가나 여지없이 바위의 틈을 잘못 디뎌 무릎까지 푹 빠진다.

하도 아파 얼굴을 찡그리고 발을 뺀 후 다시 발을 옮기자 이번에는 발밑의 바위가 움직이며 한 발이 미끄러지면서 가랑이를 벌린 채로 앞으로 자빠진다. 다시 일어나 한 발을 옮기니 이번에는 발목이 바위틈에 끼면서 옆으로 넘어진다. 심할 때는 몇 걸음 못가 넘어지기 일쑤고 오르막길에는 으레 한두 번씩 2~3m 아래로 굴러 떨어지곤 했다.

나중엔 엉금엉금 무릎으로 기어 올라간다. 내리막길에도 미끄러지며 엉덩방아를 찧거나 앞으로 곤두박질쳐 사정없이 넘어지며 걸어야 했다. 넘어질 때마다 무릎이며 팔꿈치 등이 바위에 부딪쳐 몸

발토로 빙하 위에서의 고독을 벗삼은 필자.

시 아프다. 나중에는 옆구리, 허리, 가슴까지 툭 튀어나온 돌 끝에 사정없이 부딪친다.

옷은 온통 해지고 찢겨지고 온 몸은 곳곳에 멍이 들고 살갗이 찢겨 피가 나오고 있다. 노출된 피는 곧 응고되어 버리지만 옷 속에서 흐르는 피는 끈적끈적하여 아주 불쾌감을 느끼게 한다. 화가 머리끝까지 치민다.

악을 쓰며 바위를 힘껏 쳐보지만 남는 것은 손의 상처와 아픔뿐이다. 배도 고프다. 그러나 먹을 것이 없다. 배낭 속에 주스가 몇 통 있지만 꽁꽁 얼어버려 마실 수가 없다. 하필이면 이날따라 무전기를 안 갖고 나왔단 말인가.

지금 나는 천지에 홀로 방황하며 생고생하고 있는데, 저 위에 있는 대원들도 이런 고약한 날씨에 무사히 하강했으리라고는 도저히 믿을 수가 없다. 만일 그들 중 누구 하나라도 죽어버린다면 어떡하나. 한시 바삐 전진캠프로 가야만 하는데 지금 내가 이 지경에 빠져 헤매고 있다니.

고래고래 고함을 쳐본다. 그러나 이 빙하 위에 나 말고 어느 누가 또 있단 말인가. 눈보라는 계속 날리고 짙은 안개로 여전히 방향을 알 수가 없다. 또 여지없이 나자빠지며 돌 끝에 무릎이 부딪친다.

정말 아프고 힘들다. 차라리 죽어 버릴까. 이대로 누워서 몇 시간만 조용히 눈을 감고 있으면 이내 꽁꽁 얼어 버릴 테지. 그래도 이왕이면 좀 편한 장소를 골라서 눕자.

이제 나는 죽는다. 순간적인 어리석음으로 나는 머나 먼 타국, 이 지구 끝의 오지에서 죽고 마는구나. 눈보라가 사정없이 얼굴을 때리나 이젠 안경을 닦을 필요도 없다. 그러나 이게 웬 일일까. 나의 아들 홍석이가 저만치에서 웃으며 나를 부르고 있는 게 아닌가. 그쪽으로 기어간다.

한참 나아가도 홍석이는 좀처럼 가까워지지 않는다. 힘이 빠지고 몇 번이나 또 넘어지고 자빠지자 다시 모든 걸 포기하고 편안히 드러눕고만 싶어진다. 조용히 눈을 감았다. 한참을 지난 듯싶어 눈을 떠보니 바로 앞에 홍석이가 나타난다.

"아빠 힘내세요. 그냥 그대로 계시면 안 돼요." 라고 울먹인다. 그렇지 네 말이 맞다. 죽더라도 가는 데까지 가보다가 쓰러지자.

"고맙다 홍석아, 하느님 저에게 힘을 주시옵소서."

다시 일어나 걸으며 쓰러지며 앞으로 나아간다. 순간 안개가 걷히더니 주위 모습이 눈앞에 보인다. 정말 다행인 것은 길만은 제대로 찾아 걷고 있었다. 눈도 이젠 상당히 적게 내리고 바람도 어느 정도 잠잠해졌다. 이대로 두세 시간만 걸어가면 전진캠프에 도착할 수 있을 것 같다. 쓰러지며 자빠지며 끔찍스러운 고행 길을 이를 악물고 나아간다.

한참을 나아가니 저 멀리에서 빨간 점 하나가 이쪽으로 오고 있는 것이 보인다. 무사히 전진캠프로 하산한 후 내 걱정이 되어 마중 나온 정광식이다. 이윽고 내 앞에 나타나더니 아무 말 없이 나를 아래위로 훑어본다. 내 몰골이 말이 아닌 모양이다. 그렇다고 제 녀석 몰골은 뭐 좀 나은 편도 아니면서.

"다들 모두 무사히 내려왔습니다."
"수고 많았다. 정말 고생이 심했구나." "저희들이야 지금 한없이 기쁠 뿐이지만 그보다 형님이 오늘 같은 날씨에 고생 많았겠습니다."
"아니다, 나는 별 고생 없었다. 너희들이야말로 정말 대단한 일을 해냈다."

조용히 내 배낭을 받는 광식이를 그만 와락 껴안았다. 눈물이 펑펑 쏟아진다. 에이, 김샜다. 후배 앞에서 이런 나약한 모습을 보이다니. 전진캠프가 가까워졌다. 대원들이 이쪽을 보고 뛰어나온다.

내 저 녀석들 앞에서는 이런 나약한 꼴을 보이지 말아야지. 그런데 왜 주책없이 눈물은 펑펑 쏟아지고 있느냐 말이다. 뒤에서 아무 말 없이 내 배낭을 메고 따라오는 광식이도 손등으로 눈물을 닦아내고 있었다.

K2 베이스에 들어서자 눈사태로 인사를 해온다.

그때를 생각하니 감회가 새롭다. 그땐 정말 한없는 등반을 멋지게 해냈었지. 그러나 지금이 나에겐 제일 중요하다. 이번 등반은 가능한 한 속전속결로 끝내야한다.

우리가 오를 산은 8,000m미터가 넘는 두 개의 산이다. 그중에 한 산은 소위 세상에서 가장 힘들다는 K2가 아닌가. 장기전으로 들어가면 그만큼 성공률이 희박해지겠지. 좌우지간 빨리 BC에 도착해야겠다.

이 생각 저 생각하면서 어느 모레인 언덕위에 올라서니 저만치 K2 BC가 한눈에 들어온다. 정말 장관이다.

무려 9개 팀이 한군데 몰려있다. 100개가 훨씬 넘어 보이는 텐트들이 그 원색적인 컬러로 인해 마치 어느 해수욕장에 늘어선 비치파라

한국 K2 원정대 베이스캠프 전경

솔처럼 보인다. 그중 우리 BC는 가운데의 프랑스 팀과 오스트리아 팀 사이에 설치되어 있다.

　장 부대장 이하 선발대원들과의 반가운 해후는 오래 계속되고 있었다.

등반

쉴 새 없는 강행군

베이스캠프(BC) 건설

박승기, 최덕신, 하관용은 고산병 증세로 매우 고통스러워하며 걷고 있었다. 하관용은 이날의 고통스런 산행을 다음과 같이 회고한다.

> 오늘은 이 지겹고 힘들었던 카라반이 끝나는 날이다. BC에 도착해 선발대와 만난다는 생각을 하니 그저 기쁠 뿐이다. 앞서 출발한 대원과 포터들이 시야에서 사라져갔다. 나중엔 승기 형, 덕신이 형과 나만이 맨 뒤에 쳐져서 천천히 한발 한발 걷게 되었다.
>
> 뒷머리가 띵해옴을 느낀다. 벌써 일행은 앞으로 갔는데 왠지 모르게 걷는 게 힘들다. 주위 산에서 심심치 않게 발생하는 눈사태도 겁을 준다. 배가 고픈 것을 느끼며 간식을 먹었다. 조금 걷고 쉬고 또 쉬며 힘든 것을 자주 느끼며 나중에는 주저앉아 퍼지고만 싶다. 그래도 걸어야지 다른 도리가 없지 않은가.
>
> 배낭이 이렇게 거추장스럽고 무거운 것인지 그동안 수 없이 산을 다니면서도 별로 느끼지 못했었는데 오늘은 정말 그것을

제대로 느껴본다. 다시 털썩 주저앉았다. 승기 형과 덕신 형이 내 옆으로 오더니 역시 주저앉아버린다. 다들 고통을 이기느라 얼굴 표정이 밝지가 않다. 한참을 씩씩거리던 덕신 형이 어느 정도 숨을 돌린 후 기자답게 한마디 던진다.

"우리는 대원들 중에 제일 행복한 사람들이야. 매도 먼저 맞는 사람이 제일 속이 편한 법이거든. 나중에 고산병으로 고생하는 것보다야 빨리 해치우는 게 훨씬 낫지."

"그런 말씀 마쇼. 지금 죽을 맛인데……."

옆에 앉아 있는 승기 형의 표정도 죽을 맛인 모양이다. 나하고 별반 다를 바 없다. 그래도 선배라고 점잖게 한마디 한다.

"관용아, 힘을 내. 저기 저 모레인 지대만 통과하면 BC가 바로 눈앞에 보여."

"고맙소, 승기 형. 그런데 형도 초행길이면서 그것을 어떻게 알아요?"

저 쪽에서 누가 온다. 신경을 쓸 생각도 않고 그냥 배낭을 등에 지고 누워버렸다. 한참 만에 선발대의 재일이 형인 줄 알았다. BC가 가까워졌구나. 정말 다행이다.

수통에 주스를 타서 들고 우리를 마중 나온 것이다. 재일 형을 보는 순간 왈칵 눈물이 쏟아진다. 너무도 반가워 재일 형 손을 잡고 놓을 생각을 안 했다.

벌컥벌컥 주스를 마시고 나니 좀 기운이 나는 것 같다. 이제 다 왔구나하는 생각에 긴장이 풀리는 것을 느끼며 한발 한발 다시 내 딛는다. 스키 스틱을 버리고 싶을 정도로 온몸에 힘이

'86 한국 K2 원정대 베이스캠프의 여유로운 분위기

하나도 없다.

　배낭을 받아주는 현수 형 손을 잡고 반가워서 어쩔 줄 몰랐다. 머리가 무겁고 힘이 없고 다리가 풀리는 것이 고산병이구나 하는 생각을 하니 산소가 부족한 곳에서 살기가 정말 어렵다는 것을 거듭 느끼며 어서 빨리 고소적응을 해야 편할 거라는 생각뿐이다.

이제 그동안 수고한 포터들에게 임금을 나눠줄 차례다. 규정대로의 임금 외에 별도로 식량도 나눠주었다. 대부분의 포터들은 고마워하지만 더 많은 보너스를 요구하는 포터들도 있다.

"저 친구들에게는 규정 외의 선심을 쓸 필요가 전혀 없어. 잘해주면 오히려 요구사항이 더 많아진다니깐."

재일이가 옆에서 투덜거린다. 임금을 받은 포터들은 삼삼오오 짝을 지어 콩코르디아 쪽으로 사라져 갔다. 저들 중에는 등반 후 우리의 철수를 돕기 위해 다시 이곳을 찾는 포터들도 많이 있겠지. 그들이 석양 속으로 사라져가는 모습을 바라보자니 묘한 여운이 감돈다.

이제 뒤따라오고 있을 홍옥선과 송영호를 제외하곤 모두 한자리에 모였다. BC는 즐거운 분위기 속에서 한동안 시끌벅적해졌다. 잠자리는 각자 자고 싶은 텐트에서 자라고 자유의사에 맡겼다. 어차피 등반이 시작되면 누구와 함께 잠을 잔다는 것은 의미가 없어지기 때문이다.

이날은 마침 송정두의 생일이기도 하여 주방에서는 야크 갈비찜에 그런대로 진수성찬이 바쁘게 준비되었다. 선발대가 설치해놓은 회의실 겸 식당으로 사용될 본부텐트는 제법 멋과 운치가 있었다.

막상 식사를 하려하니 전 대원이 함께 앉아 먹을 수가 없는 게 아닌가. 우리들이 준비해 온 캠핑용 의자들이 너무 컸기 때문이다. 할 수 없이 몇몇 대원은 주방텐트에서 식사를 하기로 했다. 이 또한 등반이 시작되고 나면 BC에는 많은 대원이 있을 리 없으니 전원이 모여 있을 경우에만 다소 불편함을 감수하면 된다.

식사 후 오랜만에 화기애애하고 자유스러운 분위기 속에서 회의가 열렸다. 약간의 위스키를 곁들인 차를 마시면서. 장 부대장과 윤 등반대장은 대원들에게 주로 고산병을 이겨낼 수 있는 고소생활에서의 노하우를 숙지시키고 있다.

'부지런히 움직일 것, 마음을 편하게 하고 여유를 가질 것, 충분한 양의 수분을 섭취할 것, 따뜻한 잠자리에 신경을 쓸 것, 머리를 항상 따뜻하게 하고 감기 등에 조심할 것, 왕성한 식욕을 유지하도록 노력할 것' 등 여러 가지 그들의 경험을 토대로 예를 들면서 친절히 설명한다.

아무리 화기애애하다 해도 회의라는 이미지는 아무래도 딱딱한 분위기를 자아내기 마련이다. 우리는 가급적 딱딱한 분위기를 빨리 끝내고 자유 시간을 즐기기로 했다. 대원들은 불과 몇 시간 전에 끝낸 카라반 길을 마치 오래된 추억이라도 되는 양 이야기하느라 바쁘다. 모두 웃고 떠들며 즐거워한다. 마지막으로 김현수가 한마디 한다.

"그런데 말이야, 콩코르디아에서 K2를 바라보았을 때는 상당히 겁먹었었는데, BC에서 보니 어느 정도 가능성 있게 보여, 또 ABC에서 보니 별로 어렵게 보이지 않더구만."

대원들이 하나 둘 잠자리에 든 후에도 나는 한참을 본부텐트에 앉아있었다. 좀 더 앉아 있고 싶었지만 대장이 자지 않고 있으면 대원들도 잠잘 수 없다는 몇몇 대원들 성화에 따뜻한 찻잔을 들고 밖으로 나왔다.

하늘에는 별이 총총 빛나고 있었다. 참으로 수많은 별들이다. 하늘은 온통 별들로 가득 차있다. 은하수가 가운데를 아름답게 흐르고 있으며, 심심치 않게 별똥별이 꼬리를 길게 늘어뜨리며 쏜살같이 어디론가 사라지고 있다.

나는 오랜만에 바라보는 밤하늘 별들의 파노라마를 마음껏 감상하기 위해 아예 매트리스를 돌밭 위에 깔고 하늘을 마주보며 드러누

베이스캠프에서의
즐거운 식사

였다. 비록 얼어붙은 빙하 위지만 저 무수한 별들의 아름다운 모습으로 수놓아진 찬란한 밤하늘을 쳐다보는 것은 정말 매우 큰 즐거움이다. 저 현란한 별들의 실루엣을 바라보고 있자니 별들이 연주하는 아름다운 천상의 음악소기가 들리는 듯하다.

바닷가에서는 지금만큼의 많은 별들을 볼 수는 없다. 하기야 그곳보다는 5,000m나 가까운 거리에 올라와 있으니까.

쾌적한 싸늘함을 뼛속 깊숙이 느낄 때 몸을 일으켜 내 텐트 안으로 들어갔다. 그리고는 실로 오랜만에 깊은 단잠에 들었다. 한참 깊은 잠의 수렁에 빠져있는데 누군가가 텐트 밖에서 부르는 것 같다. 나중엔 누가 나를 막 흔들어 깨우고 있다. 민상기였다.

"지금 옆 텐트에서 신음소리가 들리는데 상태가 아주 심각한 것 같아. 빨리 손을 쓰는 게 좋겠어."

얼른 일어나 옆 텐트로 갔다. 텐트 안에는 장 부대장과 하관용 대원이 잠자고 있는데 관용이가 무척 괴로워한다. 옆에 자고 있는 장 부대장을 깨웠다.

"이봐, 관용이가 몹시 아픈 모양이야."

"알고 있어요." 하더니 다시 잠을 자는 게 아닌가. 이렇게 태평한 사람 보았나.

다시 깨웠다. 그랬더니 한다는 소리가 "처음 겪는 첫날밤은 원래 아픈 것 아닙니까? 그게 바로 첫 경험이란 겁니다. 첫 경험, 나는 저 신음소리를 자장가 삼아 잘 테니 걱정 말고 들어가 주무십시오." 하며 돌아눕는다.

결국은 윤대표가 랜턴을 키고 송정두가 꺼내온 산소통을 정상모가 조립해 민상기가 산소마스크를 관용이에게 씌워준다.

정 박사가 진찰을 하고 유재일, 장병호가 따뜻한 차를 준비하며 모두들 한밤중에 때 아닌 일들을 치렀다. 임경수는 이 틈을 놓칠세라 열심히 무비카메라에 담고 있다. 밖에는 잠들기 전과는 달리 칠흑 같은 어둠 속에 눈이 내리고 있다.

전진캠프(ABC) 건설

베이스캠프(BC)에서의 첫날밤을 때 아닌 한밤중 소동으로 밤을 지새운 대원들은 아침 햇살을 받으며 서로 반가운 표정들이다. 산 생활이란 참으로 이상스럽다. 어젯밤에 헤어지고 아침에 만났는데 새롭게 반가운 정을 느끼게 되다니. 10명의 대원이 고소순응을 위해 약간의 짐만 배낭에 챙겨 ABC(전진캠프)에 다녀온다며 출발했다.

키친보이 후세인은 고산병에 쓰러져있고 두 명의 고소포터도 두통이 있다며 텐트 밖으로 나오지 않는다. 어젯밤에 혼이 난 하관용은 그래도 한결 좋아졌다며 일을 시작하면서 한마디 한다.

"내 몸이 내 몸 같지는 않아도 내가 할 일은 내가 해야죠."

점심식사 후 우리들은 앞으로 오랫동안 신세지고 피곤한 몸을 쉬게 할 우리들의 보금자리를 말끔히 정리하고 단장하기로 했다. 박승기는 전체 창고를 분리정리하며, 권순호는 무전기 안테나를 세우고 각종 통신장비를 점검한다.

윤대표, 송정두는 앞으로 각 캠프에 배치할 등반장비와 고소장비를 정리하고, 정상모는 산소와 각종연료를, 민상기와 임경수는 태양열충전기와 각종 촬영기구 정리를 한다. 또 장병호는 수선구와 막영구를, 배종원과 하관용은 주방을 정리하고 식량박스를 뜯어 같은 품목끼리 합치는 작업을 한다.

김현수와 유재일은 각 고소캠프로 운반할 식량을 정리하고, 정덕환은 간이병원을 설치한다. 김창선은 각종 서류와 필름, 오락구, 문구, 세면구 등 기타 잡동사니를 정리한다. 부대장 장봉완은 본부텐트 정리를, 최덕신은 고용인들의 식당과 부엌 그리고 그들의 막영지 정리 작업을 지휘 하느라 모두 바쁜 하루를 보내고 있다.

저녁때가 되자 이제 누가 보아도 그럴듯한 베이스캠프 기지가 구

하관용이 폐활량 측정하고 있다.

색을 갖춰 단장이 되었다. 대원들은 계속해서 각자의 짐정리와 텐트 정리 작업에 들어갔다. 저녁식사 후에는 모두 자유 시간으로 부모님과 기타 소식 전하고 싶은 이들에게 편지를 쓰느라 바쁘다.

나도 오한구 대한산악연맹회장과 홍순영 대사 등 꼭 전해야 할 분들에게 BC 도착 소식을 편지에 담았다. 가족들에게는 다음 기회에 소식을 전하기로 했다.

임경수 대원은 고용인들을 불러 모으더니 영화를 감상시킨다. 이들은 어린애마냥 좋아한다. 조금 있자니 이곳 BC의 모든 파키스탄 사람들이 다들 우리 영화관에 몰려들었다.

다음날 아침, 키친보이 유숲이 그 특유의 천진스러운 미소를 띠우

항상 미소가
떠나지 않는
키친보이 유숲

며 내 텐트로 커피를 갖다 준다. 그런데 유숲 뒤로 보이는 밖의 분위기가 좀 이상하다. 아니 눈발이 날리고 있잖아. 밤새 눈도 상당히 쌓여있었다. 당분간 날씨가 좋아질 기미가 없다.

"한동안 날씨가 좋더니 이제는 며칠간 나쁜 날씨가 계속될 것 같구만."

혼잣말로 중얼거리는데 언제 일어났는지 체조와 산책을 끝내고 오던 최덕신 대원이 말을 거든다.

"방금 전에 국제 팀 연락장교를 만났는데 금년도 이 지방 날씨는 전혀 예측할 수 없는 변덕스러운 날씨가 계속 될 것이라는군요."

"그 친구가 어떻게 안다고 그러지?"

"이유는 약 2달 전에 발생한 소련의 체르노빌 원자력발전소의 방사능 누출사건 때문이라는 군요. 체르노빌은 이곳에서 직선거리로 상당히 가까운 거리랍니다."

"그렇다면 큰일이로군. 변덕스러운 날씨도 문제고 지금 당장 내리고 있는 이 눈에도 방사능이 상당히 내포되어 있겠는데."

"방사능도 별로 큰 문제는 없을 겁니다. 또 모르죠. 이번 기회에 원자력 병에 면역이 생기게 될지."

그는 밝게 웃으며 커피를 마신다. 큰 덩치에 어울리게 생각하는 것도 역시 넓고 크구나 하는 생각으로 따라 웃었다. 그는 다시 진지한 표정으로 말을 잇는다.

"그건 그렇고, 대장님! 저를 베이스캠프 매니저로 써주십시오. 아무리 봐도 BC 매니저는 제가 적격인 것 같습니다."

"그것 참 내 생각과 똑같은데. 그럼 당장 오늘부터 BC 매니저로서 일을 시작하지."

"좋습니다." 하며 흔쾌히 대답하더니 무엇인가 만들 준비를 한다.

"뭘 하려고 그러지?"

"우선 본부텐트에 현황판이 없는데 그것부터 멋지게 만들어야 되겠습니다."

계획대로 장봉완 부대장, 김현수, 유재일, 김창선의 4명이 ABC를 향해 출발했다 이들은 캠프 1까지의 루트를 만들고 내려올 것이다. 나머지 대원들은 어제에 이어 오늘도 BC 정리 작업으로 바쁜 하루를 보냈다.

메일러너 2명이 우리들의 편지를 들고 아스꼴리로 내려갔다. 메일러너 2명을 함께 행동하도록 한 이유는 이곳 BC와 아스꼴리 사이의 구간이 혼자 걷기엔 너무 위험하고 적적하기 때문이다. 이들은 아스꼴리까지만 왕복하고 아스꼴리와 스카르두 구간은 또 다른 메일러너 한 명이 뛰도록 했다.

내려가는 메일러너를 불러 고용인들이 먹을 식량인 밀가루와 '기'라는 이름의 정제된 버터 그리고 대원용 감자, 양파, 설탕, 계란 등을 넉넉히 사오라고 충분한 돈을 주었다. 메일러너 샤반과 후세인은 작년부터 친해진 친구사이이고 또 내가 가장 신뢰하는 고용인들이다.

이날부터 기다렸다는 듯이 각국 팀의 대원들이 삼삼오오 짝을 지어 우리 BC를 방문하기 시작했다. 이들 서구 산악인들에게는 아무래도 낯선 동양인들이 신비스러운 모양이다. 특히 한국이란 나라는 이들에게 호기심을 불러일으킬만한 충분한 조건을 갖추고 있으리라. 나와 민상기 대원과 정덕환 박사는 이들 방문객들을 맞이하느라 많은 시간을 보내야 했다.

우리들은 많은 종류의 차와 죽을 준비해 왔다. 인삼차, 쌍화차, 오미자차, 구기자차, 설록차, 감잎차, 꿀차, 율무차, 모과차, 계피차, 생강차, 유자차, 수정과, 식혜와 잣죽, 밤죽, 단팥죽, 호박죽, 깨죽 등 서구인들이 전혀 맛볼 수 없는 신비스러운 차와 죽이 많이 준비되어 있었다.

물론 그들에게 낯익은 커피, 홍차, 우유, 초콜릿 등도 충분한 양을 가지고 있었다. 우리 BC를 방문하는 외국팀에게 대접하는 한 잔의 한국 차는 다른 설명 없이도 이들의 찬사를 받을만한 매력이 충분했다. 이들은 방문할 때마다 꼭 두 잔 이상의 차를 마셨다.

나중 이야기지만, 이들 팀들의 BC에서의 최고의 즐거움은 우리 본부를 찾아와 한국 차를 마시는 것이었다고 한다. 특히 여성들은 피부에 좋다는 오미자차, 모과차, 유자차에 꿀을 타 마시길 엄청 좋아했다. 우리 본부텐트는 종종 이곳 K2 베이스에 있는 유일한 무료 카페로 이들의 멋진 휴식처가 되기도 했다.

이날 외국팀들과의 대화 중 놀랄만한 사실을 두 가지 발견했다. 첫째는 그동안 K2의 베이스캠프로 짐을 수송한 로컬포터 중에 5명이 죽었다는 것이다. 그렇다면 며칠 전 죽은 미국인 2명을 포함하여 금년도 K2에서 죽은 사람이 7명이나 된다는 이야기다. 또 앞으로 몇 명이 희생될 지 아무도 모르는 노릇이 아닌가.

두 번째는 한국 팀에 관한 루머다. 아직 남북전쟁 피해가 덜 복구된 개발도상국인 나라로, 비록 1988년에 서울올림픽을 개최한다고 하지만, 지금 한창 전쟁을 치르고 있는 중동의 일부 지역을 제외하고는 세상에서 가장 불안한 나라란다.

세계 등산계에서 비록 8번째 에베레스트 등정국가라고 하지만 자기들에게 비하면 아직 초보단계에 지나지 않는 수준이고 약소국 이미지가 강했다. 따라서 그들 사이에 이번 K2 등반대는 40명이 넘는 대원에 1,500명이나 되는 포터가 동원된 전근대적인 원정대라는 터무니없는 루머가 오르내리고 있었다.

방문하는 외국팀마다 우선 대장이 새파랗게 젊은 사람이라는 사실에 놀라는 눈치였고, 등반대원이 15명에 BC 도착 포터가 자기네들과 비슷한 400여명이라는 점에 두 번째로 놀란다.

도대체 그런 루머가 어떻게 발생되고 회자됐는지 알 수가 없다. 이들의 동양인에 대한 얄팍한 우월감과 우쭐거리는 사고방식으로 누

BC를 출발해 ABC로 진출하는 아이스폴지대로 들어서며

군가에 의해 얘기되었고, 그것이 점점 과장된 것이 분명했다. 긴 말이 필요 없으리라. 결국 나중에 우리 팀을 확실히 알게 되겠지.

ABC로 진출한 4명은 계속해서 캠프1로 루트개척을 시작하고 있었다. 루트개척이란 무작정 캠프1을 향해 등반하는 것이 아니라 계속적으로 고정로프(Fixed Rope)를 단단히 설치해나가는 것이다. 지형에 따라 록 피톤(Rock Piton), 스노우 바(Snow Bar), 아이스 스크류(Ice Screw) 등을 박아 견고하게 만든다.

이 고정로프 설치는 짐을 수송하는 데에, 그리고 빠른 전진과 안전한 하산을 위해 매우 중요하다. 따라서 설치작업 할 때는 힘들고 시간도 많이 걸리지만 반드시 최선을 다해야 한다. 이들은 이날 놀라울 정도의 진척을 보여 캠프1까지의 중간지점 정도에 도착한 후 ABC로 귀환했다.

다음날도 여전히 눈과 진눈깨비가 섞여 내려 시야가 온통 흐린 상태다. 하관용, 민상기, 최덕신 그리고 정 박사만 BC에 남고 모두 ABC에 다녀오기 위해 출발을 서둘렀다. 캠프1로 진출 중인 공격조에서 눈사태를 겨우 피했다는 연락이 온다. 벌써부터 심상치가 않다.

유재일은 이렇게 회고한다.

> 창선이가 깨우는 소리에 잠을 깨니 6시가 다 됐다. 아마 눈이 내리고 바람이 강해 게으름을 피운 것 같다. 짐을 서둘러 챙기고 부대장님과 먼저 출발했다. 40분 정도 올랐을 때 갑자기 위에서 하얀 파도가 밀려온다.
>
> "눈사태다!"
>
> 외마디 소리와 함께 빠른 동작으로 우측 설사면으로 뛰었다. 눈 상태가 좋지 않아 마음만 급하지 몸은 생각만큼 빨리 피할 수가 없다. 정말 위기일발의 순간이었다. 바로 뒤로 눈사태는 우렁찬 굉음을 내면서 밀려 내려간다.
>
> 눈사태 이후에 뭉게뭉게 퍼져나가는 눈가루를 온몸에 뒤집어쓰니 옷의 모든 틈새로 눈이 가득 들어와 속살에까지 차가움을 느낀다. 숨도 막히고 눈도 뜰 수가 없다. 갑자기 가슴이 답답해 온다. 이거 정말 초장부터 겁주는구나. 캠프1도 못 오르고 당할 번 하다니……

묵직한 배낭을 메고서 BC를 출발하여 한동안 빙하 위를 걷다보면 마치 사막과도 같은 광활한 눈 평야를 만나게 된다. 이 하얀 평원을 가로질러 올바른 길을 찾아가려면 빨간색이나 노란색의 깃발이 필요했다. 대나무를 눈 위에 꽂고 팔락거리는 깃발은 아주 반가운 방향 표시판 역할을 해냈다.

한 시간가량 간간이 나타나는 크레바스(Crevasses) 통과를 주의하면서 설원을 지나면, 에베레스트 아이스폴 지대보다는 훨씬 작지만 크고 작은 세락(Serac)지대가 나타난다.

이곳 고드윈 오스틴 빙하의 특색은 엄청나게 많은 세락지대로 형성되어있다는 점이다. 이곳 세락지대를 통과하는 데에도 깃발이 매우 중요한 역할을 한다.

오르락내리락 거리며 구불구불한 세락지대의 길을 통과할 때 시야가 흐려지면 길을 잘못 들어 괜한 고생을 하기 십상이다. 이 세락지대도 산기슭 가까운 길로만 가 부지런히 걸으면 한 시간 만에 빠져 나올 수 있다. 빙탑이 언제 무너질지 모르고 또 틈이 언제 갈라질지 모르기 때문에 세락지대를 통과하려면 조용히 바짝 긴장하고 조심조심 걸어야 한다.

이윽고 K2의 동남쪽 능선을 향한 크고 작은 바위더미 기슭을 가로질러 한참을 오르면 바로 눈앞에 동남릉 출발지점인 거대한 설사면이 웅대하게 전개된다. 그 바로 옆의 돌들의 사면에 우리의 ABC는 있었다. ABC는 워낙 상태가 나쁜 돌과 바위의 사면이라 텐트를 치기가 고약하여 바닥에 두꺼운 포장박스를 몇 개씩 펼쳐놓아야 했다.

박승기, 권순호, 임경수 대원으로 하여금 ABC정리 작업을 맡기고

ABC로 진출하기 위한 아이스폴지대 통과하기

모두들 설사면을 오르기 시작했다. 아침에 발생한 눈사태의 사면을 따라 설면을 계속 오르는데 경사가 점점 급하고 시계가 나빠 수십 미터 앞이 안 보이고 눈이 계속 내린다. 표고차로 300m정도 오른 후 전날 공격조가 진출했던 곳 바로 아래쯤에서 하산하기 시작했다.

우리들이 오르고 있을 때 외국인 2명이 매우 지친 모습으로 하산하고 있었다. 나이 많은 영감과 중년 여인이다. 그들에게 따뜻한 차와 초콜릿을 건네주었다. 7,800m 지점까지 진출하고 날씨가 나빠져 하산 중이라 한다.

위에서는 공격조가 고정로프를 설치하느라 혼신의 힘을 기울이고 있었다.

시야가 흐려 앞이 잘 안 보인다. 겁이 슬슬 난다. 고도 6,100m

정도까지 고정로프를 설치하니 로프가 모자란다. 우리는 위로 150m 정도 더 진출하고 장비, 식량 등을 데포(Deposit)했다.

   부대장님과 창선이는 캠프1까지 올라가본다고 앞으로 나아가나 시계가 흐려 도저히 감을 잡을 수 없다면서 다시 내려온다. 현수는 어젯밤부터 기침이 심해 계속 콜록콜록 거리며 열심히 고정로프를 설치하고 있다. 참으로 강하고 믿음직한 친구다.

   고정로프를 이용해 하강하니 참 편하다. 전진과 하강이 천지 차이임을 느낀다. 하강 도중 목젖이 입천장에 딱딱 붙는다. 피곤하다. 편히 쉬고 싶다. 그러나 내일은 꼭 캠프1에 진출하고 말리라.

유재일의 회고담이다.

ABC로 내려오니까 아까 만난 외국인 중년 남녀가 우리 텐트 안에 들어가 푹 쉬고 있었다. 우리들도 한 텐트로 들어가 승기가 갖다 주는 홍차를 마시며 휴식을 취하는데 그 영감이 텐트로 불쑥 들어온다.
   건네주는 차를 맛있게 마시며 자기 이름이 쿠르드 디엠베르거라고 소개하는데 순간 귀를 의심했다. 옆에서 비스듬히 드러누워 차를 마시고 있던 윤대표는 깜짝 놀라 일어나며 하마터면 차를 엎지를 뻔했다.
아니! 이 영감이 바로 저 유명한 쿠르드 디엠베르거란 말인가.
1957년 4명으로 구성된 오스트리아 산악인들이 당시에는 상상조차 못한 소규모의 스피드 등반으로 브로드피크를 모두 등정하는 놀라운 쾌거를 이룩했다. 히말라야에서 알파인 스타일 등반의 효시다.

이 4인의 철인들은 브로드피크를 초등정하고도 힘이 남았는지 곧이어 두 사람은 마주 보이는 사보이아피크로 향하고 두 사람은 쵸코리사로 향한다.

4인조 알파인스타일로 브로드피크 초등정과 연이은 이 2인조 등반들은 18년 후 페터 하벨러와 라인홀트 메스너가 2인조 무산소로 히든피크를 등반할 때까지 전설적인 기록으로서 등반사에 남게 된다.

헤르만 불과 쿠르드 디엠베르거 두 사람은 쵸코리사의 정상 직하까지 공략했으나 최종공격을 시도할 무렵 날씨의 급변으로 부득이 하강을 감행하게 되었다. 하산 길에서 그만 커니스(cornice, 눈처마)가 무너지는 바람에 앞장선 헤르만 불은 추락하며 시야에서 사라졌다. 친구를 눈앞에서 잃고 비틀비틀 내려온 쿠르드 디엠베르거는 3년 후 다울라기리 1봉의 초등정도 역시 무산소로 이룩하게 된다.

8,000m가 넘는 14개봉의 초등정 역사를 보면 2개의 산을 초등정한 사람은 1955년 마칼루(8,463m)와 1956년 마나슬루(8,156m)를 초등정한 셰르파 겔젠 노르부와 1953년 낭가파르바트(8,125m)와 1957년 브로드피크(8,047m)를 초등정한 헤르만 불과 1957년 브로드피크와 1960년 다울라기리 1봉(8,167m)을 초등정한 쿠르드 디엠베르거 3명뿐이다.

이중 두 사람은 타계했고 현존하는 유일한 등정자인 쿠르드는 훗날 마칼루와 에베레스트 그리고 가셔브룸 2봉을 오른다. 대기만성형인 이 철인은 재작년인 1984년에 영국여성 쥴리 투리스와 둘이서 자신이 초등정한 브로드피크를 27년 만에 다시 오르는 대기록도 세웠다. 금년 54세인 이 오스트리아의 철인은 K2 등반 시도가 이번이 세 번째고 이 세 번이 모두 쥴리 투리스와 함께였다.

한편 쥴리 투리스는 1984년에 쿠르드와 브로드피크를 올라 영국 여성으로는 최초로 8,000m 산을 등정하는 기록을 세웠다. 그 외에도 낭가파르바트와 에베레스트 등반에 참여했지만 정상에는 오르지 못했다.

금년 나이 47세로 25세 된 아들과 23세 된 딸이 있다고 한다. 우리가 한국 팀이라고 소개하자 이 여인은 15년 전에 태권도 2단의 자격을 획득했다며 자랑한다. 과연 세상을 주름잡던 영국의 여성임을 실감케 한다.

우리나라의 만 47세 여성이 이 엄청난 K2에 세 번씩이나 도전할 수가 있을까. 밝고 평온한 미소가 곱고 친근감이 들어 마치 큰 누님을 보는 것 같다. 이들 두 중년 산악인은 히말라야 등반에 나이가 무관하다는 것을 스스로 입증하고 있는 셈이다.

네팔 히말라야의 샤르체(7,459m) 봉을 사상 두 번째로 등정에 성공했던 윤대표는 바로 눈앞에 샤르체의 초등정자를 바라본다는 감회에 젖어 어쩔 줄 몰라 하며 기뻐한다.

제1캠프 건설

짙은 안개 속에 모두들 BC로 하산을 서두르고 있는데 권순호가 이곳에 남겠다고 한다. 권순호는 이날을 일기에 이렇게 적었다.

BC에 도착한지 4일째인 오늘 겨우 ABC에 올라올 수 있었고, 루트공작조가 돌아올 시간이 되었으니 따뜻한 물과 음식을 장만해야겠다는 핑계로 간신히 이곳에 남았다. 대원들이 모두 내려가자 군 생활에서 휴가 받은 듯한 해방감에 하고 싶은 일을 마음대로 할 수 있다는 자유로움을 느낀다.

이제 본격적인 등반을 하게 되겠지. 그동안 불과 며칠 안 되지만 좀 더 새로운 환경에 부딪혀 보고 싶은 호기심에, 그보다는 궂은 일을 해야 하는 BC를 벗어나고 싶어 ABC로 올라가겠다고 했으나 번번이 거절당했다. 그때마다 속상하고 화가 치밀어 소외당한 기분이었다.

지난 겨울 대장님이 나를 찾아와 할 말이 있다고 하실 때 내 가슴은 덜컥 내려앉았었다. 전부터 이번 K2 원정대원에서 한두 명 줄여야 된다고 누차 들어왔던 터라 마음이 착잡했지만 조용히 결과를 기다릴 수밖에 없었다. 그런데 대장님은 뜻밖에 출국 전에 아기를 갖는 것이 어떠냐고 말씀하셨다.

정말 너무 고마웠고 그 한마디에 내 마음을 충족시킬만한 것은 아무것도 없었다. 이제 당당한 K2 대원으로서 몸과 마음으로 모든 것을 보여드려야겠다고 몇 번이나 다짐했었다. 그러나 BC에 도착한 후 이것이 무엇이란 말인가. 지금까지 BC 설치작업만 하고 있었으니. 나는 빨리 등반하고 싶은데…….

공격조가 내려오자 현수 형은 심한 기침으로 BC로 내려가고 부대장님. 재일이 형, 창선이와 같이 푸짐한 저녁식사와 과일 디저트에 짙은 갈색의 커피 한 잔, 그리고 시원한 담배 한

돌로 엉기성기 쌓아 만든 전진캠프(ABC)의 전경

모금은 내 마음을 더없이 포근하고 아늑한 분위기로 촉촉이 적신다. 내일 캠프1로 루트설치 작업에 나선다는 기쁨에 마치 공중에 떠있는 기분이다.

이즈음 BC에서는 프랑스 팀의 모리스 바라드 부부와 미셸 그리고 폴란드 여성 반다와 스페인 대원 2명의 K2 등정이 사실이냐 아니냐. 또 그들 6명이 과연 무사히 하산할 것이냐에 대한 얘기가 각 팀의 화제였다. 그들이 등정에 성공했다면 틀림없이 6월 23일이라는 것이다. 그렇다면 우리 팀이 BC에 도착하던 날인데 5일째인 27일 낮까지 아무런 소식이 없으니 걱정이 아니 될 수가 없다.

오후가 되자 이곳 BC에 있는 모든 팀들이 우리 본부텐트로 몰려들었다. 그들이 지금 살아서 하산하고 있다면 바로 그들이 오른 동남릉

캠프1로 올라가는 중(밑으로 고드윈 오스틴 빙하, 건너편은 브로드피크)

루트일 텐데 그곳에는 현재 한국 팀이 유일하게 등반 중이니 어떤 소식이라도 우리 등반조가 제일 먼저 알게 될 것이라는 계산이다.

한편 우리 공격조는 이날 드디어 캠프1을 설치하게 된다. 무척 빠른 전진이다. 이어지는 권순호의 일기.

오늘 날씨도 어제와 다름없이 잔뜩 심통이 난 양 우중충하다. 울퉁불퉁한 돌밭 위에서 밤을 지새운 덕분에 온몸이 찌뿌듯하다. 돌로 엉기성기 쌓아 만든 ABC 주방은 돌 틈사이로 새어 들어오는 찬바람과 눈가루로 한층 더 삭막한 추위를 느끼게 한다.

서둘러 출발했으나 캠프1이 도대체 어디쯤 위치하는지, 거리가 얼마나 되며 시간은 얼마나 걸리는지 도무지 알 길이 없다. 남쪽에서 불어 닥치는 눈보라는 속살까지 써늘하게 만든다. 발걸음은 더디고 머리는 무겁기만 하다.

자꾸만 하늘을 쳐다본다. 좌측 암벽지대와 설사면이 만나는 선을 따라 암벽에 확보물을 만들면서 부대장과 창선이가 앞에서 고정로프를 설치해나간다. 날씨는 점점 더 나빠진다. 짙은 안개와 눈보라 속에 시야가 좁아지며 스노우 볼(Snow ball) 현상으로 몸의 중심이 흐트러지고 미끄러져 내리거나 눈 속으로 깊이 빠져드는 짜증스러움을 견뎌낸다.

이제부턴 이보다 더한 악조건에서도 이겨나가야만 하겠지. 뿌연 안개 속에서 언제 날아들지 모를 낙석들이 주위에 간간히 떨어지고 있다. 우측 20m 설사면에서는 계속적으로 눈사태가 발생하여 문득 걸음을 멈추고 깊은 산중에서 무럭무럭 피어나는 안개꽃밭 가운데 폭포수의 환상 속으로 빠져들곤 했다.

이제 쉰 걸음을 옮기고 쉬던 긴 호흡도 열 걸음으로 줄고 입안이 바싹 말라 목구멍에 가시가 박힌 듯하다. 폐 깊숙이 들어오는 찬바람으로 가슴이 찢어지는 듯 추위를 느낀다. 양 볼에도 물집이 생겼는지 오톨도톨 무언가 손끝에 만져진다. 몰골을 거울에 한 번 비춰보고 싶다는 생각이 든다. 그래도 등반하는 순간처럼 행복할 때가 없다.

정오가 한참 지나도록 점심을 먹고 싶다는 욕망도 잊은 채 눈앞에 보이는 캠프1의 오스트리아 팀 텐트 3동을 멀건이 쳐다보며 비로소 오늘의 숙제를 다 했다는 사실에 만족을 느낀 듯 흡족스러운 얼굴에 벙긋이 미소 지으며 모두들 담배 한 대씩을 붙인다.

캠프1에 도착한 장 부대장은 좋은 자리는 모두 오스트리아 텐트가 자리 잡고 있어 텐트 두 동의 설치작업이 매우 힘들다면서 캠프1 도착 직전에 2명의 스페인인을 만나 먹을 것을 주었다고 무전기로 알려온다. 이들 중 한사람은 손과 발에 동상이 매우 심하다고 덧붙인다. 그렇다면 실종 된 여섯 명 중 두 명은 생존을 확인한 셈이다.

다른 사람들은 과연 살아서 내려올 수 있을까하는 의문으로 BC는 여전히 술렁인다. 몇 시간 전에 구조대를 편성해서 BC를 떠난 폴란드인 4명과 프랑스인 1명도 지금쯤 캠프1을 향한 경사면을 오르기 시작할 것이다.

이때 갑자기 헬기소리가 들리더니 헬리콥터 한대가 BC 아래 공터에 내려앉으며 뜻밖에 파키스탄 산악회장 메자 장군이 내린다. 술렁이던 사람들은 모두 헬기 쪽으로 달려갔다. 장군은 나에게 먼저 다가와 반갑게 포옹을 하면서 "이슬라마바드에서의 약속을 지키기 위해 왔어요. 그보다 사실은 역사상 가장 많은 원정팀이 몰린 K2의 베이스를 꼭 방문하고 싶어 왔습니다." 라고 한다.

나와 장군은 자연스럽게 우리 본부로 걸어왔다. 주위의 외국팀들은 장군이 한국 팀 리더와 아주 반갑게 이야기하는 모습에 우선 놀라는 눈치다. 옆에 있던 조종사는 이날 브로드피크 BC의 헤르리히 코퍼 박사가 기절을 해 그를 스카르두로 후송시킨 다음 메자 장군을 이리로 모시고 왔다고 말한다.

많은 원정팀이 장군 앞으로 모여들었다. 그들은 지금 위에 있는 프랑스 팀을 걱정하며 헬기로 정찰해주기를 간청한다. 결국 헬리콥터는 이탈리아인 한 명이 동승하여 6,500m 지점까지지만 정찰해주기로 했다.

6,500m는 헬기가 오를 수 있는 최대한의 높이다. 30분 후 헬기가 다시 내렸다. 이들은 스페인인 두 명과 등반중인 구조대원 그리고 한국 대원밖에는 발견하지 못했다는 안타까운 이야기를 전했다. 꼭 등정에 성공하기를 바란다는 장군의 격려 말을 들으며 우리들은 그가 사라지는 광경을 바라만 본다.

캠프1을 구축한 팀과의 교대를 위해 배종원, 송정두, 장병호가 ABC로 출발하고 저녁 6시쯤 되었을 때다. 캠프1에서 장 부대장의 차분한 그러면서도 다소 흥분된 목소리가 무전기에서 울려 퍼진다.

"여기 캠프1, 지금 캠프1 위로 200여m 지점에서 검은 점 하나가 내려오고 있는 것이 보인다."

그 한 점이 과연 누구일까? 우리 BC에 몰려있는 외국팀 대원들이 다시 술렁거리기 시작한다. 조금 뒤, 다시 전하는 말은 살아 내려온 사람은 반다 루트키에비치라고 한다.

옆에서 애를 태우고 있던 폴란드의 여인 크리스티나 팔모브스카가 반다와 통화하고 싶어 한다. 두 여성이 폴란드 말로 주고받은 내용은 모리스와 릴리안 부부가 틀림없이 7,900m 지점에서 죽었을 것이라는 이야기다. 미셀도 행방불명인 상태란다.

장 부대장과 창선이는 반다를 텐트 안에 편히 쉬게 하고 먹을 것과 마실 것을 주었다. 특히 부대장은 동상 걸린 그녀 오른 손의 보호를 위해 그가 아끼는 고소용 벙어리장갑을 주었다.

어느 정도 원기를 되찾은 반다는 ABC로 하산하기 시작했고, 7시가 조금 지나자 스페인 팀 2명이 BC에 도착했다. 금년도 K2를 등정한 사람 중 최초로 하산한 이들은 분명 위대한 개선장군임에 틀림없으나 너무나 초라하고 지쳐 보였다.

날은 이미 어두워졌으나 다들 우리 본부텐트를 떠날 줄 모른다. 우리 본부텐트가 BC 전체의 본부가 된 셈이다. 마침 우리 본부텐트에는 석유난로 위 대형주전자에 끓는 물이 항상 있고, 테이블에는 다양한 차들이 준비되어 있으니 이들이 기다리기에 전혀 지루해하지 않았다.

8시경 캠프1에서 다시 연락이 온다. 어느 한 검은 점이 위에서 내려오고 있다고 한다. 그 순간의 안도의 한숨들. 그 검은 점은 미셸 빠르망띠에가 분명할 것이니 그때서야 하나 둘씩 자리를 뜨기 시작한다.

미셸도 우리 캠프1에서 휴식을 취한 후 캠프1 아래 약 200m 지점까지 진출한 구조대와 합류하여 하산을 시작했다. 반다와 미셸 두 사람은 ABC에 있는 우리 다섯 대원의 정성어린 도움을 받으며 하룻밤을 지새우게 되었음은 물론이다.

이날 밤 울적한 기분도 전환할 겸 9개 원정팀의 파키스탄 고용인들을 모두 불러 영화구경을 시켜주었다. 따뜻한 생강차를 손에 들고 내 텐트에 들어오니 기분이 착잡해진다. 아마도 다른 팀의 진출이 모두 우리보다 빨라서였을까. 그건 당연하다.

그들이 먼저 등반을 시작했으니까. 그래도 오늘은 참 보람 있는 하루였다. 우리는 캠프1에 진출했고, 모든 원정대가 우리 본부에 모여 한 마음 한 뜻으로 걱정하던 하루였으니까. 모두 한 가족과 같이.

여전히 잔뜩 찌푸리고 눈보라가 흩날리는 고약한 날씨 속에서 장 부대장과 김창선은 캠프2로 루트공작을 전개하기 시작했다. 나는 그동안 루트공작에 앞장서온 김현수를 하산시킨데 이어 김창선을 이 날 루트공작 후 ABC까지 하산토록 지시했다.

송정두, 장병호가 배턴을 이어받도록 하고 부대장은 하루 더 캠프1에서 취침토록 했다. 배종원과 정상모도 고소순응 차 캠프1을 다녀오기로 했다.

짐 수송을 하기 위해 BC를 떠난 대원 중 윤 등반대장이 한 시간 후에 다시 되돌아온다. 나는 깜짝 놀랐다. 그는 컨디션이 몹시 좋지 않으니 고로까지 하산했다가 며칠 후에 BC로 올라오겠다고 한다. 그것은 참 좋은 생각이다.

각자가 나름대로 고소적응을 해야 하므로 히말라야 등반 경험이 많은 윤대표 스스로의 결정은 지극히 정상적이다. 마침 그때, 이날까지 완전한 컨디션을 찾지 못하고 있던 박승기와 하관용을 고로까지 하산시키려 마음먹고 있었기 때문에 잘되었다 싶어 함께 내려 보냈다.

이즈음 한 가지 큰 걱정은 고소포터들의 부상이 잦고, 이들 중 절반가량은 체력이 몹시 약하다는 점이었다. 피까지 토하는 포터가 두 명이나 있다. 나중에 알고 보니 이들은 돈을 벌기위해 고소포터가 되려고 과거에 없던 고소포터 경력을 거짓 명기해 스카르두에서 제출했던 것이다. 이는 정말 크게 우려되는 일이다.

다음날 캠프1의 송정두와 장병호는 캠프2로의 중간지점까지 루트공작을 끝낸 후 곧바로 ABC의 장 부대장, 김창선과 함께 BC까지 하

캠프1로 올라가는 중

산했다. 대신 배종원, 정상모, 김현수가 공격조의 배턴을 이었다.

　김현수는 계속되는 기침을 애써 감추고 있었고 나는 전혀 모르고 있었다. 그런데도 그는 굳이 공격조에 끼어들었다. 이들 3명에게 캠프1의 정리 작업도 재삼 지시했다.

　저녁식사 후 우리들은 오랜만에 BC로 하산한 부대장과 그 외 루트 공작에 참여한 대원들과 늦도록 등반에 대한 진지한 대화를 나누는데 박승기와 하관용이 불쑥 본부텐트로 들어온다. 깜짝 놀라는 우리들에게 미소로 답하는 모습이 얼마 전까지의 뭔가 답답해하던 모습과는 달리 밝고 명랑하다.

　"콩코르디아까지 내려가서 하룻밤을 자고나니 씻은 듯이 두통이 사라졌습니다. 그래서 오늘 아침 고로로 내려가던 중 발길을 돌려 그냥 BC로 향했습니다."

"그럼 윤대표 등반대장은 어떻게 되었니?"

"대표 형은 계속 고로로 내려갔습니다. 아마 모레 낮쯤에 이곳으로 오실 겁니다."

"그래? 그건 좋은데 너희들 너무 빨리 올라온 것 아니니? 이왕 내려간 김에 하루 이틀 더 쉬었다 오지 않고."

"아니요, 오늘 아침 정말로 기분이 매우 좋았습니다. 지금 이 상태라면 내일부터 곧바로 캠프1로 올라갈 수 있을 것 같습니다."

"그럼 우선 저녁 먹고 푹 쉬어라."

"네, 무척 시장기가 돕니다. 내일부터 수송 작전에 적극 참여할까 합니다."

"그건 내일 아침에 이야기하자."

그들이 식당으로 간 후에도 밤늦게까지 등반 이야기로 꽃을 피웠다. 결론은 일단 새벽 기상과 출발 시간을 좀 더 앞당겨야겠다는 것이다.

다음날도 캠프2로의 루트공작이 세 대원에 의해 계속되고 있고 그 외의 대원은 BC에서 휴식을 취하기로 했다. 오후에 대표가 BC로 올라왔다. 고로에서 이틀거리를 하루 만에 달려와서인지 안색이 별로 좋지 않아 보인다. 부대장이나 등반대장의 안색이 좋지 않다면 그것은 무엇보다도 큰 일이 아닐 수 없다. 그들의 컨디션이 대원들의 사기에 있어 차지하는 비중은 매우 크기 때문이다. 앞으로 이들 두 사람과 그때그때 상의하여 최선의 결정을 해나간다면 우리들은 틀림없이 성공할 수 있으리라.

나도 정상 등정의 욕심이 생기기 시작한다. 쿠르드 디엠베르거 영감을 보면 조금도 과욕이 아니다. 아니, 이는 산악인만이 지니는 어쩌면 본능적인 욕망일지도 모른다. 히말라야 등반은 그 스타일에 따라 정신력의 집중과 체력의 안배에 노력한다면 충분히 가능하고 장기간일 경우 오히려 20대의 젊은이보다 더 유리할 지도 모른다.

아마추어 등반가 미국인 딕 베스는 작년에 56세의 나이에 에베레스트 정상에 서지 않았던가. 딕 베스는 이로써 7대륙 최고봉을 모두 등정한 세계 최초의 인물이 됐다. 만일 K2 등정의 기회가 주어지지 않는다면 브로드피크만이라도 기필코 올라가야겠다.

이날도 수많은 외국팀이 우리 본부를 방문했다. 스페인의 정상 등정자 마리 아브게고와 호세 마누엘 까시미로는 전날에 이어 계속 정 박사의 치료를 받고 있다. 이들은 가장 피곤하고 지친 상태에서 뜻밖에 한국 팀의 고정로프를 사용하게 된 것이 무엇보다 큰 행운이었다며 고마워한다.

3년 전 K2에 도전한 스페인 팀 대원이던 이 두 사람은 그 당시 8,300m 지점에서 등반을 포기한 경험이 있어 이번의 등정 성공은 매우 값진 수확이다. 영락없이 전형적인 바스크계통의 얼굴을 가진 이들 중 마리 아브게고는 손과 발에 동상이 심하게 걸려 있었다.

어느 나라든지 환자들은 의사가 제일 무서운 모양인가 보다. 정 박사 몰래 나에게 귓속말로 담배 한 대를 달라고 한다. 결국 정 박사에게 들키자 이번 한 번만 피우고는 절대로 안 피우겠다고 제스츄어를 쓰는데 그 모습이 마치 어린애 같아 웃음이 절로 나온다.

좌측으로 조금 떨어진 곳에 베이스를 건설한 영국 팀은 정부연락관과의 사이가 매우 거북스런 상태였다. 대원들이 모두 연락장교 욕을 하면서 우리의 연락장교가 말을 안 듣고 제멋대로 행동하면 산으로 데리고 올라가 크레바스 속으로 쳐 넣으라고 한다.

농담 반 진담 반이다. 세계적으로 유명한 영국 신사들이 화가 나도 단단히 난 모양이다. 나중에 알고 보니 그들의 연락장교 성격이 괴팍한 점이 첫째 이유였고, 다음은 BC에 설치한 햄 시스템의 통신시설 때문이었다.

영국 팀의 완벽한 통신시설은 이곳 BC에서 중계 없이 영국 본토와 직접 무전연락이 가능한 고성능 시스템이다. 때문에 연락장교는 행여나 이 국경지대에서의 군사적인 정보가 영국이 아닌 타국으로 새어나갈까 봐 늘 무전기 옆에 앉아 상당히 신경을 곤두세우며 사사건건 간섭을 한 모양이다.

아직은 대부분의 원정 팀이 BC에서 휴식을 취하고 있다.

7월의 태양이 밝아오다

베이스캠프의 산책

어느덧 7월의 첫날이 밝아왔다.

 서울을 출발한지도 한 달이 지났지만 그동안 허송세월을 보낸 것 같은 기분이 드는 것은 오직 나만의 생각일까. 그러나 이제야말로 뭔가 끝장을 내고야 말 7월이다. 설레는 7월, 간밤의 꿈에 브로드피크와 K2를 모두 등정한 나는 아침에 얼굴이 다소 상기되고 마음이 가벼워졌다.

 캠프1의 배종원, 정상모, 김현수에게 곧바로 BC로 하산하라고 지시한 후 유재일, 권순호, 김창선에게는 이날 중 캠프1에 도착하라며 출발시켰다. 고소포터 6명과 키친보이 2명도 이제부터 ABC에 상주시키기로 했다. 하관용을 중심으로 ABC의 정리를 맡기니 이제 우리 ABC는 명실 공히 전진기지로의 역할을 감당케 되었다.

 나와 정 박사는 맨 위에 있는 국제 팀부터 두루 방문을 시작했다.

 국제 팀은 칼 마리아 헤르리히코퍼 박사가 총대장으로 브로드피크와 K2를 동시에 공략 중이다. K2는 그 유명한 폴란드의 예지 쿠쿠츠카가 선봉을 맡았다. 이 팀을 방문해보면 금년 K2원정팀 중 최대 규모라는 것을 쉽게 알 수 있다.

BC에는 헬스클럽이 있고 각종 운동기기까지 준비되어 있다. 실내 자전거와 다리와 허리 등의 피로를 풀 수 있는 각종 운동기구 및 측정기구들을 보며 이러한 것들을 여기까지 옮기는 데 애를 많이 썼겠구나 하는 생각이 든다.

예쁜 여자대원이 있어 다가가 친절하게 말을 걸었더니 서독인으로 미생물학자라고 한다. 이 국제 팀에는 등반대원 외에 여러 방면의 연구 실험 및 측량 등을 위한 전문적인 학자들도 여러 명 참여했다고 한다. 등반대원은 18명이나 되지만 과반수 이상이 K2보다는 브로드피크에 집중돼 있었다.

미국 팀은 철수준비를 서두르고 있다.

오리건(Oregon) 주 산악협회 소속의 이들은 포틀랜드에서 최고로 꼽히는 정예 클라이머 9명 이외에 의사가 3명이나 있고 이중에 한 명은 대장의 애인이다. 일명 프렌치루트로 통하는 남릉의 네그로또 꼴(Col)로 이어지는 꿀르와르(Couloir)에서 6월 21일 눈사태를 만나 유명한 존 스모리치 대장과 앨런 패닝턴 대원이 그 자리에서 숨지는 비운을 당했다.

이 중 앨런의 시체를 발견해 우리들이 K2 공동묘지라고 부르는 BC에서 약 400m 떨어진 곳에 매장했다. 그들은 K2를 포기하고, 브로드피크를 도전해 보았지만 7,400m의 캠프3까지 진출한 후 브로드피크마저 등반을 완전히 포기한 상태였다. 졸지에 대장을 잃었으니

K2 공동묘지
입구의
추모판이 계속
늘고 있다.

오합지졸이 되었나보다.

철수할 장비를 포장하면서 고소장비는 다른 팀에 팔기를 원하는데 부르는 가격이 제법 비싼 편이다. 역시 미국인은 좀 다르구나 싶다. 우리 같으면 그냥 누굴 줄 텐데. 아니면 헐값으로 팔던가.

나는 우리 팀의 수퍼게이터가 여분이 없어 가격을 물었더니 한사람이 자기 것을 꺼내면서 미국에서 50불 주고 샀으니 50불 그대로 받겠다고 한다. 그동안 사용하여 반은 찢어진 상태나 그의 생각은 이곳에서 꼭 필요한 사람은 100불 주고라도 반드시 사야 할 테니 대단한 선심이라도 쓰는 기분인가 보다. 점잖게 사양하고 나서 다시 한 번 정중히 이들의 실패와 슬픔을 애도했다.

이탈리아 캠프는 BC규모만 따진다면 다른 팀보다 훨씬 웅대하고 화려하다. 10여명의 대원이 동시에 취침할 수 있는 규모의 널찍한 텐트가 5동이나 설치되어 있고 그 외에 개인용 텐트가 10여동, 창고 텐트가 7~8동 설치되어 있다.

마치 아라비안나이트 영화에나 나올 듯한 묘한 분위기의 어느 거대한 원형텐트 안으로 들어가니 놀랍게도 형광등 아래 현황판들이 벽에 펼쳐져 있고, 테이블 위에는 스탠드용 형광등까지 갖춰져 있다. 취사장도 식당도 마치 도시의 어느 현대식 아파트 못지않게 잘 꾸며져 있었다.

일명 '쿼터 8,000'이라고 불리는 이 팀은 아마도 이탈리아의 대기업들이 지원해주는 듯 14개의 8,000m 고산들을 모두 등정한다는 프로젝트로 매년 고산을 찾아가고 있단다. 등반대원은 무려 20명에 달했지만 이중 4명이 대원 간의 불화로 이미 BC를 철수해버린 상태였다. 이외에 영화 촬영반과 의사가 따로 있었다.

대원 중 일부는 1983년에 중국 쪽으로 K2 북릉을 등반했던 대원들이었고, 이탈리아인 이외에 영국여성 줄리 투리스, 오스트리아인 쿠르드 디엠베르거 그리고 체코인 요셉 라콘차이와 프랑스인 보누아 샤무가 이 팀의 일원으로 있다. 모두들 세계적으로 이름난 쟁쟁한 멤

버들이다. 수염이 덥수룩한 백전노장 스타일의 중견 산악인들도 있으나 대장 아고스띠노 다 포렌차는 뜻밖에 젊어 이제 30세의 나이다.

그들 중 일부는 상당히 지쳐있었다. 이들은 그동안 겨우 그들의 루트인 남릉의 6,900m지점까지 밖에는 진출하지 못한 상태에서 미국팀의 눈사태 사고를 목격하자 곧 등반을 포기하고 일부는 브로드피크로 향했고, 대장과 과반수 이상의 대원은 어떻게 해서든지 정상에 오르기 위해 프랑스와 한국 팀의 루트인 동남릉으로 등반루트를 바꾸어 등반 중이었다.

스카르두에서 잠시 만났던 폴란드 팀의 캠프로 향했다. 이들의 BC는 참으로 왜소하여 옆의 이탈리아 베이스캠프와 비교하면 처량할 정도였다. 본부 및 식당겸용으로 취사텐트가 하나 있고 대원텐트 몇 개가 있는 소박한 캠프다. 원래 대원이 8명이었으나 한 명은 카라반 중에 심한 병이 생겨 고로에서 헬기로 철수했고, 체코인 페테르 보지크가 대원으로 편성되어 있다고 한다.

44살의 야누스 마이어 대장을 포함한 4명의 남자대원은 모두 강한 인상을 풍기는 사나이들이고, 3명의 여자대원 중 안나 체르빈스카와 크리스티나 팔모브스카는 작년도인 1985년에 낭가파르바트의 정상을 오른 여장부들이다.

제일 막내는 '무르프카'란 별명으로 불리는 도브로스라바 묘도비치 볼프라는 긴 이름의 32세 여성이다. 그녀는 작년에 낭가파르바트 정상 바로 아래 50m지점까지 오르고 끝내 정상을 밟지 못한데 대한 한을 품고 있었다. 그녀의 남편도 유명한 등반가라고 했다. 훗날 이야기지만 무르프카는 K2에서도 정상 150m를 남겨두고 하산을 하게 되고 결국엔 K2에 묻히는 비극의 여인이 되고 만다.

휴대용 무전기가 옆에 있어 들어보니 무척 무겁다. 우리의 무전기와 비교해보면 부피와 무게는 5배가량인데 비해, 성능 면에서는 우리 것의 30%도 안 된다. 한국과 폴란드 제품의 수준차이는 이 무전기 하나로 여실히 증명되는 셈이다.

이 팀은 경제적으로도 빡빡한 듯하다. 식당에 있는 간식용 과자와 마른과일은 죄다 파키스탄 제품이다. 이들은 모든 등반장비에도 여분이 없었다. 벌써 한 사람이 유마르를 분실했다고 걱정해 우리가 준 적이 있고, 아이젠도 고쳐줬다. 하루가 달리 이들의 한국에 대한 인식이 변해가고 있음이 역력했다.

이들과의 대화에서 한 가지 크게 놀란 것은 이들이 러시아를 몹시 미워하고 있다는 점이다. 공산국가의 국민으로 종주국 소련을 그토록 싫어한다는 점은 나에겐 분명 놀라운 사실이다. 더욱이 이들은 폴란드에서 어느 정도 인정받고 있는 사회인들이고, 특히 무르프카의 아버지는 폴란드 공산당 최고기관의 요원이며 현재는 상공부의 무역담당 차관임에도 불구하고 아무 눈치도 받지 않는 이곳에서는 오히려 바웬사가 폴란드인임을 자랑스러워하고 있다. 현재의 로마 교황인 요한 바오로 2세가 폴란드인이라는 자랑 또한 빼놓지 않는다.

프랑스 캠프는 4인조 팀답게 조그마하다. 식당 겸 본부텐트 하나에 살아남은 미셸과 반다 두 사람과 정부연락관, 요리사의 텐트 4개가 주위에 있을 뿐이다. 바라드 부부의 텐트는 그들의 개인물품과 함께 이미 운반함 속에 넣어져있었다. 생각해보면 이들 부부의 죽음은 참으로 애절하고 안타까운 느낌을 갖게 한다.

팀의 리더인 모리스 바라드는 프랑스의 대표적인 클라이머의 한 사람으로 금년 44세다. 1979년 프랑스 K2 원정대의 대원으로 남릉의 8,100m 지점까지 오른 경험이 있는 그는 그 이듬해에 히든피크(일명 가셔브룸 1봉)를 오르는 데 성공하고 바로 역시 유명한 여성 클라이머 릴리안과 결혼했다.

릴리안은 37세로서 1967년 페루의 피스코 봉을 시발점으로 주로 그린란드의 빙벽과 페루의 암벽에서 3개 봉의 초등정과 여러 개의 새로운 루트개척 등 여자로서 이루기 어려운 혁혁한 업적을 세운 미모의 프랑스 여인이다.

결혼 후 한 쌍의 잉꼬부부는 1982년 가셔브룸 2봉과 1984년 낭가파르바트를 함께 등정함으로써 일약 타의 추종을 불허하는 세계적인 부부등반가로서 명성을 얻게 되었다.

다음해인 1985년에는 브로드피크와 마칼루 모두 정상 직전에서 악천후로 인해 후퇴하는 비운을 극복하고, 이번에 부부로서는 유일하게 K2 등정성공과 '3개의 8,000m 봉 부부 동반 등정'이란 이색기록을 남긴 채 하산 도중 7,900m에서 나란히 사라진 것이다. 결코 떨어져서는 죽을 수도 없었으리라.

서로 끔찍이 사랑했던 이 한 쌍의 부부는 그들의 꿈과 소망이었던 K2의 품속에서 영원히 하나로 결합된 바위가 되었다. 영원히 떨어지지 않는 K2의 한 부분으로 승화한 것이다. 어떻게 이들이 승화했는지는 아무도 알 길이 없다. 세상에 이토록 처절하고 위대하며 아름다운 한 쌍의 부부등반가 이야기가 또 어디에 있을 수 있을까.

나와 정 박사를 본 미셸은 허겁지겁 텐트 밖으로 뛰어나오며 안으로 들어오라고 손짓을 한다. 들어가 보니 반다와 함께 아침식사 중이었다. 미셸 빠르망띠에는 특이한 개성을 가진 산악인이다. 그는 전문적인 빙벽과 암벽등반 실력을 고루 갖추고 있는 베테랑 등반가이지만, 히말라야 등반은 최고봉 3개만을 오르고는 결코 고산등반은 하지 않겠다고 괴변을 늘어놓는 36세의 신문기자다.

베이루트 특파원으로 근무하고 있다는 미셸은 1981년도에 그 첫 단계로 세계 3위봉 칸첸중가를 등정했다. 그 후 5년이 지난 올해에는 K2를 찾아와 등정했다. 앞으로 5년 후인 1991년도에 세계 최고봉 에베레스트를 오르면 끝이라고 말하며 미소 짓는다.

세계에서 제일 높은 3개의 산만 오르면 고산등반은 마스터하는 것이 아니겠냐면서, 그것도 서두를 필요 없이 5년마다 하나씩 끝내는 것이야말로 진정한 등반이라는 대기만성 스타일 산악인이다. 아주 낙천적이며 코믹한 인상의 소유자다.

반면에 반다 루트키에비치의 첫 인상은 별로 좋은 편이 아니었다. 나는 그동안 반다를 한 번도 만난 적이 없으며 내심으론 불쾌하게 생각하고 있었다. 그녀가 무사히 하산한 이후 바로 옆에 있는 우리 본부에 한번쯤은 찾아와 고마움을 전해야 당연한 노릇이나 며칠이 지나도록 한 번도 우리 베이스캠프에 방문한 적이 없다. 그녀가 거의 기진맥진한 상태로 하산하고 있을 때 캠프1에서 우리가 헌신적으로 돌봐주었고, ABC에서도 밤새 그녀를 간호해주었으며 더욱이 우리의 침낭 속에서 따뜻하게 잠을 재웠다.

우리가 해준 아침식사를 맛있게 먹었음에도 불구하고 하산할 때에는 고맙다는 인사는커녕 그녀가 등반을 시작할 때 노란색 스키 스톡을 이 부근에 놓고 올라갔는데 우리 팀의 대원이나 포터들이 갖고 있음이 분명하니 빨리 내놓으라고 했다. 그 순간 ABC에 있던 대원들의 심정이 어떠했을까. 마치 배신당한 것과 같은 분노를 느꼈으리라.

반다는 여자로서는 일본의 다베이 준꼬와 티베트의 판 토크에 이어 사상 세 번째로 에베레스트를 오른 폴란드의 대표적인 여성 산악인이다.

(재미있는 일화 하나. 1978년 반다가 에베레스트에 등정한 날 이야기다. 바로 그날 폴란드 출신의 한 남자가 로마교황이 되었다. 지금의 요한 바오로 2세다. 한 남자는 로마교황이 되고, 한 여자는 세계 최고봉에 올랐다 하여 폴란드에선 한동안 그날을 경축일로 삼았다고 한다.)

에베레스트 이후 1985년 낭가파르바트에 이어 올해 K2 등정으로 죽은 릴리안 바라드와 함께 '여성으로 K2 초등정'과 '8,000m급 산 3개를 등정한 최초의 여성'의 기록을 갖게 되었다.

그녀는 손에 동상이 심했으나 완쾌되는 대로 브로드피크도 오르고, 가을에는 마칼루도 올라 한 해 3개의 8,000m 등정기록도 수립하려는 야심 많은 43세의 독신여성이다. 2번의 이혼경력이 있으며 현재 폴란드가 아닌 오스트리아에서 살고 있다.

1968년 노르웨이 트롤리그겐 동릉을 오름으로써 그녀의 화려한 해외원정이 시작됐다. 1970년 파미르의 레닌피크, 73년 알프스 아이거 북벽, 75년 가셔브룸 3봉, 78년 동계 알프스 마타호른 북벽, 79년 알프스 드류 서벽, 85년 안데스 아콩가구아 남벽 등을 성공했다. 이외에도 1982년과 84년 K2에 도전했으나 실패했고, 85년 브로드피크도 실패한 경험이 있으며, 그녀가 참여한 원정팀에서는 반드시 일부 대원이 목숨을 잃는다는 징크스를 안고 있다.

그녀는 분명 위대한 산악인임에 틀림없다. 그러나 경력이 화려하다고 해서 반드시 훌륭한 산악인이라고 말할 수 있을까? 그녀는 마치 한국 팀이 그녀를 도울 기회를 잡은 것만도 큰 영광일 것이라는 오만에 사로잡혀 있는 듯했다.

나는 그녀에게 정중히 정상 등정을 축하한다며 신사답게 축하인사를 했다.

"미스 반다, 당신의 등정을 진심으로 축하합니다. 나는 한국 팀의 리더입니다."

그녀는 비로소 손을 내밀며 악수를 청한다. 내 손보다 훨씬 크고 사납게 생겨 남자 손이라 해도 못생긴 편에 드는 손이다. 그러면서 대뜸 한다는 말이 "손끝의 동상치료가 끝나는 대로 브로드피크를 등반할 예정입니다." 라고 자신의 계획을 이야기한다.

나는 으레 고맙다는 답례 인사말이 나올 줄 알았는데 뜻밖이었다. 그러나 다시 정중하게 "그렇습니까? 실로 대단한 계획입니다. 브로드피크도 꼭 성공하길 바랍니다." 라고 말했다.

우월감에 도취되어 있는 그녀를 위해 손가락을 진료해주는 정덕환 박사도 별로 기분이 좋지 않은 모양이다. 내일쯤 우리 병원을 방문하라고 말한 후 빨리 이곳을 나가자는 눈짓을 보낸다.

K2 고산 임시병동과 원장 정덕환 박사

 밖은 눈발이 휘날리고 있었다. 지금까지 우리는 우리 베이스캠프 위쪽에 자리한 팀의 베이스캠프를 방문했고, 아래쪽 팀 방문은 다음 기회로 미루기로 했다.
 "형, 미스 반다는 정말 마귀같이 생긴 여자군요."
 "그래? 그것참, 우연의 일치인데. 나도 사실 그렇게 느끼고 있었지."
 "정말 재수 없게 생긴 여자야. 손은 또 왜 그렇게 못생겼는지."
 나는 웃지 않을 수 없었다.
 "의사도 똑같은 사람이니까 병원에서도 환자가 괜히 미워 보이면 치료하는 데도 자연히 성의가 없어질 거야."
 "그야 물론이지요. 하지만 병원은 성스러운 지역입니다. 경우에 따라서는 성당이나 교회보다도 더 성스러운 곳이지요. 그곳에는 병

등반 193

든 사람이면 종교나 사상에 관계없이 적이라도 모두 환영하는 곳이니까요."

"돈만 개입되지 않는다면야……."

정 박사는 대꾸 없이 말을 계속한다.

"어떻게 보면 지구 끝에 있는 이 삭막한 오지에서의 의사는 오직 봉사정신으로 충만해야 할 것입니다. 그러나 역시 의사도 인간이지요. 반다 같은 경우는 치료하면서 별로 기분이 좋을 리 없습니다. 하지만 일단 치료에 임하면 최선을 다해주어야 합니다."

"얼마 전 내 의사친구가 하는 말이 형편없이 구는 건방진 환자가 있어 기분이 언짢았는데, 마침 그가 평소에 싫어하는 선배의사가 그 환자를 특별히 잘 봐달라고 부탁하기에 배를 5cm 정도 칼로 째고 수술해도 되는 것을 15cm 이상 쨴 후 수술했다고 하더군."

"그야 물론 우스갯소리로 과장한 이야기지만 있을 수 있는 얘기지요. 의사정신이 약한 의사도 있을 테니까."

"이건 좀 다른 이야기인데, 몇 년 전에 어느 히말라야 원정에 참여한 의사가 대장과 대원이 의사 대우를 소홀히 했다고 BC에 도착하기 전에 그냥 되돌아가버린 일도 있었다고 하더군. 전쟁터에서도 의사는 환자가 있으면 아군이 후퇴해도 그곳에 남아있는 것을 영화에서도 많이 봤는데 이 삭막한 산을 오르는 원정팀에서 사사로운 감정으로 원정대를 이탈하여 돌아간 의사가 있다니…….

만일 어떤 사고가 발생할 경우 의사의 절대적인 존재가치를 잘 알고 있을 텐데 말이야. 그런데 더 아이러니컬한 것은 그 의사가 국내에서는 실력자로 인정받고 있는 사회 저명인사 부류에 속한다는 점이야."

"글쎄, 그 경우는 객관적으로 판단하면 의사가 나쁜 사람이지만 또 모르죠. 무슨 다른 이유가 있었는지."

"그건 나도 잘 모르지. 좌우지간 그 의사가 팀을 이탈하고 짐을 챙겨 내려갈 때 대원들이 뒤통수를 향해 한마디 했다더군. "이 형편없는 친구야!" 라고.

"문제는 히말라야 원정대를 따라온 의사는 산과 산 생활을 어느 정도 알고 있는 산악인일 경우가 가장 합리적이니 이번 K2 원정에는 별 문제 없을 거요." 하며 지그시 웃는다.

하우스침니 돌파

저녁때가 가까워 질 무렵이었다.

잔뜩 찌푸린 채 눈보라가 날리던 하늘이 갑자기 좋아지기 시작한다. 푸른 하늘이 구름사이를 뚫고 찬란히 나타난다. 날씨가 좋아지면 하늘이 저렇게도 푸르건만……. 똑같은 빙하 위지만 짙은 안개가 갑자기 걷히니 전혀 다른 세계에 있는 것 같다. 기분이 덩달아 좋아진다.

밖으로 나와 마음껏 맑은 공기를 들이마시는데 저 아래쪽에서 이쪽을 향해 어떤 사람이 걸어오고 있다. 낯익은 모습이나 확인하기에는 먼 거리였다. 가만히 응시하고 있던 박승기가 벌떡 일어나더니 뛰어나가며 예의 그 큰 목소리로 "영호야! 영호야!" 하며 소리 지른다.

아니, 그럼 송영호가 온단 말인가. 모두들 뛰어나간다. 검게 탄 얼굴에 가득한 미소를 띠우며 나타나는 그의 모습은 서부영화 속의 '돌아온 건 맨' 모습 그대로다.

"너 혼자 오는 거니?"

"네, 원래 오늘의 야영지는 콩코르디아지만 빨리 오고 싶어 견딜수 있어야지요. 그래서 옥선이 형 보고 먼저 간다고 말하고 달려오는 길입니다."

"올 때 고산병 증상은 없었냐?"

"저야 별명이 촌놈인데 그런 게 있을 리가 있나요?" 하고 대답한다. 하기야 작년에 정찰대원으로 이곳에 왔을 때도 그는 6,000m까지 끄떡없었다.

"우리 연락관은 어떤 사람이냐?"

"키 크고 핸섬한 젊은 대위인데 참 마음에 드는 녀석입니다."

"올 때 고생이 많았겠다. 스카르두에서 연락관을 기다리기에도 꽤 지겨웠을 테고."

"고생이야 뭐, 각오한 일 아닙니까. 그보다 캠프 전진은 어떻게 됐어요?"

"6월 27일 캠프1을 설치하고 지금 캠프2를 공략 중이야. 모든 것이 계획대로 잘 되어가고 있어. 우선 푹 쉬어라."

"쉬는 것보다 뭐든지 맛있는 것 실컷 먹고 싶습니다."

송영호는 원래 한 끼에 평균 3인분을 먹어치우는 대식가다. 그런 그가 스카르두에서 본대와 헤어진 후 20여 일간을 한 번도 제대로 된 한국식 식사를 했을 리가 없으니 지금으로선 그의 소박한 욕망을 최대로 만족시켜 줘야 했다. 나는 왜 영호가 하루를 앞당겨 BC에 도착했는지 그 이유를 충분히 알 수 있었다.

1977년 에베레스트 원정 때였다. 당시의 김영도 대장님께서 페르체 마을에서 심한 몸살이 나셨다. 모든 대원들이 BC로 향하고 나는 도창호 대원과 둘이 남아 대장님을 간호하느라 3일간 그곳에 머물고 있었다. 그전에 이미 6,000m 이상의 고소경험이 있었음에도 불구하고 이 짧은 3일 동안 다른 대원보다 고소순응에 뒤진다는 것에 대해 불안해했었다.

지금 생각해보면 참으로 어리석었지만 그 당시에는 매우 진지한 문제였다. 나는 예정된 일정을 하루 앞당겨 BC에 도착했었다. 지금의 송영호 나이가 그 당시 내 나이와 똑같다.

정상 등정의 야망을 굳게 품고 있는 영호가 지금 하루라도 빨리 도착하고자 했던 그 소박한 조급함을 나로선 충분히 이해할 수 있다.

송영호는 BC에서 우리가 처음으로 맞이하는 고국의 편지들을 한 보따리 갖고 왔다. BC에 있던 대원들은 편지를 받자마자 각기 자기 텐트 속으로 쏜살같이 사라진다. ABC 정리를 끝내고 막 돌아오던 하관용이 편지를 신나게 뜯어보더니 뭔가 만족스럽지 못한 모양이다.

"아니, 멀고도 먼 이곳에 길고도 긴 편지가 와야지. 이거 단 한 통에 한 장으로 끝나다니 실망인데, 실망이야." 하고 투덜거린다. 그러다가 나와 눈이 마주치자 "대장님, 등반이 중요하지 편지가 뭐 그리 중요합니까?" 하면서 부엌 쪽으로 가더니 물통을 발길로 뻥 지른다. 물통은 아무 죄 없이 찌그러져야만 했다.

7월 2일, 맑은 날씨에 바람도 별로 없어 등반하기에 최적의 날이다. 당분간 이런 좋은 날씨가 계속될 것 같다. 캠프1에서는 유재일 팀이 아침 일찍 서둘러 전진을 시작했다. 그러나 6,500m쯤 진출했을 때 무전기에서 권순호의 불안한 목소리가 울려 퍼진다.

"여기는 공격조, 지금 재일 형이 갑자기 배를 움켜쥐고 쓰러졌습니다. 얼굴을 눈에 그대로 파묻은 채 온몸을 비비꼬며 괴로워하는데 큰일 났습니다."

"정말 큰일이다. 재일이가 혼자 하산할 수 있을 것 같냐?"

"재일 형이 이곳에서 조금 쉬다가 혼자 하산하겠답니다."

"그럼 너와 창선이는 계속 전진하고 재일이는 가능한 한 BC까지 하산하라고 해라."

재일 때문에 전진조가 하루 쉬기에는 너무나 아까운 날씨였다. 죽다 살아난 유재일은 이날을 이렇게 회고한다.

> 대장님과 통화한 후 순호와 창선이는 내 짐을 나눠 짊어진 채 위로 계속 전진하며 내 시야에서 사라졌다. 혼자가 되자 오히려 본능적으로 마음의 안정을 찾게 되었다. 일어나 홀로 하산을 시작했다.
>
> 고정로프에 매달려 하강하는 데도 이렇게 고통이 심하다니……. 몇 발자국 내려오다 몸을 굽히며 괴로워해야 했다. 급성 맹장염이 아닌가하는 불안감이 나를 더욱 초조하게 만들었다. 겨우겨우 기다시피 캠프1에 도착하자마자 텐트 안에 쓰러졌다.
>
> 마침 방금 올라온 대표 형과 정두, 병호가 열심히 간호해주

었다. 정두는 나를 위해 다시 ABC로 하산키로 했다. 무전연락을 받은 덕환 형과 어제 BC에 막 도착한 송영호가 제대로 쉬지도 못하고 함께 ABC로 출발했다고 한다.

 나 때문에 다른 대원들에게 폐를 끼치는 것 같아 미안한 마음뿐이다. 정두의 부축을 받으며 ABC로 내려오니 덕환 형이 진찰을 하며 위경련이라고 하신다. 다시 이들의 부축을 받으며 BC로 하산했다. KO패를 당하고 링 밖으로 나오는 권투선수 같은 기분이 들었다. 빨리 완쾌돼야 등반을 할 텐데…….

전진조의 김창선은 그의 일기에 이렇게 적었다.

아직은 새벽녘이었다. 우리와 교체되기 전의 공격조가 전하는 소식은 아주 낙관적이었다.

 "트래버스(Traverse) 지점에서 상단부로 고정로프를 깔았으니까 약 200m만 더 깔면 될 것이다. 이상." 그래서 우리들은 250m의 고정로프와 하켄(Haken) 따위의 작업에 필요한 장비를 챙겨서 일찍 캠프1을 출발했다. 캠프1 바로 우측으로는 낙석이 심심찮게 일어났다.

 우리들이 택한 루트는 낙석과 눈사태가 발생하는 설사면 좌측의 바위 길과 설면이 연속되는 상태로, 올라갈수록 경사가 점점 심해지면서 붉은 바위라고 불리는 삼각바위의 하우스침니 바로 밑에 위치한 가파른 벽으로 통하게 되어 있다.

 중간에 재일 형이 급성 복통으로 쓰러져 괴로워한다. 참으로 난감한 사건이다. 그러나 재일 형의 뜻에 따라 홀로 남겨두고 순호 형과 둘이 다시 출발했다. 로프에 어센더(Ascender)를 끼우고 오르는 작업은 일상적으로 반복되는 것이지만 육체적인 괴로움으로 늘 고통스런 순간의 연속이다.

이런 때는 생각도 단순해져서 어디쯤에서 차를 마실 것인지, 주머니에 간식이 얼마나 남아있는지 등 평범한 본능적 욕구에 대한 사고로 일관된다. 트래버스 지점에서 직상하여 고정로프가 끝난 지점에서 소변을 보고 오늘쯤은 팬티를 갈아입어야겠다고 생각했다.

이곳에서부터 지고 올라온 로프를 설치하면서 올라가는 데 붉은 바위로 가기 전의 설사면에 텐트 2동이 설치되어 있는 것이 보였다. 그곳은 오스트리아 캠프2였으며 우리의 캠프2 예정지는 붉은 바위를 넘어서 약 200m 위의 설사면 끝에 위치한 검은 피라미드 말단의 암벽 밑이다. 그런데 우리가 가져온 고정로프가 오스트리아 캠프 부근에서 끝이 났다.

순호 형과 나는 일단 하우스침니가 있는 붉은 바위를 오르고 캠프2 자리를 확인한 후 내려가기로 했다. 하우스침니에는 작년에 일본 팀이 설치해놓은 와이어사다리가 그런대로 쓸 만하다. 위와 아래 그리고 중간지점에 하켄을 박고 줄로 단단히 묶어 사용하기 좋도록 보수를 했다.

붉은 바위 위에서는 BC가 처음으로 잘 내려다보였다. BC에서 이곳을 보면 스카이라인상의 삼각형 바위로 보일 것이다. 내려가는 길은 하강기를 사용하거나 완만한 곳은 카라비너

하우스침니를 통과하는 장병호 대원

(Carabiner)에 로프를 통과시켜 내려갔다. 뿌듯한 피로감이 몰려왔다.

BC에서는 이날 도착하는 정부연락관을 환영도 할 겸 대청소 및 정리정돈이 실시되고 있었다. 박승기의 지휘로 몇 시간 만에 모든 창고가 좀 더 편하게 사용되게끔 새롭게 정리되었다. 한낮이 되자 '뒷박'이란 별명으로 통하는 홍옥선 대원이 저만치서 나타난다. 옥선이의 걷는 모습은 아주 특이하여 멀리서도 곧 알 수 있다.

배낭은 언제나 약간 삐딱하게 메고 다니며, 뒤에서 보면 날씬한 몸매에 상체와 궁둥이와 하체가 상당히 언밸런스하게 움직인다. 그러면서도 참 잘도 걷는다. 아마 '빙하 위 돌길 빨리 걷기대회'가 있다면 우리 홍 대원을 이길 자가 지구상에는 별로 없을 것 같다.

그가 보행할 때의 장기는 쉬는 시간에 여지없이 나타난다. 대부분의 등산가들은 산길을 걷다가 휴식을 취할 때엔 앉기에 편한 장소를 찾아 배낭을 벗거나 혹은 등에 멘 채 휴식하기 마련이다. 그러나 옥선이는 언제나 드러누울 장소를 찾기에 바쁘다. 그런데 그러한 명소를 찾는 안목이 또한 대단히 놀랍다.

소위 세상에서 가장 편한 자세로 누워 휴식을 취하고는 다시금 배낭을 삐딱하게 메고 예의 그 오리궁둥이를 씰룩거리며 비호처럼 사라져 간다.

일 년 만에 다시 보는 K2의 감회는 그 역시 매우 컸을 것이다.

K2! 일 년 만에 바라보는 저 장엄한 위용. 저절로 어깨가 움츠

러든다. 콩코르디아에서 보면 K2가 이곳의 절대적인 군주라는 것을 쉽게 느끼게 된다. 그동안 영호와 연락관과 함께 힘들게 걸어왔지만 오늘은 걸음이 이렇게 가벼울 수가 있을까 할 정도로 신바람이 난다. 반가운 대원들을 빨리 보고 싶다. 연락관은 고소중세로 한참 뒤쳐져있다. 나는 듯이 BC에 도착하니 제일 먼저 부대장님의 검게 탄 얼굴이 반가이 맞는다.

20여일 만에 보는 대원들의 덥수룩한 수염에 히죽이 웃는 모습들이 모두 약간씩 수척해 보인다. 빙하 위의 한 달이 이들을 이렇게 만들었나보다. 캠프에 올라간 대원들과의 반가운 무전통화는 그들과 같이 나도 캠프에 있는 듯한 착각이 들게 한다.

너무나도 듣고 싶었던 반가운 목소리들. 맛있게 저녁을 배불리 먹고 BC에서의 첫날밤은 괜한 가슴 설렘과 함께 팽팽한 긴장감으로 잠이 잘 오지 않았다.

오후 3시가 다 되어서야 나타난 정부연락관의 첫인상은 후리후리한 키에 아주 날카롭고 지적인 사람이라는 느낌이다. 25살이라고 한다. 육사 출신으로 2년 전에 대위가 되었다니 진급도 빠른 편이다. 이곳 BC에 있는 모든 팀의 연락장교들도 제너럴의 지휘아래 제일 늦게 도착하는 자히드 아바시 메무드 대위를 환영하는 파티를 준비하고 있었다.

제너럴은 오스트리아 팀의 정부연락관 별명이다. 그는 고참 대위로서 훌륭한 매너와 탁월한 유머 감각을 지닌 인상 좋은 장교다. BC

의 모든 연락관의 리더 격이다. 그래서인지 언제부터인가 모르게 모든 팀 대원들이 그를 캡틴이 아닌 제너럴로 부르게 되었다. 직위도 정해졌다. '카라코룸 지역 사령관' 대원들이 만든 그의 직함이다.

우리 팀의 정부연락관 메무드 대위는 나와 인사를 나누더니 우선 그의 텐트에 들어가 좀 쉬겠다고 한다. 무척 피곤해 보인다.

스페인 팀의 초청을 받고 정 박사와 나는 맨 아래 위치한 그들의 캠프를 방문하기 전에 오스트리아 캠프에 들렀다. 7명으로 구성된 오스트리아 팀은 이중 5명이 프로 등반 가이드란다. 또 모두 전통 있는 오스트리아산악협회 회원들이다. 대원들이 주는 인상은 그야말로 강한 산사나이들 모습 그대로였다. 그러면서도 유머 감각이 풍부하고 등반에 대한 자세도 매우 진지하다.

44세로 최고 연장자인 빌리 바우어가 포도주스 캔을 마시라고 건네준다. 빌리는 리더인 알프레드 이미쩌와 1978년도에 낭가파르바트를 등정한 카라코룸지역의 전문가다. 깡통을 열었더니 놀랍게도 그 안에 맥주가 있는 게 아닌가.

파키스탄은 금주국가이니 무사히 통관하기 위해 맥주를 포도주스로 위장했음이 분명한데 포도주스 인쇄에 제법 돈을 많이 들인 듯하다.

이렇게 철저히 위장하면서까지 맥주를 잔뜩 갖고 온 것을 보면, 그리고 BC에 있을 때면 물마시듯 맥주를 즐기는 것을 보면 맥주를 좋아하는 게르만 민족의 특성과 그 철저한 준비성에 이들의 완벽을 추구하는 정신세계를 보는 것 같아 기분이 묘해진다.

줄사다리로 하우스침니를 통과하는 배종원 대원

 부대장인 30세의 하네스 비사는 한국 팀이 설치해놓은 고정로프의 덕을 단단히 보고 있다면서 8,000m 이상에서는 이들이 보유하고 있는 파란색의 고정로프를 가져다쓰라고 한다. 이들의 고정로프는 우리 것보다 더 굵었으나 무게는 훨씬 가벼웠다.
 이들은 대원수가 많은 한국 팀이 고정로프 설치작업을 하고 있으니 그만큼 이들의 시간과 체력소모가 절약된다는 계산에서다. 어쨌든 서로 상부상조한다는 것은 좋은 일이 아니겠는가. 나중 이야기이지만 이들에게 만일 한국 팀의 도움이 없었다면 단 1%의 성공확률도 없었을 것이다.

 시원한 맥주를 마시고 스페인 캠프로 자리를 옮겼다. 원래 이탈리아의 레나또 가사로또가 단독등반을 계획하고 입산허가를 받았는데 스페인 바스크 팀의 2명이 대원으로 넣어달라고 부탁하여 결국 합동대가 되었단다. 그러니까 대외적으로는 엄연히 한 팀이라 정부연락관도 한 사람이다. 그러나 실제는 서로 독립되어 있었다. 이곳까지 함께 왔을 뿐이다. 스페인 캠프는 식당텐트와 취침텐트 하나씩만 있는 조촐한 캠프로 레나또가 허가 받은 남릉 루트에는 처음부터 관심 없이 동남릉을 택했다.

이들은 5월 중순에 제일 먼저 K2의 BC에 도착했으며 K2의 동남릉은 3년 전에 이미 8,300m까지 오른 경험이 있었음에도 불구하고 최종 공격 시에는 프랑스 팀을 뒤따라 올랐다.

정상등정 전날 밤에도 프랑스 팀 4명이 8,300m지점에서 비박할 때에 이들은 8,100m 지점에서 텐트를 치고 잠을 잔 후 프랑스 팀의 러셀자국을 따라 비교적 쉽게 정상에 섰다. 따라서 프랑스 팀보다 2시간 늦게 정상에 섰지만 프랑스 팀이 8,300m의 비박지점에서 다시 비박할 때에도 이들은 8,100m 지점에 있는 이들의 텐트로 내려와 잘 수 있었다.

최종 공격 시 BC를 떠난 지 5일 만에 정상에 섰고 4일 만에 BC로 내려왔지만 가장 기진맥진했을 때 우리 팀의 고정로프를 이용할 수 있었으니 이들에겐 큰 도움이 되었을 것이다. 결국 이들은 입산허가를 받을 때부터 등반하고 정상에 오르고 안전하게 하산하는 과정까지 철저하게 남의 도움을 받은 셈이다.

아마도 이들 두 사람처럼 최소의 노력과 최소의 자금으로 최대의 효과와 결실을 맺은 팀은 별로 많지 않을 것이다. 단, 작년에 이곳

K2 BC에서 만난 프랑스의 에릭 에스코피에를 제외한다면 말이다.

당시 에릭 에스코피에는 가셔브룸 1봉과 2봉을 연속등정한 후 K2로 와서 스위스의 에라르 로레땅 팀이 길을 만들고 일본의 야마다 노보루 팀이 완전무결한 고정로프를 설치한 뒤에 별 힘을 안들이고 K2 등정에 성공했다. 그것도 등반허가도 안 받은 상태에서.

결국 에릭 에스코피에의 경우 파키스탄 정부에서 K2 정상 등정은 인정해주었지만 향후 4년간 파키스탄 입국을 금지시켰다.

원래 스페인 바스크 팀은 쵸코리사와 브로드피크 등반이 주목적이었다. 이 팀은 두 산을 동시에 등반 중이었고 K2에 도전한 두 바스크 산악인이 K2 정상에 서던 6월 23일 같은 날 쵸코리사도 성공했다고 자랑한다. 며칠 후 브로드피크도 성공하게 되어 금년도 스페인의 바스크 팀은 카라코룸에서 한 시즌 3개봉 등정 성공의 위업을 달성하게 되었다.

영예의 두 바스크 산악인 마리와 호세는 나와 정 박사에게 다시금 정중히 고마움을 표하며 곧 이곳을 철수해 브로드피크 BC에 있는 그들의 총본부로 옮기겠다고 말한다.

제2캠프 건설

7월 3일 일찌감치 캠프1을 향해 BC를 출발했다.

ABC에 도착해보니 정리정돈 상태가 생각보다 엉망이라 함께 올라온 정상모, 송영호에게 힘들더라도 ABC 정리를 제대로 끝내라고 지시하고 캠프1로 향했다. 처음 올라가는 캠프1을 혼자서 올라가려니 신체적인 고달픔보다는 애기할 수 있는 상대가 아무도 없다는 외로움과 등반 중 실족이라도 하면 큰 낭패라는 두려움에 겁이 났다.

혼자 ABC를 출발할 때는 이 기회에 라인홀트 메스너의 낭가파르바트 단독등반 시 그 외롭고 적적한 기분을 나도 한번 맛끽하며 고독을 즐기면서 오르고 싶었는데 나중엔 그런 낭만 따위는 안중에도 없었다. 빨리 캠프1에 도착하고 싶은데 길은 생각보다 훨씬 길고 가파르다.

오후가 되자 눈보라까지 휘날려 앞을 분간하기도 힘들다. 더욱이 매서운 추위마저 엄습해오자 본능적으로 뜨거운 욕구가 가슴 속에서 꿈틀거리기 시작했다. 이럴 때마다 느껴지는 것이지만 냉정한 마음을 갖게 되면 이상하게 오히려 강한 힘이 솟아나게 된다. 여하튼 쉽지 않은 코스다. 만일 고정로프가 없었다면 혼자서 오르기에는 벅찬 산행이고 매우 심각한 고전을 면치 못했을 것이다.

캠프1은 ABC로 이어지는 암벽과 설벽이 끝나는 2개의 커다란 바위 사이에 위치해있으며 좋은 장소에는 오스트리아 팀 텐트 3동이 자리 잡고 있었다. 안에서 말소리가 들리는 것으로 보아 몇 명의 오스트리아인이 있는가보다.

조금 떨어진 곳에 겨우 자리 잡은 우리 텐트 1동은 낙석이 떨어지는 설사면 쪽 바위에 고정로프를 설치해 묶었다. 다른 텐트는 그 위의 설사면을 깎아 스노우 바로 고정되어 있었다. 또한 눈보라로 주위에 늘어져 있는 장비들이 모두 눈 속에 파묻혀 있었다.

숨을 가다듬으며 쉬고 있자니 젖은 손발과 몸에서 열기가 식어 빠른 속도로 한기가 스며들기 시작한다. 나는 텐트 안으로 들어가려고 아이젠을 벗다 순간의 실수로 옆의 배낭을 넘어뜨렸다. 배낭은 넘어지면서 급한 설사면 아래로 굴러갔다. 얼른 잡으려 했으나 허사였다. 배낭은 가속도가 붙어 탕탕 튕기면서 더욱 쏜살같이 아래쪽으로 사라져갔다.

아뿔싸! 이걸 어찌한단 말인가. 대장인 내가 캠프에서 이런 어처구니없는 실수를 저지르다니. 대원들에게 창피한 것은 둘째 치고, 당장 오늘 밤을 혼자서 침낭과 우모복 없이 지내야 할 일이 걱정이었다.

우선 주저앉아 담배 한 대를 피워 물었다. 천만다행으로 텐트 안에는 다른 대원들이 놓고 간 침낭과 우모복이 있었다. 6인용 텐트 안은 그 외에 약간의 음식과 버너 코펠 등이 어지럽게 놓여있었다.

눈가루가 공기통 안으로 들어와 바닥 위에 살얼음이 깔려있어 거주성 좋은 텐트도 사용하기에 따라 불편한 정도가 다르다는 기초상식을 다시금 깨닫는다.

위 텐트로 올라가려니 경사가 급하고 미끄러지기 쉬워 자칫 잘못하다가 대원들도 추락할 위험성을 충분히 내포하고 있었다. 캠프에서 텐트와 텐트 사이를 왕래하기도 이렇듯 위험천만하다니 앞으로 큰 걱정이 아닐 수 없다.

특히 대변보러 가려면 정말 큰 고생이고 여간 조심하지 않으면 안 되겠다 싶다. 텐트 안을 뒤져보니 먹을 것이 별로 신통치 않다. 내일부터는 고소포터들을 최대로 활용하여 최소한 캠프1과 2에 충분한 양의 맛있는 식량이 올라오게끔 노력해야 함을 절감했다.

이런저런 생각을 하니 역시 캠프1에 올라오길 잘했구나 싶어진다.

캠프2 (위로 검은 피라미드가 전개되고 있다.)

아무쪼록 이날의 내 행동, 즉 대장 혼자서 BC에서 캠프1까지 단독으로 올라와 야영한 것과 배낭을 떨어뜨린 실수가 다른 대원들에게 모두 자극제 구실을 했으면 하는 바람이다.

무전기에서는 캠프2에 도착한 윤대표 등반대장의 목소리가 들린다. 권순호, 김창선, 장병호와 함께 이날 드디어 캠프2를 구축한 것이다.

다음은 권순호의 글이다.

> 버너 소리에 눈을 떴다. 창선이가 눈을 녹이고 있다. 벌써부터 이탈리아 팀은 캠프2를 향한 준비를 하느라 부산을 떤다. 날씨는 어제보다 더 좋은 편이다. 어제는 하우스침니까지 고정로

프를 설치했으며, 고정로프가 모자라 캠프2 사이트만 봐두고 내려왔다.

너무 억울했다. 완전히 캠프를 설치하고 내려올 수 있었는데……. 좋은 날씨가 계속 보장되지 않는 상황에서 헛되이 시간을 보내는 것이 무척 안타까웠으며 이것이 성공과 실패를 좌우할 지도 모른다는 생각에 안절부절이었다.

우리는 엊저녁 이 문제로 정확히 상황전달을 해주지 않았다고 무전기에 대고 마구 화를 냈다. 충분히 이해가 될 수 있는 이러한 조그만 상황이 신경이 날카로워져서인지 직접적으로 불만이 되어 튀어나왔다. 이런 것들이 쌓이다보면 대원들 간에 불화가 생겨 원정 실패의 원인이 될 수도 있으리라는 생각이 들어 깊이 반성을 했다.

아침이 되자 대장님은 출발이 늦다고 호통이 대단하시다. 8시 반에야 출발하게 되었으니 정말 늦어도 한참 늦었다. 위에선 이탈리아 팀이 오르는 모습이 보인다. 그들은 고소순응이 잘 되어있어 배낭은 우리 것보다 더 무거워 보이면서도 스키스틱을 양손에 거머쥐고 씩씩하게 잘도 오른다. 그러나 전진 속도는 우리와 별로 다를 바 없다. 캠프 사이트를 빼앗기지 말아야겠다는 생각에 부지런히 오른다.

붉은 암벽의 하우스침니를 올라서면 BC에서 망원경으로 우리들의 모습을 관찰할 수가 있다. 영화나 TV를 통해 멀리 하얀 설원 위에 개미같이 움직이는 어느 히말라야 등반대원들의 모습을 보고 그들이 무척 부러웠었다. 망원렌즈 속의 그들이 돼

보고 싶었던 기억이 떠올라 BC로 무전을 보냈다. 곧이어 우리들의 모습을 발견했고 등반모습도 아주 멋지게 보인다는 상기 형의 목소리가 들려온다.

등반 중의 교신은 매우 숨 가쁜 행위다. 결국 어제 봐놓은 캠프 사이트는 이탈리아 팀에게 내주어야 했으며, 그 위쪽 좌측 바위 밑에 얼음을 깎아내고 두 시간 만에 힘들여 텐트를 설치할 수 있었다.

텐트 왼쪽으로 매우 급한 설사면이 접해 있어 잘못 미끄러지는 날에는 저 아래 고드윈 오스틴 빙하로 떨어질 것이 분명해 각별히 주의했지만 텐트 앞에 세워놓았던 장병호 배낭이 아차 실수로 그만 굴러 떨어지고 말았다.

몇 차례 차를 마시고 자리에 눕자 캠프 사이트를 깎느라 체력소모가 심해서인지 두통이 시작되어 밤새 끙끙 앓았다. 침낭을 잃어버린 병호 역시 우리들이 내준 우모복으로 적당히 잠을 자야만 했을 터니 퍽이나 곤욕스런 밤이었을 것이다.

결국 이날 캠프1의 나와 캠프2의 장병호가 동시에 배낭을 떨어뜨리는 실수를 범했다.

캠프1에서의 아침은 맑고 상쾌했다. 여전히 날씨는 좋다. 차를 한 잔 끓여 마시고 밖으로 나오니 오스트리아 팀 4명이 아침을 준비하고 있었다. 나는 잘되었다 싶어 내 식사까지 준비하라고 부탁을 했다.

혼자 해먹기가 귀찮기도 했고 그들의 아침식사 스타일도 알아보기 위해서였다. 그들이 식사준비를 하는 동안 나는 좁은 공간의 캠프1을 샅샅이 살펴보기로 했다.

모든 식량과 장비의 보관상태가 생각보다 너무 엉망이라 깜짝 놀랐다. 공격조로부터 캠프1에 고정로프가 없으니 ABC에서 빨리 올리라고 지시하는 소리를 어제 들었는데 눈 속에서 200m 고정로프가 무려 10타래나 나오는 것이 아닌가.

맛있는 고소식량도 두서없이 이곳저곳에서 많이도 나온다. 한 개도 없다는 록피톤도 20여 개를 찾아냈다. 화가 난다. 각 캠프를 불러 수송과 보관상태의 중요성을 역설했다. K2와 같은 고산 등반, 더욱이 장기전을 불사해야하는 등반에선 각 캠프별 수송 작전이야말로 등반 성공의 가장 중요한 열쇠가 된다.

영국의 등반가 크리스 보닝턴의 글을 보면 BC 이상의 모든 물량수송에 수송이란 말 대신 '병참(Logistics)'이란 표현을 쓸 정도로 무척 중요하고 자세하게 다룬다. 히말라야 원정 경험이 있다 해도 아직은 장기간의 등반경험이 없는 대원으로서는 이번 기회에 꼭 깨달아야 한다고 생각되었다.

가령 캠프3에서 캠프4로 진출 중인 공격조가 꼭 사용해야 할 필요한 장비 중 어느 하나가 BC에 그대로 남아있다면 그때부터 서둘러 수송을 시작해도 결국 아까운 며칠을 손해 보게 된다. 더군다나 BC에서는 분명히 그 장비를 올렸다고 하는데 캠프1이나 캠프2의 어느 곳 눈에 파묻혀 숨겨진 채로 있다면 문제는 더욱 커질 것이다.

따라서 언제 어느 캠프에서 무엇이 필요하다고 할 때 그 장비가 제대로 그 때 그 장소에 있어야하기 때문에 각 캠프 간에 사전에 미리 합리적인 수송계획 수립과 실천이 매우 중요하다.

또 각 캠프에서는 이동되는 장비의 목록이 그때그때 정확히 기록되어 있어야만 다른 대원이 캠프에 올라와도 해당 캠프에 비치되어 있는 수송일지를 보고 물건을 찾고 운반할 수도 있다. 사전에 미리 아래 캠프에게 무엇을 언제 올려 보내야한다고 지시할 수도 있는 것이다.

생각해보면 우리 캠프1자리가 창고텐트 하나 더 설치할 여유가 없을 정도로 급경사의 좁은 지역이고, 그동안 루트공작에 모두들 신경 쓰느라 창고정리를 소홀히 다루어왔던 것은 사실이었다. 또 어떤 물건이든 사용한 후 반드시 그 자리에 원위치 시켜 놓아야지 수시로 대원이 바뀌는 캠프에서는 모든 대원이 모두 자기 편한 대로만 생활한다면 그것은 결국 모두를 불편하게 할 뿐이다.

오스트리아 대원들과 즐거운 아침식사를 막 끝낸 후였다. 정상모가 불쑥 나타난다. 그는 ABC에서 이곳까지 불과 2시간 10분 만에 올라왔다. 정말 빠른 속도다. 어제 떨어뜨린 내 배낭을 찾아 안전한 곳으로 옮겨놓았다고 한다. 이곳에서 굴러 떨어진 배낭이 ABC 바로 위까지 내려가 있다니 놀랍다.

상모와 열심히 캠프1의 창고정리를 하고 있는데 이번엔 송영호가 나타난다. 처음으로 이곳에 올라온 영호는 신발이 맞지 않아 발이 너무 아프다고 투덜거리며 신발을 벗는다. 그의 신을 자세히 보니 이중화 안에 있는 이너부츠의 오른쪽 왼쪽이 바뀌어 있는 게 아닌가.

"야, 임마. 이너부츠를 바꿔 신었으니 발이 당연히 아플 수밖에."

"어! 정말 바뀌었네. 언제 내가 바꿔놓았지?"

"그러니까 네 별명이 촌놈이지 달리 촌놈이냐?"

"이거 정말 괜한 고생을 했잖아." 하며 투덜대는 그의 표정에 크게 웃지 않을 수 없었다.

캠프2 구축의 임무를 완수한 공격조 4명은 약 300m 전진한 후 하산을 시작했다. 그들을 기다렸다가 함께 하산키로 했다. 정상모는 계속 캠프2로 올라가기로 했다. 그는 이날 밤 캠프2에서 혼자 잠을 자게 된다.

내려오는 길도 결코 쉽지가 않았다. 오히려 오를 때보다 더욱 신경을 곤두세워야했다. 내려오는 동안 고정로프를 단단히 설치해놓은 것은 참 잘한 일이라고 몇 번이고 생각했다. 새롭게 공격조를 이끌 부대장이 송정두와 함께 오르고 있었다.

서로의 건투를 빌며 이들을 지나 ABC에 있는 정 박사, 최덕신, 홍옥선과 함께 BC로 향했다. 배종원, 임경수와 송영호는 계속 ABC에 있을 예정이다. BC에는 메일러너가 반가운 편지들을 잔뜩 갖고 와 있었다. 참으로 보람되게 보낸 하루였다.

7월 5일 날씨는 기가 막히게 청명하고 바람 한 점 없다.

오늘 정상을 오르겠다는 이탈리아 팀은 정말 최적의 날씨에 등정하는 행운을 잡은 것이다. 그들이 예정대로 산행을 한다면 말이다. 모두들 한마디씩 한다.

"그들이 계획대로 오늘 오른다면 꼭 성공할 거야."

"오늘이야 말로 정상부근에선 최적의 날씨지."

"정상이 아니라 어디에서도 마찬가지야."

"우리가 정상에 오를 때도 오늘 같은 아니 오늘의 반만이라도 좋겠어."

"꿈이나 잘 꿔야지. 정말 기막힌 날씨야."

"며칠간만 오늘 같은 날씨가 계속된다면 우리도 빨리 진출할 수 있어. 문제는 서둘러 고소적응을 끝내야 된다는 것이야."

캠프2의 정상모는 일찍 캠프3으로 루트개척을 시작하고 있었다. 그는 혼자였기 때문에 안전한 곳까지 만이라도 올라갈 수 있는 한 올라가보자는 심산이었다. 고정로프를 등에 메고 최소한 200m라도 혼자 설치해야겠다고 생각했다. 그렇지 않고서는 너무 아까운 날씨였다. 송정두는 이날 캠프1의 창고정리를 계속하기로 하고 장 부대장은 서둘러 캠프2로 향했다. 배종원과 송영호, 또 BC를 일찍 떠난 김현수와 유재일도 각각 캠프1을 향하고 있었다.

BC를 어제 철수한 스페인 팀에 이어 이제 몇 명 남지 않은 미국 팀도 이날 완전히 철수한다. 프랑스 팀의 미셸도 이날 하산한다. 하지만 한낮이 지나도 BC를 떠나지 않고 있다. 4인조로 참여하여 모두 등정했으나 혼자서 바라드 부부의 유품을 갖고 철수한다는 괴로움으로 무척 서글퍼 보인다. 반다는 폴란드 팀 캠프로 텐트를 옮기고 있다.

이제 하나 둘 떠나겠지. 제일 늦게 도착하여 우리만 자꾸 처지는 기분이다. 한편으로는 유치장에서 먼저 출감하는 동료를 환송하는 것 같은 기분도 든다. 울적한 기분은 나뿐만이 아닌 모양이다. 정 박사가 목욕을 하자고 제의한다.

"그래, 오늘 같이 좋은 날씨에 빙하 물로 목욕이나 하자."

얼음이 떠있는 빙하 물에 머리를 한번 잠깐 넣었다가 빼니 골이 얼어붙어 빠개지는 듯하다. 옷을 벗고 물을 몸에 뿌리니 뼛속까지 차가움이 스며드는 것 같아 여간 곤혹스럽지가 않다. 최덕신이 카메라를 들이댄다.

"멋진 장면인데 이왕이면 폼 좀 내며 목욕하세요."

목욕 후 옷을 갈아입자마자 쏜살같이 침낭 속으로 들어가 몸을 힘껏 녹여야했다.

생과 사

제3캠프 건설

여전히 맑은 아침이다.

장 부대장과 정상모는 캠프3으로의 루트개척을 위해 새벽부터 서두른다. 나와 정 박사 그리고 베이스캠프 매니저인 최덕신만 남고 모두 산행에 들어갔다. 홍옥선은 등정이 끝날 때까지 BC로 내려오지 않겠다고 큰소리치며 씩씩하게 올라간다.

아침식사를 하는데 이탈리아 팀의 고소포터가 뛰어오면서 어제 이탈리아 팀 6명이 정상에 올랐다고 한다. 또 이 팀보다 한 시간 반 늦게 국제 팀의 스위스 대원 2명도 정상에 올랐다는 뉴스다. 쥴리와 쿠르드도 이날 중 정상에 오를 것이라고 한다. 기어코 해냈구나. 정말 그들은 좋은 날씨를 잘 만났다.

이탈리아 '쿼터 8,000' 팀은 이미 6월 20일과 21일에 다섯 대원이 국제 팀과 스페인 팀이 닦아놓은 루트로 브로드피크 정상에도 오른 바 있었다. 한편 K2에는 리더인 다 포렌차 외 몇 사람이 이미 동남릉 어깨 바로 아래 부분인 7,900m 지점에 캠프를 설치해놓고 어느 정도 짐 수송도 끝내 놓은 상태였다.

7월 4일 이탈리아 팀의 정상 등정 팀 7명은 그들의 7,900m캠프에서 취침한 후 다음날 일찍 정상을 향해 출발했다. 이번으로 8,000m봉 네 개를 등정한 38세의 투리오 비도니는 이 정상까지의 구간을 등반할 때 마치 꿈속을 걷는 듯 믿기 어려운 환상적인 산행을 했다 한다. 그는 하산 후 다음과 같이 술회했다.

정상 공격일 새벽, 대원들은 모두 컨디션이 매우 좋았고 하늘은 구름 한 점 없는 청명한 날씨였다. 당초의 계획을 수정하여 비박장비와 침낭 등을 전부 7,900m의 캠프에 그냥 놓아두고 출발했다. 세 사람은 배낭도 안 메었고 배낭을 멘 두 사람도 배낭 안에는 카메라와 수통밖에 없었다. 간식 종류는 각자 주머니 안에 간단히 준비되었다.

우리가 엄청난 위험부담을 각오하면서까지 이렇듯 간단한 차림을 택한 것은 이날의 청명한 날씨가 결코 하루 사이에 변덕을 부리지 않을 것이라는 확신을 했기 때문이다. 짐을 메고 천천히 올라가는 것보다 짐 없이 빨리 오르고 또 빨리 이곳으로 하산하는 것이 좋겠다는 판단에서다. 그것은 사실 목숨을 건 도박이나 다름없는 셈이다.

다만 나이 많은 쿠르드와 줄리는 정석대로 비박장비를 짊어지고 출발했다. 어깨를 넘어 8,000m 위로 들어섰고 계속 등반을 했지만 눈은 아주 이상적으로 알맞게 크러스트가 되어 겨우 발자국이 생길 정도이거나 심해야 발목 정도밖에 빠지지 않았다.

바람 한 점 없이 쾌청한 날씨, 따사한 햇볕은 간단한 옷차림마저 벗게 했다. 나중에는 더워서 아예 웃옷을 벗어버리고 속옷 바람으로 올랐다.

생각해보라. 8,000m 이상의 고도에서 바람 한 점 없이 쾌청한 날씨에 등반한다는 것을 상상이나 할 수 있는 것인지. 우리는 마치 화창한 겨울날 알프스의 어느 작은 산을 오르는 기분이었다. 날씨가 좋아서인지 숨쉬기도 별로 힘들지 않았고 헉헉대지도 않았다.

그동안 숱한 고산등반을 해왔고 8,000m 이상 고봉도 여러 번 올랐었지만 이번처럼 고소 등반이 쉬웠던 적은 처음이었다. 그것도 다른 산이 아닌 세상에 가장 어렵다는 K2 정상 부근에서 그러하다니!

산행이 끝난 지금도 믿어지지 않는 환상적인 등반이었다. 마치 꿈속에서 K2를 오른 것 같다. 꿈속에서…….

이렇게 해서 지아니 카르카뇨, 투리오 비도니, 소로 도로테이. 마르티노 모레티 이상 이탈리아인 4명과 체코사람 요셉 라콘차이가 등정에 성공했다. 이들 중 수염이 덥수룩한 노익장의 카르카뇨와 낙천적인 비도니는 8,000m급 등정 그 4번째를 이룩한 셈이다. 1983년에 북릉으로 등반한 이탈리아 팀에 소속되어 정상까지 올랐던 체코인 라콘차이는 K2 정상에 두 번 오른 유일한 사람이 되었다. 그것도 각각 다른 루트로.

한편 ABC에서 7월 4일 온종일 수면을 취하고 저녁 5시쯤 가벼운 옷차림으로 ABC를 출발한 프랑스인 보누아 샤무는 밤새 등반을 계속하여 앞선 다섯 사람보다 30분 늦게 이들의 뒤를 따라 정상에 섰다. 그러니까 ABC에서 정상까지 단지 23시간만을 소비해 세계기록을 세웠다. 진정 놀라운 체력이 아닐 수 없다.

프랑스의 샤모니에서 등반활동 중인 샤무는 25세로 작은 키에 왜소한 체격의 젊은이다. 직업이 스키학교 선생이다. 그는 작년에 에릭 에스코피에와 함께 가셔브룸 1봉과 2봉을 올랐다. 금년에는 브로드피크를 오르고 K2도 올라 13개월 만에 카라코룸산맥의 8,000m급 고봉 4개를 모두 오르는 대기록을 세웠다.

작년에 에릭 에스코피에는 한 시즌에 3개의 8,000m 고산을 연속 등정하는 대기록을 세웠지만 허가 없이 K2를 올랐다하여 향후 4년간 이 나라를 방문할 수 없게 되었으니 보누아 샤무는 자신의 친구인 에릭 에스코피에 보다 더 현명한 산악인이라 볼 수 있다. 아무튼 이 두 산악인은 현재 프랑스를 대표하는 전위 클라이머로 고산의 첨예등반에도 세계 첨단을 달리고 있는 젊은이들이다.

이번 6명의 등정자 중 샤무를 비롯한 모레티, 도로테이, 라콘차이 네 명은 약 보름 전에 브로드피크를 등정했었다. 이들과 거의 같은 시기에 브로드피크를 등정한 국제 팀의 스위스인 베다 후르스터와 롤프 젬프도 이탈리아 팀과 거의 행동을 같이 하여 한 시간 반 뒤에 K2 정상에 서는 쾌거를 이룬다.

한편 서두르지 않고 천천히, 그러나 꾸준히 등반하던 쿠르드와 줄리는 8,200m 지점인 병목(Bottle Neck)이라 불리는 지점까지 올라 그곳에서 비박을 했으나 정상 부근의 날씨가 나빠지기 시작하자 다음 날 등반을 포기하고 하산했다.

K2의 상단에 있는 병목지대는 언제 무너질지 모르는 위험천만한, 약간 오버행의 세락과 가파른 빙벽 그리고 노출된 바위로 형성된 지점을 말하며 이곳을 안전하게 통과하기 위해서는 3개의 아이스 스크루가 필요하다. 이탈리아 BC로 축하차 방문하니 의사 한 명이 덩실덩실 춤을 추고 있다.

한편 우리 베이스에는 각 캠프별 수송 아니 병참 작전에 땀 흘리고 있는 대원들로부터 계속적으로 상황보고가 들어오고 있었다. 캠프2로의 수송에 참가하고 있는 배종원은 포터 한 명이 피를 토하고 있어 근심이 대단했다.

> 6시쯤 물만 석잔 마시고 간식을 몇 개 챙긴 후 캠프1을 출발했다. 대여섯 스텝을 옮기고 고정로프에 매달려 가쁜 숨을 몰아쉬는 동작의 수없는 반복이다. 어제 짐을 올려놓은 곳에 도착하니 우리보다 30분 전에 출발한 포터 중 한 명이 주저앉아 있는 게 아닌가.
>
> "무슨 일이야?"고 물으니 대답도 하지 않고 막고 있던 손을 입에서 떼니 한 움큼 시뻘건 피가 하얀 눈으로 쏟아진다. 빨리 내려가라고 이른 후 그의 짐을 받아 배낭에 쑤셔 넣으면서 그 포터를 위해 기도했다.
>
> '주여! 그가 안전하게 하산하도록 도와주시옵고 그의 건강을 돌봐주시옵소서.'

캠프3에서의 윤대표 등반대장과 장병호 대원

　설벽을 지나자 매우 불안전한 암릉을 올라가야 하는데 낙석을 무척 조심해야했다. 고정시킨 로프로 수많은 암각을 통과하기 때문에 암각과 맞닿은 부분은 급격히 닳아져 있어 이러한 부분의 절단에 대한 주의를 하지 않으면 큰일 나겠다는 생각이 든다. 이 암릉을 통과하면 거인 뒤통수 같은 누런 암벽이 가로막는다.

　좌측으로 트래버스하여 계속 오르면 하우스침니 밑에 도달하게 된다. 병풍처럼 가로막고 있는 높이 70여m의 이 붉은 암벽에 하우스침니를 발견 못했다면 굉장히 고전했을 것 같다. 캠프2로의 수송을 끝낸 후 캠프3으로 루트공작을 하고 있을 부대장님과 상모를 위해 눈으로 물을 만들었다. 끓여놓은 물을 보온병에 가득 채워넣고 현수와 하강을 시작했다.

이날 산행이 끝난 저녁에 각 캠프를 불러 다음의 상황을 꼭 지킬 것을 당부했다.

첫째, 요사이 포터 2명이 낙석에 다쳤는데 날씨가 변할 때마다 낙석과 눈사태가 빈번하니 꼭 헬멧을 착용하고 가능한 한 새벽 일찍 행동을 개시할 것.

둘째, 고소에서 식욕이 떨어지면 큰일이니 좋은 음식을 무조건 잘 먹을 것.

셋째, 아침식사가 늦어지면 곤란하니 매일 전날 저녁에 다음날 메뉴를 정하고 미리 준비해놓을 것.

넷째, 지금까지 계속 대원들이 교대로 전진과 수송을 하고 있으나 빨리 고소적응을 끝내야하니 과감히 업다운(Up&Down)을 많이 할 것.

다섯째, 각 캠프별 수송 작전과 캠프 안에서의 생활에 꼭 지켜야 할 사항은 반드시 이행할 것 등을 지시했다.

그리고 ABC의 하관용을 불러 낮에 잠을 자며 푹 쉬더라도 대원의 아침과 저녁식사는 최선을 다해 성의 있게 준비하고, 대원들의 편안한 안식처가 되도록 더욱 노력해달라고 당부했다.

7월 7일, 드디어 공격조인 장 부대장이 정상모와 교대한 송정두와 함께 캠프3을 설치했다. 생각해보면 BC에 도착한 후 2주일 만에 7,500m 지점에 캠프3을 설치했으니 상당히 빠른 전진이다. 그것도 각 구간마다 철저히 고정로프를 설치하면서 했으니 말이다.

충분한 고소순응을 위해 정두는 캠프2로 돌아오고, 부대장은 혼자서 캠프3에서 1박한 후 캠프4로의 루트를 정찰하고 하산키로 했다.

캠프3에서 홀로 외롭게 식사준비를 하고 있을 장 부대장의 모습이 눈앞에 보이는 듯하다. 그는 철인 같은 체력에 강한 정신력을 지니고 있는 보기 드문 산사나이다.

어제는 이태리 팀과 국제 팀의 등정소식으로 뭔가 쫓기는 느낌이 들어 저녁도 굶고 불안했는데, 사람의 마음이란 간사하고 변덕이 심해 이날 캠프3을 설치했다는 소식에 힘이 부쩍 솟는다.

그렇다! 우리는 우리다. 우리보다 한 달 앞서 등반을 시작한 팀이 요즈음 등정에 성공한다고 해서 그들의 낭보에 위축되거나 불안한 감을 느낄 필요는 조금도 없다. 그들의 획득 고도보다 우리가 훨씬 빠르다. 또 강한 팀워크로 똘똘 뭉친 대원들이 기라성같이 버티고 있지 아니한가. 식욕도 모두들 여전히 왕성하고 건강상태도 양호하며 집념도 흐트러지지 않고 있다.

BC에서 나는 다만 대원들의 정신적·육체적 건강상태가 꾸준히 유지되도록 하고, 각 캠프간의 움직임이 합리적이고, 안전산행이 되도록 계획만 잘 세우면 된다. 이렇게 훌륭하고 멋진 대원들이 버티고 있는 팀의 대장을 맡은 나는 절대적인 행운아다.

그러나 한편으로는 다시는 이런 심판대에 오르는 역할은 맡지 말아야겠다는 생각도 든다. 앞으로 또 히말라야에 온다면 그땐 그냥 대원이고 싶다. 전진하고 개척하며 고정로프를 설치하고 짐을 나르는 대원으로 활동하고 싶다.

각 구간의 수송 작전은 계속되었다. 유재일과 김현수는 캠프2로,

등반대장과 장병호, 홍옥선은 캠프1로 수송이 계속되는 가운데 촬영 담당 임경수 대원도 캠프1로 올랐다. 저녁이 되면서 그동안 좋던 날씨가 서서히 심술을 부리기 시작한다. 당분간 또 심상치 않을 것만 같다.

뛰어난 고소포터 알리

이곳에서의 날씨변화는 그 흐름이 빨라 아주 청명한 날씨에 구름 한 점 없다가도 이내 눈보라치며 강한 바람과 짙은 안개가 몰려오곤 한다. 하루 중에도 그 변화가 심해 맑은 날씨와 따가운 햇살, 짙은 안개, 눈보라, 진눈깨비 등 일기 변화가 제멋대로 불규칙적이다. 이에 따라 마음도 변한다. 강한 자신감이 생겼다가 약한 불안감도 생기곤 했다.

7월 9일부터는 날씨 변덕의 강도와 그 상태가 눈에 띠게 악화되었다. 새벽 2시쯤 되었을 때다. 텐트 위에 쌓이는 눈의 강도가 심상치 않아 문을 열어보니 습한 진눈깨비가 내리고 있다. 밖으로 나갔다.

하늘은 칠흑같이 어둡고 주위의 바닥은 얼음처럼 미끄러운데 살을 에는 찬바람과 함께 진눈깨비가 마치 소낙비같이 내리고 있는 것이 아닌가. 겁이 덜컥 났다. 이 상태라면 아무리 한밤중이라지만 위에 있는 대원들이 무사하리란 보장이 없다. 날이 밝아도 산행하기에는 어림없는 날씨다.

램프를 켜고 살얼음판의 BC 주위를 왔다갔다 해보지만 대원들이 올라간 이후 텅 빈 텐트들은 눈보라에 어느 정도 찢어진 상태다. 틈

사이로 습한 눈이 텐트 안으로 들어와 내부의 바닥도 일부 축축하게 젖어 있다. 돌을 주워 바람에 날리는 텐트플라이 위로 올려놓으려 하지만 좀 큰 돌은 얼어붙어 움직일 수가 없다.

괜한 헛고생만하고 옷이 젖은 상태로 다시 내 텐트 안으로 들어가는데 아니나 다를까 새벽 4시쯤 캠프2의 윤 등반대장이 무전으로 부른다. 밤새 텐트를 날려버릴 듯 강한 바람과 습한 폭설 때문에 한잠도 못자고 고생했다고 한다.

교대로 밖에 나가 눈을 치운다, 텐트를 바로 세운다하면서 난리를 친 모양이다. 서둘지 않고 충분히 아침식사를 한 후 서로 연락을 취하고 나서 출발을 하기로 했다.

9시가 다 되어서야 햇볕도 약간 비추고 눈도 제법 멎었다. 그러나 캠프1 부근부터 정상까지 짙은 먹구름 속에 꽉 막혀 있다. 저 구름 밖의 이곳은 그런대로 천국이나 다름없고 저 짙은 구름 속은 생지옥일 것이라는 생각이 든다.

며칠 전 정상에 오른 이탈리아 대원들은 참 운 좋게 빠져나왔다. 브로드피크 정상 부근도 바람에 심하게 눈가루가 날리는데 파키스탄 쪽에서 부는 바람이다. 걱정이다. 이곳은 바람이 중국 쪽에서 불어오면 날씨는 쌀쌀하지만 비교적 쾌청하고 좋은 날씨가 보장된 반면, 파키스탄 쪽에서 바람이 불어오면 틀림없이 나쁜 날씨다.

요즈음은 거의 30분 주기로 바람이 바뀌곤 해 바람만으로는 감을 잡기가 쉽지 않다. 날씨가 좋아질 기미가 없고 바람이 세기 때문에 전진조는 캠프3으로 진출을 포기하고 곧장 BC로 빠지기로 했다.

중간의 수송조들도 이날은 모두 행동중지다. ABC의 홍옥선만은

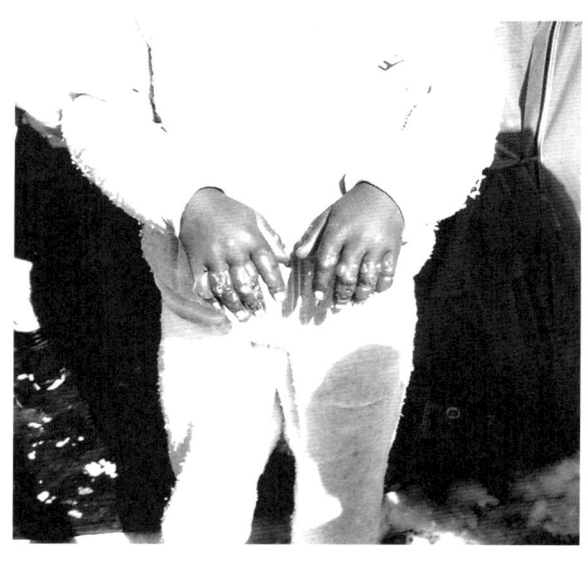

고소포터
구람 알리의
동상걸린 손

캠프1로 올라가라고 지시했다. BC에 늦게 도착한 홍옥선과 송영호는 하루 빨리 고소에 적응이 되어야만 하기 때문이다. 폭설과 변덕스러운 바람이 점점 더 심해지고 있다.

해변의 비치파라솔 같이 울긋불긋한 BC가 이젠 온통 하얀색뿐이다. 캠프1에 대기하고 있던 송영호, 권순호, 김창선은 계속 텐트 주변의 눈 치우는 작업과 창고정리 작업에 바쁘게 움직이고 있다.

무전기에서 송영호가 ABC를 부르고 있다.

"여기 캠프1, 지금 캠프2에서 내려온 대표 형과 병호가 하산하기 시작했다. 봉완 형도 곧 출발예정이다. 그런데 문제는 어제 캠프2에서 잠을 잔 고소포터 구람 알리가 양 손에 동상이 심하게 걸렸다."

"여기는 ABC, 알리의 동상상태는 어떠냐?"

김현수의 목소리다.

"혼자 고정로프를 잡을 수가 없을 정도다. 두터운 장갑을 이곳에서 끼워주었으니 피켈도 잡을 수 없다."

"그럼 그를 안자일렌해서 앞뒤로 호위하여 천천히 하산시켜라."

"잘 알았다. 이곳에 대기 중이던 고소포터 2명을 모두 내려 보낸다. 그리고 대표 형과 봉완 형, 병호가 앞뒤로 돌보며 함께 하산하니 별 걱정 없을 것이다."

"수고 많다. 이곳에선 옥선이가 그쪽으로 올라간다. 이곳의 고소포터들도 중간까지 올려 알리의 안전한 하산을 돕도록 하겠다. 교신 끝."

이들의 교신내용을 듣고 있자니 두 가지 생각이 머리를 스친다. 하나는 지금 저 위에서 움직이는 대원들이 대부분 산악구조대 출신들이기 때문에 부상당한 포터 한 명을 하산시키는 일은 별로 걱정할 필요가 없다는 점이고 또 하나는 뛰어난 포터가 부상당했으니 그만큼 우리 전력에 손실이 크다는 안타까움이다.

우리의 고소포터 10명 중 캠프2까지 오를 수 있는 포터는 겨우 6명뿐이다. 이들 중에 가장 믿음직스러운 포터는 가셔브룸 1봉과 2봉을 오른 모하메드 알리이며 가장 힘이 좋은 포터는 바로 지금 동상 걸린 구람 알리다.

이는 당초 기대했던 포터들의 짐 수송에 엄청난 차질을 주게 되었으며 설상가상 오히려 대원들이 포터 때문에 계획 이상의 수송을 해야 하는 부담감이 더욱 커지게 됐다. 포터들의 수송활동이 기대보다 훨씬 못 미치는 데 화가 나있던 참인데 정말 속상하다.

구람 알리는 다시 정상모에 의해 BC로 후송되었다. 제일 부지런하고 말이 없던 그가 동상에 걸렸으니 대원들의 마음도 모두 울적하겠지. 또한 동상 걸린 알리의 침울한 모습을 보니 '얼마나 아프고 괴로울까' 하는 측은한 마음이 생긴다.

정 박사는 덕분에 바빠지기 시작했다. 알리는 누가 옆에서 돌봐주어야만 식사도 하고 화장실도 갈 수가 있으니 이 원정이 끝날 때까지 BC에서 쉬면서 키친보이의 간호를 받도록 했다.

혼자 캠프1로 향하는 홍옥선은 고약한 날씨 때문에 엄청난 고생을 감수해야만 했다.

> 밤새 눈이 많이 내렸고 지금은 강한 바람이 폭풍설로 변해 얼굴을 몹시 때린다. 그야말로 생지옥 같다. 그런데 하필이면 이 날 나보고 혼자 캠프1로 올라가라고 하니 아무리 고소적응 때문이라지만 해도 너무하다. 20kg의 짐을 지고 이 생지옥 같은 눈보라 속을 뚫으며 올라가야한다니 갑자기 하늘이 노랗게 보인다.
>
> 오늘은 내 팔자가 더럽게 사나운 날이구나. 고도가 높아질수록 눈발이 커지고 바람은 더욱 거세진다. 시계가 극히 불량하고 눈발에 미끄러지기를 반복한다.
>
> 천신만고 끝에 캠프1에 도착하니 영호, 순호, 창선이가 반갑게 맞이한다. 이들의 반가워하는 모습을 보고 '오늘 고생은 끝

이다'라는 안도의 한숨을 쉬며 텐트 안으로 기어들어가 머리를 처박고 심호흡을 한다. 눈보라는 텐트를 날릴 것같이 더욱 기승을 부린다.

 소변을 보고 싶어도 텐트 밖으로 나갈 수가 없다. 문만 잠깐 들쳐도 눈가루가 하얗게 텐트 안으로 쏟아져 들어온다. 할 수 없이 소변은 깡통에, 대변은 비닐 위에, 그리고는 바람이 잘 때 잽싸게 텐트 밖 절벽 아래로 내던져야 했다.

 밤사이에도 계속 폭설이 내리더니 아침이 되자 눈이 멈추고 햇빛이 살짝 고개를 쳐든다. 햇살 속에 빛나는 은색의 BC가 한 폭의 그림같이 아름답다. 온 천지가 하얗다. K2의 중턱 이상은 여전히 구름에 덮여있고 모두가 하얀색뿐이다.

 이탈리아 팀 몇 사람이 일찍부터 우리를 찾아오더니 쥴리와 쿠르드가 아직 하산을 못했는데 우리 캠프를 불러 확인해달라고 부탁한다. 하긴 지금 K2에는 한국인 외에는 아무도 없다. 우리 캠프2와 캠프3이 밤사이 눈에 묻혀있을 것이 분명했지만 이런 상태에 등반하라는 말은 못하고 있는데 캠프1에서 캠프2로 오르겠다고 한다.

 "여기는 캠프1, 권순호. 캠프2와 캠프3이 걱정되니 올라가서 텐트와 창고를 정리하고 내려오겠습니다."

 "그건 좋은데 어제 눈이 많이 와서 오르기가 무척 힘들 텐데 괜찮겠나?"

 "지금 해가 떴기 때문에 오늘이 내일보다 나을 것 같습니다."

 "그럼 좋다. 순호와 창선이는 캠프2에서 자고 캠프3으로 올라가는 것은 내일 날씨를 봐서 결정하자. 옥선이와 영호는 아직 고소 순응이 안 되었고 오늘 처음으로 캠프2로 진출하니 캠프1로 내려와 취침해라."

"그럼 지금 곧 출발하겠습니다."

"날씨가 나빠져 오르기 곤란하면 그대로 하산해라. 그리고 쥴리와 쿠르드가 위에 어딘가에 있는 모양인데 발견되면 곧 연락해라. 이탈리아 팀에서 걱정이 대단하다."

그로부터 한 시간 후 쿠르드와 쥴리가 안전히 하산하고 있다는 무전이 온다. 피로와 기아로 지친 그들의 모습이 월남 난민이나 아프리카 난민들과 흡사한 몰골이라고 옥선이가 설명해준다.

이탈리아 팀 대장은 고맙다는 소리를 연발한다. 그들이 살아있다는 것을 전해준 것만도 우선 당장의 불안을 덜어주게 되어 그런 모양이다. 쿠르드와 쥴리는 간신히 우리 ABC에 당도하여 대원들의 정성스런 간호로 원기를 회복했다.

이번에는 국제 팀에서 우르르 몰려오더니 남벽으로 오른 쿠쿠츠카와 표트로프스키가 정상에 올랐는지 혹은 실패했는지 그리고 지금 어디에 있는지 전혀 소식이 없어 궁금하다며 혹시 발견되면 연락해달라고 부탁한다. 이들이 만일 하산하고 있다면 동남릉을 택할 것이 틀림없다고 설명하면서 우리 차를 몇 잔씩 마셔댄다. 너무 염려하지 말라고 달래줄 수밖에.

햇살이 눈부신 가운데 언제부터인가 모르게 폴란드 팀 캠프를 사이에 두고 BC에 있는 각국 팀들이 양편으로 갈라져 눈싸움이 시작

우리 K2 베이스캠프를 찾아온 국제 팀과 이태리 팀

되고 있었다. 10개국 이상의 산악인들이 서로 눈싸움하는 광경은 한마디로 그림같이 아름다운 모습이었다. 넋을 잃고 이들의 눈싸움을 바라보고 있자니 어느덧 그 속에 끼어 함께 싸우고 있는 나 자신을 발견하게 되었다. 한 시간 이상 계속된 눈싸움으로 모두들 땀에 흠뻑 젖었다.

정말 오랜만에 다 같이 동심으로 돌아간 즐거운 시간이었다. 집중 공격을 받은 폴란드 여인 무르프카와 오스트리아의 알프레드 이미쩌 대장 그리고 체코의 요셉 라콘차이는 땀에 흠씬 젖어 온몸에서 김이 모락모락 나고 있다.

이어서 둥그렇게 모여앉아 이탈리아 팀이 제공한 과자와 커피로 담소를 즐겼다. 때마침 이곳으로 놀러온 유고의 브로드피크 원정대원들도 함께 자리를 같이했다. 갑자기 프랑스의 보누아 샤무가 벌떡 일어나더니 모여 있는 사람들의 국적을 세기 시작한다.

"이태리, 체코, 유고, 사우스 코리아, 오스트리아, 웨스트 저머니, 스위스, 잉글랜드, 폴란드, 프랑스 그리고 파키스탄 모두 11개국이야. 자! 그럼 지금으로부터 11개국 국제 산악인 미팅이 이곳 K2 BC에서 시작되겠습니다."라고 말하자 모두들 좋다고 웃어댄다.

정말 이 많은 산악인들이 이 지구의 오지 끝에 모여 한 마음 한 뜻으로 산에 관한 담소를 즐기고 있구나. 이러한 자리에 함께하고 있는 나 자신이 산악인으로서 기쁘고 자랑스럽다. 영어가 서툴기는 유럽 사람들도 마찬가지라 어느 정도 영어를 구사할 줄 아는 사람들이 주로 대화의 주역이 되곤 했다.

캠프2에 도착한 대원들로부터 가쁜 숨소리의 무전이 온다. 텐트들이 70%가량 눈에 덮이고 텐트 안에도 눈이 가득히 쌓여있다고 한다. 이들이 한참 캠프 정리하느라 바삐 움직이고 있을 때 BC 대원들은 점심으로 수제비를 맛있게 먹고 있었다.

배종원 대원이 오더니 그동안 염소고기를 거의 다 먹어 갈비만 남았는데 이날 저녁 모두 먹어치우자고 제안하니 다들 좋다고 한다. 그래, 이왕이면 바베큐로 즐기자.

종원이는 도마와 칼을 들고 비닐을 깔고 바닥에 주저앉더니 갈비뼈에서 살을 발라내기 시작한다. 전직이 칼잡이도 아닐 텐데 솜씨가 완전히 프로급이다.

고기를 양념에 절여 준비해 간 숯불에 석쇠를 올려놓고 굽기 시작하는데 정 박사가 그동안 보관해왔던 위스키 한 병을 꺼낸다. 나도 한 병 꺼내 오랜만에 BC에 있는 9명이 멋진 염소 바베큐 파티를 벌였다.

정부연락관 몇 명도 자리에 끼어 '베리굿 베리굿'을 연발하며 잘도 먹어댄다. 위에서 고생하고 있는 다른 대원들에게 미안한 마음만 빼면 신선이 따로 없다고 느껴진다. 황혼에 물든 쵸코리사가 이날처럼 아름답게 보인 적이 없었다.

이곳의 날씨는 해만 지면 갑자기 추워진다. 국제 팀 대원들이 다시 우르르 찾아왔다. 폴란드 팀도 뒤를 이었고 정상 등정한 스위스인 2명도 함께 왔다.

"우선 고맙다는 인사를 드립니다. 우리가 정상으로 오를 때와 하산할 때 7,500m 지점의 한국 팀 캠프3까지는 한국 팀이 설치해 놓은 고정로프의 덕을 단단히 보았습니다. 특히 하산할 때는 아주 요긴하게 사용했습니다."

"별로 고마워하실 필요는 없습니다. 고정로프를 설치한 것은 우리의 작전이니까요. 그러니 누구든지 사용하실 수 있으며, 요긴하게 사용했다니 기쁠 뿐입니다."

"우리는 좋은 날씨 덕분에 이탈리아 팀을 쫓아 정상에 오르는 행운을 잡았습니다만, 원래의 계획대로 남벽을 오른 쿠쿠츠카와 표트로프스키도 우리보다 2~3일 늦게 정상에 올랐을 가능성이 매우 높습니다. 6일 저녁, 정상 300m 아래 병목지점에서 비박한다고 무전이 온 후 지금까지 계속 연락두절 상태입니다."

"그럼 7일 또는 늦어도 8일에는 정상에 올랐다고 가정할 때 오늘이 10일이니 정말 큰 걱정입니다."

"그렇습니다. 오직 한 가닥 희망이 있다면 한국 팀이 그들을 발견하여 돌봐주는 경우밖에 없습니다."

"내일 우리 팀 2명이 캠프3으로 올라갑니다. 그곳에서 무슨 좋은 소식이 있겠지요. 너무 걱정 마십시오." 나의 위로하는 말에 "그랬으면 얼마나 좋겠습니까?" 하며 온 김에 여러 종류의 한국 차를 몇 잔씩 마시고 돌아갔다.

우리의 본부텐트가 이곳 K2 베이스캠프에 있는 모든 팀의 본부가 되어버린 지는 제법 오래 되었다. K2를 등반하는 모든 산악인들의 휴식처, 카페이며 특히 비상사태가 발생할 때면 모든 팀들의 집합소이자 지휘본부가 이곳인 셈이다.

이미 철수한 스페인 팀, 프랑스 팀 그리고 미국 팀의 포터 배분문제도 이곳에서 이루어졌고 그밖에 어떤 문제가 생기면 우리 본부로 찾아와 서로 대화로 그 해결을 꾀하곤 했다. 그러다보니 때때로 나는 중재인 역할도 하게 되었다. 장비가 망가지면 고치러, 부족한 식량이나 물건이 있어도 우리 본부를 찾아왔다. 다행히 우리는 이들을 도와줄만한 생필품의 여유가 있었다. 이미 몇 개 팀이 커피, 꿀, 코펠, 버너 등을 얻어갔다.

또 이곳의 모든 산악인들은 아프거나 피로할 때 진찰받으러 우리 병원텐트를 찾았고, 영화를 구경하고 싶을 때, 신비스러운 한국 차들을 마시며 스트레스를 풀고 싶을 때 우리 본부를 찾았다.

우리 본부텐트에는 언제나 따뜻한 난로와 온갖 차들이 준비돼있고, 각종 오락기구와 문구 및 책 등이 비치되어 있어 누구나 이용할 수가 있었다. 카메라 필름도 아무나 필요할 때 충분한 양을 아무런 구애를 받지 않고 가지고 갈 수가 있으며, 태양열 발전기기가 있어 배터리도 충전한다. 큼직한 거울이 있어 많은 대원들이 몸단장하려고도 모여들었다. 이곳에서는 아침부터 밤까지 계속 음악이 흘러 나왔다.

예지 쿠쿠츠카의 생환

7월 11일 날이 맑았다. 구름으로 덮여있던 새벽 하늘이 아침식사가 끝나자 아주 화창해졌다. 우리가 정상에 오를 때도 이 정도의 날씨가 보장되어야 할 텐데……. 배종원을 불러 수시로 하느님께 기도를 드리라고 했다.

나는 죄가 많은 놈이라 감히 하느님께 기도드릴 입장이 못되고 또 하느님이 내 기도를 들어줄 리가 없다고 믿었기 때문이다. 예정대로 캠프2의 권순호와 김창선은 신설 속에 파묻힌 고정로프를 새롭게 정비하면서 캠프3으로 향하고 있었다.

다음은 김창선 대원의 글이다.

> 새로운 산들을 보았다. 스키앙캉리로부터 둘러쳐진 웅장한 병풍들이 7,000m를 넘어서자 구름 아래로 사라져 버리고 새롭고 환상적인 세계가 펼쳐졌다. 장관이었다. 어떻게 표현할 수 없을 정도로…….
>
> 저녁 해가 마지막으로 중국의 하늘을 붉게 물들이더니 이내

캠프 사이트는 추위에 휩싸여 버린다. 잠을 잘 시간이 오고 있었다. 희박한 산소 때문에 힘겹게 자리에 눕는다. 나는 한 가지 일에 골몰하고 싶었으나 집중이 되지 않았다. 순간순간이 늘 새로운 느낌을 준다. 매일 같은 일이 반복되는 단순한 생활 속에서도 자연은 이렇게 시시각각 감동의 물결로 다가온다. 우리는 자연 앞에 한낱 하찮은 존재밖에 안 되면서……

아침에 캠프3까지 못다 설치한 고정로프 작업을 하면서 가라고 BC에서 알려왔다. 무전기가 감이 끊긴다며 순호 형이 투덜거리는 소리가 텐트 안에서 들려온다. 며칠 전 병호가 텐트 입구에 세워둔 배낭을 떨어뜨린 후로 한쪽 입구를 아예 막아 버렸으므로 이제는 입구가 반대편으로 되어버렸다.

배낭은 표고차 1,500m 이상을 굴러 고드윈 오스틴 빙하로 떨어졌다. 그것을 찾으러 BC와 ABC를 오갈 때 유심히 살펴보았으나 헛수고였다. 7시 20분에 캠프2를 출발했다. 캠프2는 검은 피라미드의 아래쪽 한 암벽 밑에 위치해 있어 낙석이나 눈사태의 위험은 없으나 설사면이라서 활동하거나 생활하기에는 별로 좋은 곳이 못되었다.

검은 피라미드가 시작되는 부분에 도달했다. 이 검은 피라미드는 거의가 노출된 바위로 이루어졌으며 경사도 대단해서 평균 50도 정도인데 부분적으로 70도가 넘는 가파른 곳도 나타난다. 경사가 아주 심한 곳은 와이어사다리가 걸려있었.

아마도 작년에 일본 팀이 설치했으리라. 모두들 그래왔듯이 우리도 새로운 로프를 설치하지 않고 기존의 것을 보수하기로

생과 사를 넘나들고 귀환한 캠프1에서의 쿠쿠츠카 (BC와 통화하는 모습)

했다. 그러나 위험한 곳은 고정로프를 새로 깔았다.

검은 피라미드가 끝나고 나면 자그마한 빙벽이 나타나는데 그 위가 캠프3 자리다. 빙벽에 바트훅 1개를 새로 박아 견고히 한 후 급경사의 빙벽을 올라 완만한 곳으로 나아갔다.

오후 4시가 가까워졌으니 순호 형과 나는 꽤 지쳐있었다. 고개를 숙인 채 눈을 헤치며 나아가는데 텐트 입구에 한 사람이 서있는 것이 보였다. 나는 상당히 놀랐다. 처음 보는 사람이다. 그가 바로 예지 쿠쿠츠카였다.

3일 전 남벽으로 정상을 밟고 하산 도중 8,000m 이상에서 그의 동료 1명과 2번의 비박 후 어젯밤을 우리 캠프3의 텐트와 함께 붙어있는 오스트리아 팀 텐트에서 홀로 지내고 지금 하산할 길을 찾고 있는 중이란다.

그의 동료 표트로프스키는 어제 내려오다 한쪽 발의 아이젠이 벗겨지면서 미끄러져 쿠쿠츠카의 등을 치며 절벽으로 추락하여 실종되었다고 한다. 우리 텐트에서 식량을 꺼내먹어 어느 정도 기운을 차리게 되었다며 고맙고 또한 미안하다고 말한다.

고정로프는 바로 밑의 빙벽에서 끝나기 때문에 위에서 보면 하산의 시작부분이 보이지 않아 매우 어려워 보인다. 그는 이곳에서 어찌할 바를 모르고 쩔쩔매고 있던 중이었다. 우리는 그에게 내려가는 길을 자세히 일러주면서 야릇한 흥분을 느꼈다.

캠프3의 텐트는 며칠간의 악천후로 눈에 짓눌려 망가져있어 눈을 치우고 복구하는 데 대단한 노력과 시간이 요구되었다. 텐트 문 밖으로 보이는 중국 쪽의 산들이 노랗고 붉게 물들어 광대한 파노라마를 펼쳐내고 있다. 문득 적막한 평화가 이 좁은 공간에 찾아들면서 끝없는 소외감이 밀려온다.

잠이 들었다. 요란한 소리에 깨어보니 텐트가 찢어질 것처럼 심한 바람이 불어댄다. 바람은 폭설을 동반하여 텐트 입구가 눈에 점차 밀리기 시작하더니 내가 누워있는 자리까지 압력을 가해온다.

일어나기 싫어 옆에 누운 순호 형의 눈치를 보며 참다가 기어코 침낭에서 빠져나와 입구의 눈을 치우기 시작했다. 이런 고도에서 이런 귀찮은 작업으로 나의 수면시간을 빼앗기다니

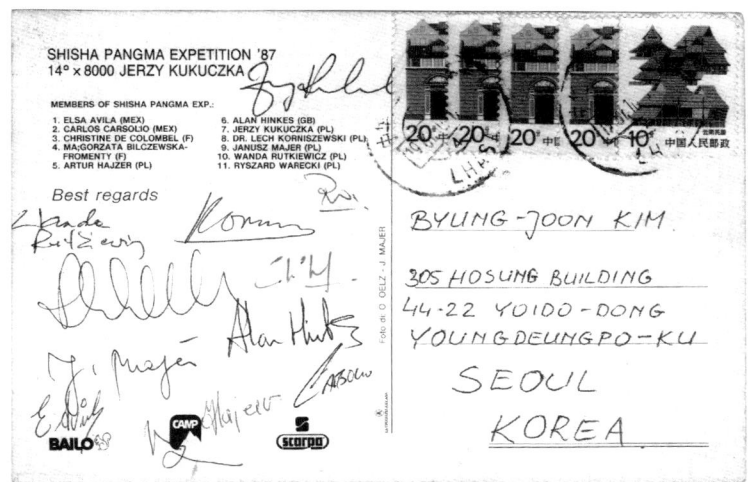

예지 쿠쿠츠카가 필자에 보내온 1987년 시사팡마(8,012m) 등정 기념 엽서.(참여 대원 명단과 사인이 들어 있다)

망할 놈의 날씨였다. 몇 시간 전만해도 고요만이 이곳을 감쌌는데.

다행히 텐트의 네 군데 스노우 바를 튼튼히 새로 박아두어 텐트가 날아갈 염려는 없었으나 입구의 눈은 치워도 치워도 다시 밀려오곤 했다. 몇 번을 똑 같은 작업을 했으나 마찬가지여서 나는 그냥 누워버렸다. 입에서 욕만 나왔다.

BC에서는 장병호가 ABC로, ABC에서 민상기는 캠프1로, 캠프1의 송영호는 캠프2로 각각 혼자서 올랐다. 그 외에는 모두 BC와 ABC에서 휴식 중이다. 이날도 많은 팀들이 우리 본부에 몰려왔다. 쿠쿠츠카와 표트로프스키의 생존을 확인하기 위해서다.

   나는 캠프3의 창선이가 전한 말을 그대로 전했다. 그랬더니 폴란드여인들이 표트로프스키의 추락사 이야기에 그만 바닥에 주저앉아 울기 시작한다. 나는 얼른 말을 바꿨다. 그는 아직 죽지 않고 지금 홀로 하산 중일 것이라고…….

   캠프2에 막 도착한 송영호는 누가 우리 텐트 안에 기진맥진한 상태로 누워있는 것을 보고 기겁을 했다. 그는 곧 무전기를 들었다.

   "여기는 송영호, 지금 막 캠프2에 도착했습니다. 그런데 깜짝 놀랄 일이 생겼습니다."

   "깜짝 놀랄 일이라니, 텐트가 바람에 날려가기라도 했다는 말이냐?"

   "아니, 그게 아니고 지금 어떤 수상한 사람이 텐트 안에 누워 있습니다. 이건 정말로 틀림없는 사실입니다."

   우리는 그가 쿠쿠츠카임을 직감했고 그가 무사히 캠프2로 내려 왔구나하며 안도의 숨을 쉬었지만 영호는 전혀 모르고 있었다.

   "그 누워있는 사람 상태는 어떠냐?"

   "잠깐만 기다리십시오." 하더니 다시 "혼자서는 아무 것도 할 수 없을 것 같습니다." 라고 대답한다.

   "그 사람은 국제 팀의 쿠쿠츠카라는 폴란드 사람인데 네가 잘 돌봐주어라."

   "쿠쿠츠카라면 지금까지 8,000m 봉 10개를 오른 그 유명한 예지 쿠쿠츠카란 말입니까?"

   "맞다. 네가 먹여주고 재워주어라. 그리고 내일 그를 부축하고 안전하게 하산시켜라. 이상."

송영호는 훗날 이 철인과의 만남을 이렇게 술회했다.

예지 쿠쿠츠카는 텐트 안에서 기진맥진해 있었다. 그는 3일 동안 물 한 모금 마시지 못한 탈진상태에서 동료까지 잃고 극적으로 우리 캠프3을 발견하여 우선 주스를 마시고 정신을 차린 후 몇 가지 음식을 꺼내먹고 어느 정도 원기를 회복했다고 한다.

그 후 천행으로 한국인 두 명을 만나 겨우 이곳까지 내려올 수 있는 힘을 얻었으나 이제는 더 이상 꼼짝할 수가 없다고 한다. 나는 정성껏 차를 만들고 수프를 끓여 허기를 채워주었다. 손과 발에 동상이 심한 편이라 BC의 정 박사에게 치료법을 지시받아 따뜻한 물을 만들어 동상부위를 넣었다 뺐다 반복시켰다.

그 때마다 그는 몹시 아파한다. 이 상황에 아프다고 느낄 수 있는 것이 무감각한 것보다는 훨씬 다행이고 회복도 빠른 법이다. 나는 다시 동상연고를 상처부위에 잔뜩 발라준 후 붕대로 아프지 않게 묶어주었다.

캠프2에서 졸지에 그를 만나 밤새 간호했더니 새벽쯤엔 오히려 내 머리가 쪼개지는 듯 아프다. 아마 고소병 증세인 모양이다. 아침에 그와 함께 식사한 후 함께 줄을 묶고 하산을 시작했다.

고소에서 쿠쿠츠카와의 하룻밤은 영원히 잊지 못할 것이다. 그와의 만남은 국적과 이념을 초월한 진실된 만남이었고, K2

가 나에게 준 또 하나의 행복이었다.

눈은 계속 내리고 있다. 전날 그렇게 좋던 날씨가 또다시 언제 그랬냐 싶게 짙은 가스에 BC조차 시야가 꽉 막혀있으니 위에서는 오죽하겠는가. 캠프3의 순호와 창선이는 행동불가를 통보한다. 8시까지 대기하다가 하산하라고 지시했다.

유재일, 김현수, 장병호는 전진조의 임무를 맡기 위해 캠프2로 진출하려고 했다. 캠프1에서 민상기와 합류했지만 캠프2로는 이 상태에서 도저히 진출할 수 없었다. BC의 나는 아침부터 장 부대장 그리고 윤 등반대장과 등반에 대해 진지하게 이야기를 나누고 있었다.

결론은 날씨의 주기를 잘 맞춰야 한다는 것이다. 만일 K2의 높이가 8,100m쯤 된다면 아마 대원들 모두가 오를 수 있을 것이다. 같은 8,000m급 자이언트 산이라 해도 8,000m가 겨우 넘는 산과, 8,500m를 넘는 산은 그 차이가 엄청남을 실감한다.

사실 8,000m가 넘는 자이언트 고산이 14개라지만 8,100m가 못되는 산이 그중에 5개, 8,500m 넘는 산은 겨우 4개뿐이다. 문제는 8,000m와 8,611m의 사이의 등반이 날씨와 아주 밀접한 관계가 있다는 것이다.

날씨가 나빠지면 이래저래 마음이 울적해지니 변덕스런 날씨보다 더 변덕스런 내 소심함이 더 큰 문제다. 점심때가 되자 우리들의 마음을 읽었는지 옥선이가 아주 좋은 카세트테이프가 있는데 모두 다 같이 듣자며 전축에 테이프를 넣는다. 나는 당연히 음악인 줄 알았다가 깜짝 놀랐다. 테이프는 다름 아닌 송정두의 애인 이숙희가 정두에게 보내는 사랑의 속삭임이었다.

'지금 얼마나 당신을 사랑하고 있는지 그대는 아는가.', '당신은 나의 모든 것이다. 꼭 성공하고 아무 탈 없이 건강한 모습으로 귀국하길 빈다.', '하루빨리 당신의 품안에 안기고 싶다.', '대원들도 모두 건강하길 바란다.'

대충 이러한 내용들을 직접 이숙희가 녹음한 것인데 도중에 자신의 기타연주와 노래를 삽입하여 최대한 정두를 기쁘게 해주고자 하는 노력의 흔적이 역력한 테이프였다. 그러고 보니 정두가 쉬거나 혼자 있을 때에는 꼭 카세트 헤드폰을 귀에 꽂고 있더니만 이제야 그 이유를 알겠다.

카세트 내용이 한창 무르익어 갈 무렵 조용히 듣고 있던 정상모는 문득 고향에 두고 온 아내와 아직 백일도 안 된 딸이 생각나 못 견디겠다는 듯 아예 밖으로 나가 바위 위에 앉아서 먼 하늘만 바라보고 있다.

배종원도 갑자기 불쑥 일어나 밖으로 나가더니 편지지를 들고서 급히 자기 텐트로 사라져버린다. 그도 누구에겐가 글을 쓰지 않고서는 견디기 힘든 모양이다. 숙희의 정감어린 목소리를 듣고 있던 윤 대표의 눈에도 이슬이 반짝거리고 있다. 그도 지금 박승기와 송정두 못지않게 한창 열애 중이라 애인이 무척 보고 싶은가보다. 메일러너가 가지고 오는 편지의 절반가량이 이들 몇 사람에게 보내오는 연인들의 글이었다.

나는 정 박사와 함께 레나또 가사로또의 캠프를 방문키로 했다.

BC 본부천막에서 폴란드 크리스티나, 필자, 이탈리아 솔로 등산가 레나또 가사로또

며칠 전 이들 부부는 스페인 팀이 철수한 후 우리 베이스캠프 바로 옆으로 그들의 캠프를 옮겼다. 이탈리아 팀의 쿠르드와 쥴리도 철수 준비에 바쁜 팀을 이탈하여 역시 그들의 캠프를 우리 캠프 바로 옆으로 옮겼다. 모두들 서로 외롭지 않게 지내야겠다는 마음과 서로 가까이 있어야 여러 가지 면에서 편하고 이롭다는 생각에서였을 것이다.

이 경이적인 솔로 등반가 레나또 가사로또는 38세로, 후리후리한 키에 기운이 장사로 철인처럼 강한 인상을 풍기는 사나이였다. 1979년에도 라인홀트 메스너와 K2를 도전한 바 있으나 레나또 본인은 정상 등정의 기회를 갖지 못했었다. 당시 레나또는 원래 허가받은 매직라인 루트로 끝까지 등반하길 주장했으나 메스너가 동남릉으로 코스를 바꾸는 바람에 혼자서 등반을 감행한 고집불통의 사나이다.

　유럽 쪽에서는 일찍부터 '단독등반의 일인자'라고 일컬어지는 대단히 명성 높은 산악인이다. 이탈리아 북부의 도로미테지방 출신으로 알프스일대의 극도로 어려운 루트를 그것도 겨울철에 단독으로 많이 올랐다.

　이러한 그의 단독등반 능력이 세상에 널리 알려지게 된 것은 1977년 파타고니아의 후아스카랑 북벽을 그것도 가장 어렵다는 직벽으로 단독등반에 성공하고서부터였다. 이후 1979년에 다시 파타고니아의 핏지로이 북릉을 단독으로 초등하여 세상을 놀라게 했다.

　레나또는 이 루트를 그의 아내 이름을 따서 '고레따 필라'라고 명명하였다. 1983년에는 7,600m의 브로드피크 북봉을 단독으로 초등했고, 작년에는 그의 부인 고레따와 함께 가셔브룸 2봉을 올랐다.

　지금 BC에 함께 있는 부인 고레따는 비록 등반에는 참여하지 않고 남편의 단독등반을 뒷바라지 해주고 있지만, 이탈리아 여성으로서는 아직까지 유일하게 8,000m 고산을 등정한 기록을 갖고 있는 대단한 여성 산악인이다. 남편과는 대조적으로 키가 작고 인형같이 예쁜 미모와 아름다운 마음씨를 지닌 34세의 여인이다.

　가사로또 부부의 텐트는 아주 환상적이었다. 약 8평 정도 크기의 커다란 텐트 한 동만 설치되어 있는데 그 안에는 한쪽에 침실용 텐트가 마치 포근한 침대처럼 아담하게 설치되어 있고, 한쪽에는 식탁 겸 회의탁자가 마련되어 있었다.

　다시 한쪽에는 각종 식료품이 진열되어 있고 요리할 수 있는 부엌이 있으며, 다른 한쪽에는 모든 장비와 식량 등이 가지런히 정리되어 있었다.

레나또는 키핑(keeping), 쿠킹(cooking), 슬리핑(sleeping), 이팅 엔 토킹(eating & talking)하며 일일이 손으로 가리켜가며 재미있고 간단하게 설명해준다. 그야말로 조립식 부부 전용 아파트인 셈이다.

레나또는 무전기 배터리가 떨어졌으니 여유분이 있으면 좀 달라고 한다. 나는 충분한 양의 배터리와 간식을 주었다. 그는 간단하게 짐을 꾸리더니 올해 K2에 제일 먼저 도착하여 이번이 세 번째 정상 도전인데 이번에도 실패하면 곧 철수할 것이며 앞으로 두 번 다시 단독등반은 하지 않겠다고 단호히 말한다.

우리가 보는 앞에서 부인 고레따의 두 뺨을 곱게 어루만지더니 간단한 키스를 하고 가벼운 마음으로 정상을 향해 출발했다. 나는 이번에야말로 꼭 성공하라며 악수를 청했다. 정상 부위의 날씨만 나쁘지 않다면 틀림없이 오를 수 있다며 밝게 웃고 떠나갔다.

이것이 레나또와의 영원한 작별인사가 될 줄을 그 누가 알았겠는가. 그가 끝내 K2의 품안에서 영원히 잠들게 될 줄을……

트랙타에 짐을 싣고

드디어 카라반 출발

로컬포터들은 쉴 때 쪼그린 자세로 앉아 휴식을 취한다

야크 고기를 포터들에게 주기 위해 나눔

의사 정덕환 박사의 대만봉

아스꼴리 마을 아이들

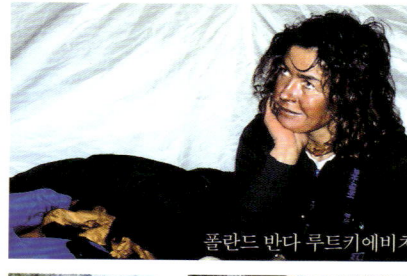
폴란드 반다 루트키에비치

생활한 빌리 바우어

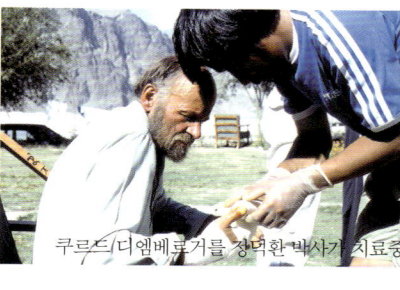
쿠르드/디엠베토거를 정덕환 박사가 치료중

베이스캠프

베이스캠프에서의 즐거운 식사가 끝난 후 모두 만족한 표현

ABC로 생환한
쿠쿠츠카.
왼쪽부터 송영호,
쿠쿠츠카, 임경수,
김창선, 권순호

BC 출발, ABC로 진출하는 아이스폴 지대에서

BC 출발, ABC로 진출하는 아이스폴 지대에서

ABC 전경

캠프 1

캠프 1을 지나 올라가며 발 아래의 캠프 1

캠프 2

하우스침니를 통과하며

하우스침니를 통과하며. 앞 김창선, 뒤 홍옥선

하우스침니를 통과하는 권순호 대원

블랙피라미드 통과

블랙피라미드를 통과하는 송정두 대원

등정조가 오르기 전에 기념촬영

정상에서 바라본 콩코르디아

정상에서 본 중국 파노라마

K2 정상 등정의 환호!

철수하며, 좌로부터 김병준 대장, 정상모(뒤), 유재일, 김현수 대원

사선을 넘어

정덕환 박사의 모험

이제 베이스캠프의 각 팀들은 정상을 향해 출발을 서두르고 있었다.

레나또가 오후에 출발하자 폴란드 팀도 저녁에 떠날 준비로 바쁘다. 이 팀은 두 팀으로 나뉘어 움직이고 있었는데 여자 세 명과 리더는 내일 저녁에 출발한다고 한다. 이들은 저녁에 BC를 떠나곤 했다.

이유는 한밤중에 캠프1에 도착하여 그대로 수면을 취한 후 날이 밝으면 곧바로 캠프1을 떠나는 것이 보다 효율적이기 때문이라고 야누스 대장은 설명한다. 저녁때 본격적인 등반이 시작되는 지점까지 진출했다가 다음날 새벽등반을 개시하는 작전인 것이다. 이는 매우 합리적인 방법이라고 수긍이 간다.

오스트리아 팀도 내일 오후에 정상을 향해 BC를 떠난다고 준비를 서두르고, 북릉으로 7,300m 지점의 캠프3까지 진출했던 영국 팀도 내일 정상을 향해 출발한다고 한다. 모두들 앞으로 며칠간 계속 날씨가 좋을 것이라는 확신과 믿음을 갖고 있는 것이 분명했다.

하지만 우리 팀을 이끄는 나는 며칠 더 늦추는 것이 현명하다고 확신했다. 아직 대원들이 충분한 고소적응이 되었다고 생각할 수 없었고, 캠프3에도 정상공격을 위한 충분한 물량을 아직 올리지 못했기 때문이다. 따라서 앞으로 며칠간 대원들이 7,500m 지점의 캠프3까지 한 번씩 더 수송지원 겸 고소적응을 끝내고 난 후인 7월 16일을 정상공격 개시일로 잡고 있었다.

캠프2로 진출 중인 루트공작조는 도중에 포터들이 힘들어 못가겠다고 버티는 통에 그들의 짐까지 운반하느라 졸지에 두 배 이상의 에너지를 소모해야 했다. 요즈음은 도대체 누가 대원이고 누가 포터인지 모를 지경이다.

포터들은 날씨만 나쁘면 꼼짝하지 않으려고 한다. 당초 규정대로 이들을 3일 일하고 하루 쉬게끔 했으나, 날씨가 나빠져도 대원들은 교대로 계속 움직이지만 이들은 3일이건 5일이건 BC나 ABC에서 쉬기만 할 뿐이다.

설상가상으로 우리 고소포터의 리더 격인 모하메드 알리는 낙석에 무릎을 다쳐 쉬고 있고, 한 명은 양손이 동상에 걸려 누가 옆에서 계속 돌봐주어야 한다. 또 두 명은 캠프1까지만 올려도 중도에서 피를 토하고 내려온다. 또 다른 두 명은 캠프1 이상은 어떻게 해서라도 올라가지 않으려 하니 제대로 캠프2까지 수송시킬 수 있는 포터는 고작 4명뿐이다.

이들 중에서도 두 명은 캠프2 이상은 도저히 못 올라가겠다고 한다. 정말 큰일이 아닐 수 없다. 덕분에 대원들이 계획에 없던 포터 몫까지 해야 하니 고생이 이만저만이 아니다.

이날 캠프2로 세 번째 오른 김현수는 이렇게 회고한다.

한참 땀 흘리며 오르고 있는데 고소포터 한 명이 죽어도 못 오르겠다고 또 엄살이다. 등반 중 벌써 몇 번째 이런 꼴을 보아온지라 그냥 넘길 수가 없어 막 야단을 치니 눈물을 찔끔찔끔 짠다. 할 수 없이 내려 보내고 그의 짐을 재일이와 병호와 나눠 짊어졌다. 네팔 친구들에 비해 형편없는 놈들이다. 도대체 사명감이 없으니 마음 같아선 실컷 두들겨 패주고 싶다.

며칠 만에 캠프2로 와보니 엉망이었다. 북극에서 사용했다는 내피가 두 겹인 돔형 텐트가 횡 하니 찢어져 있는 것을 보니 그동안 바람이 계속 무지막지하게 불어댄 모양이다. 도리없이 텐트를 하나 더 쳐야겠는데 마땅한 자리가 없다. 간신히 바위 밑 비좁은 틈을 깎아 편편히 다지는 데 무척 힘이 든다. 제기랄, 웬 놈의 바람이······.

겨우 2인용 텐트를 설치하고 보니 밤에 소변이라도 보러 나오다 자칫하면 얼마 전 병호 배낭처럼 굴러 떨어질 판이다. 병호, 재일 그리고 나는 여기저기에다 하켄과 스노우 바를 박아 이리저리 거미줄처럼 로프를 힘들여 연결시켰다. 도대체 여기만 올라오면 날씨가 개판이다. 내일은 무슨 일이 있어도 캠프3으로 물량을 옮겨놓아야지.

침낭 속에 들어가 잠을 청해보나 바람이 텐트를 때리는 소리에 옆 사람이 무어라 하는지 조차 들리지 않는다. 이런저런 생각에 잠을 청할 수 없다. 내일 날씨도 좋을 것 같지 않다. 또 이대로 내려갈 수는 없는데 앞으로의 등반이 순조롭지 못할 것 같은 불안한 생각이 든다. 처음 며칠 좋았을 때는 후딱 해치울

예지 쿠쿠츠카의
기념우표
(1988 올림픽위원회에서
히말라야 등반으로
은메달 수상)

것 같더니만. 애에라, 요란한 바람소리를 자장가 삼아 잠이나 청해보자.

저녁이 되자 어제 BC로 무사히 생환한 예지 쿠쿠츠카가 인사차 몇 사람과 함께 우리 본부를 찾았다. 나는 우선 그의 등정 성공을 축하하고 동료의 죽음에 애도의 뜻을 표했다. 아울러 이제 남은 3개의 8,000m급 고산 등정도 모두 무사히 성공하길 바란다고 말했다.

정 박사가 궁금해 못 견디겠다는 듯 그의 손과 발의 동상을 진찰하더니 예상보다는 심한 상태가 아니라고 한다. 그는 우리 팀이 베풀어 준 은혜를 평생 잊지 못하겠다면서 거듭 고마움을 전한다. 우리가 무사히 성공하기를 바란다는 말도 잊지 않았다.

그는 생각보다 작은 키에 서구인 치곤 덩치도 왜소한 편이다. 우리 대원과 견주어도 평균정도의 신장과 체격이다. 그러나 아주 강해보였다. 예의 바르고 점잖은 귀족풍의 용모도 지니고 있고 어떤 면으로는 마치 온화한 시골 선생님 같은 분위기도 풍긴다.

어떻게 저런 사람이 8,000m봉을 11개나 오른 세기의 철인이란 말인가. 히말라야는커녕 동네 뒷동산도 위험하다고 오르기 싫어할, 그저 한적한 전원 마을의 학교선생이나 의사같이 조용한 성품의 소유자처럼 보이는데…….

예지 쿠쿠츠카의 8,000m 고산등반은 나이 31살 때인 1979년 가을에 세계 4위봉 로체(8,516m)의 등정으로 시작된다. 그 이듬해인 1980년에 에베레스트(8,848m)를 새로운 루트로 오르고 1981년에 마칼루(8,463m)를 오른다.

이때 모두들 악천후로 등반을 포기했으나 쿠쿠츠카는 단독으로 새로운 루트인 서벽으로 정상에 올랐다. 이때까지 8,000m급 단독등반은 1978년 낭가파르바트와 1980년 에베레스트를 성공한 라인홀트 메스너 밖에는 없었다.

3년간 쿠쿠츠카의 히말라야 활동 범위란 고작 히말라야의 쿰부지방에 국한되어 있었으나 그 다음해인 1982년부터 과감히 카라코룸 쪽으로 눈을 돌린다. 브로드피크(8,047m)를 오르고 난 후 다시 1983년에는 동료인 보이테크 쿠르티카와 2인조 팀을 구성하여 가셔브룸 2봉(8,035m)과 1봉(8,068m)를 알파인 스타일로 시도해 성공했다. 그것도 두 산 모두 새로운 루트로 도전한 것이다.

다음해인 1984년에 이 두 사람은 다시 카라코룸의 브로드피크에 도전했다. 이들은 브로드피크의 북봉(7,600m)과 중앙봉(8,013m) 그리고 주봉(8,047m)을 잇는 세 개의 봉을 모두 종주했다.

이 루트를 처음 시도한 것은 전년도 이탈리아의 레나또 가사로또

였으나 그는 무리하게 단독으로 시도해 북봉은 성공했지만 악천후로 종주등반을 실패하고 9박 10일 만에 중간에서 철수했다.

쿠쿠츠카와 쿠르티카의 이 브로드피크 종주등반 성공은 1957년 초등정 이후 기존 루트가 아닌 새로운 루트로 성공했다는 점에서 실로 획기적인 일이었다. 같은 시즌에 이 산을 27년 전 초등정했던 쿠르드 디엠베르거가 줄리 투리스와 함께 다시 올라 이 두 기록이 당시 산악계의 큰 화제가 됐었다.

쿠쿠츠카는 5개월 후, 히말라야로 가서 다울라기리 1봉(8,167m)과 초오유(8,201m)를 모두 겨울철에 올라 한 동계시즌에 2개의 8,000m봉을 오르는 경이적인 기록을 세운다. 이 두 개의 산 모두 겨울철에는 사상 최초의 등정이며 그것도 초오유는 새로운 루트를 개척하면서 성공했다. 다시 5개월 후에 낭가파르바트(8,125m)에 도전해 동릉을 통한 새로운 루트를 개척, 정상에 섰다.

고국 폴란드에 돌아가 제대로 숨 돌릴 사이도 없이 5개월 후에 세계 3위봉 칸첸중가(8,586m)에 도전했다. 그는 이 산의 겨울철 초등정이라는 또 하나의 기록을 달성하게 된다. 이번 11번째로 오른 K2도 새로운 루트인 남벽을 개척하며 정상에 오른 셈이다. 그동안 11개의 8,000m 봉 등반을 한 번의 실패도 없이 무려 8개봉을 새로운 루트로 등정했고, 3개봉은 겨울철에 초등정한 것이다. 이중 브로드피크는 두 번 올랐다. 그는 단 한 번도 산소를 사용한 적이 없다.

예지 쿠쿠츠카와 함께 4번의 비박 끝에 K2의 정상에 섰으나 하산 도중 2번의 비박 후 한쪽 아이젠이 벗겨져 실족해 추락사한 타데우스 표트로프스키는 쿠쿠츠카보다 8살 위인 46세로 폴란드 산악계의 지도자다.

폴란드 산악인의 히말라야 진출에 효시적인 역할을 한 쌍두마차는 안드레이 자바다와 타데우스 표트로프스키다. 이 둘은 폴란드 정부가 고산 등정자에게 연금을 지급토록 노력했고, 네팔정부로부터 히말라야 동계등반의 문을 열도록 하여 세계 산악사에도 혁혁한 공을 세웠다.

자바다는 최초로 1979년 겨울 에베레스트 동계등반 허가를 받아내 1980년 2월 17일 에베레스트 동계 초등정을 이룬 당시의 등반대장으로 유명하다.

표트로프스키와 자바다는 일찍이 1973년 2월에 7,392m의 노샤크봉을 함께 올랐다. 이는 세계 산악사에 있어 최초로 동계시즌에 7,000m급 고봉을 등정한 대기록이다.

자바다가 히말라야 통이라면, 표트로프스키는 알프스 일대에서의 동계 등반기록을 많이 세운 동유럽 산악계의 대표적인 알프스 통으로 알려져 있다. 1983년 12월에는 네팔 서부의 아름다운 아삐 (7,132m) 봉 등정에 성공한 바도 있다.

쿠쿠츠카는 이제 여유를 찾은 듯 한국 차를 마시더니 그동안 왜 이 맛을 모르고 있었던가 하며 안타까운 표정을 지으며 진작 알았더라면 산에 올라갈 때 좀 얻어갈 것을 그랬다며 여유 있게 농담도 한다.

그는 대원들과 일일이 악수를 나누며 자리에서 일어나더니 캠프2에서 함께 잠을 잔 미스터 쏭을 영원히 기억할 것이며 언젠가 산에서 미스터 쏭을 다시 만나길 기원하겠다고 말했다. 다음날 그는 부상자 후송 헬기에 동승해 스카르두로 떠났다.

저녁식사 후 나는 BC의 대원들 모두를 회의에 소집했다. 이 회의에서 낮에 부대장과 등반대장과 함께 결정한 정상 등정 팀 명단을 발표했다.

1차 등정 팀에 장봉완 부대장, 송영호, 권순호, 김창선을 선정했고, 캠프3까지의 지원은 배종원과 홍옥선에게 맡겼다. 2차 등정 팀는 윤대표 등반대장, 정상모, 김현수, 유재일, 송정두, 장병호 등 6명으로 정했으며 캠프4쯤에서 이들 중 컨디션이 좋지 않은 대원이 있으면 등정 팀에서 제외시키기로 했다. 캠프3까지 1차 등정 팀을 지원할 홍옥선은 이제야 힘이 솟는다며 좋아한다.

며칠 BC에서 빈둥거렸더니 좀이 쑤신다. '뭐 좀 화끈한 일이 없을까' 하고 사방을 두리번거려도 그것이 그것이다. 저녁회의에서 1, 2차 등정 팀이 발표되었다. 나는 캠프3까지 지원이다. 오랜만에 할 일을 찾았다. 신바람이 절로 난다.

BC에 온 지 단 10일 만에 이런 큰 대임이 주어지다니. 누가 정상에 오르면 어떠랴. 성공만 한다면 이보다 더 큰 보람과 경사가 또 어디 있단 말인가. 대원으로서 내가 과연 원정대에 무엇을 했느냐가 무엇보다 중요하지 않을까. 정상에 못가서 좀 섭섭하지만 최선을 다 하자.

여전히 하늘은 짙은 구름으로 쫙 가려있고 바람 또한 쌩쌩 심하다.

카메라 기자 민상기(우)와 임경수 (임경수 헬멧에 카메라부착장치 등이 달려있다)

그러나 각 캠프는 언제나처럼 활발히 움직이고 있다. 캠프2의 3명은 캠프3으로 짐 수송 중 짙은 안개와 강풍으로 진출이 어렵다는 연락을 한다.

이들은 중간지점에 짐을 데포(Deposit)시키기로 하고 병호는 캠프1로, 현수와 재일이는 ABC로 빠지기로 했다. 7,900m 지점으로 계획한 캠프4로 진출할 예정인 윤 등반대장이 이끄는 전진조 중 배종원 대원이 전날 밤부터 몸살로 고생이 심하더니 아침이 되어도 좋아질 기미가 보이질 않는다.

민상기 대원이 캠프1에서 그를 보살피기로 하고 윤 등반대장, 정상모, 송정두 등 3명이 캠프2로 진출했다. 그러나 이날의 가장 큰 화제는 그동안 캠프1의 중간지점까지 밖에 오르지 못했던 정덕환 박사가 하루 만에 베이스캠프에서 캠프2까지 진출했다는 놀라운 사실이다.
다음은 정덕환 박사의 글이다.

7월 13일 밤이었다. 대장님께 내일은 등반에 나서겠다는 허락을 받아놓고 밖으로 나와 K2 정상을 바라본다. 별이 총총하게 보이고 텐트를 흔들던 바람도 잠시 잔잔해졌다. K2는 어둠에 묻혀 검은 덩어리로 밖에는 보이지 않지만 달빛을 받아 정상부의 눈은 희미한 광채를 발한다. 정말로 두려운 대상이다.

낮 동안의 활력과 아름다움이 암흑 속에 묻히면 추위와 바람에 휩싸여 침묵의 세계로 변하는 K2는 정녕 공포의 산, 바로 그것이다. 내일은 저 속에서 나 자신을 시험해보리라. 비상식량, 등반구 등을 정리하여 배낭에 챙겨 넣는다. 설렘으로 깊이 빠져들지 않는 잠을 억지로 청하면서.

새벽 4시, 비상식량으로 간단히 아침을 대신하고 등산화 끈을 매면서, 빙탑에 비치는 희미한 달빛도 사라져 완전한 암흑 속을 걸어야하는 불안에 휩싸인다. 다른 대원들이 깨지 않도록 살며시 BC를 빠져 나왔다.

퇴석 밟히는 소리가 유난히 크게 들려옴을 느끼면서 헤드랜턴의 불빛에 의존하여 ABC로 향했다. 한 시간 남짓 외로운 길을 걸으니 어슴푸레한 여명 속에 빙탑들이 잠에서 깨어나기 시작한다. 이때부터는 랜턴 없이도 등반이 가능했다. 비교적 쉽게 빙탑지대를 빠져나와 ABC에 도착하니 왠지 마음이 자꾸 조급해진다.

오스트리아 대원 4명이 출발준비를 서두르고 있었다. 이들은 정상까지 오를 계획이다. 한 잔의 차를 얻어 마시고 본격적인 설벽 등반을 위해 아이젠을 착용한다. 이들과 같이 오를까 생각도 했으나 내가 만일 처진다면 신경이 쓰일 것 같아 먼저 급경사의 설벽에 달려들었다. 어쩌면 단 1m도 내려서는 경우 없이 계속되는 눈의 절벽, 끝이 보이지 않는 벽은 답답한 고행의 길 뿐이다.

한참을 올라왔다. 아래를 내려다보니 저 멀리 아득하게 빙하와 빙탑들이 흰색과 검은색의 무늬를 이루고 산 사이를 휘감아 도는 고속도로처럼 보인다. 이제는 고도감은 잃어버리고 하늘에 도달하는 천국의 계단을 오르고 있다.

다행히 날씨는 좋아서 주변의 산들이 선명히 보여 카메라를 꺼내 여기저기 닥치는 대로 찍고 다시 배낭에 넣다가 실수로 그만 떨어뜨리고 말았다.

수천 길 아래로 굴러 떨어지는 소리가 소름을 끼치게 한다. 배낭이 약간 가벼워져 오히려 잘 됐다고 자위하지만 역시 속으로는 아까운 마음에 씁쓸해진다. 그러나 잃어버린 카메라에 연연할 때가 아니다.

위로부터 내 카메라처럼 간간히 굴러 떨어지는 낙석을 조심해야한다. 계속되는 이동으로 땀이 나고 숨이 더욱 가빠지고 힘이 빠지니 배낭이 자꾸만 무겁게 느껴진다.

멀리 캠프1이 보인다. 목적지를 빤히 바라보면서 오르니 더욱 힘이 들고 마지막의 급경사는 더더욱 어렵게만 느껴진다.

밑에서 보기에는 넓은 곳이리라 기대하고 올라선 캠프1은 마음 편히 앉기도 힘들 만큼 좁고 불안정하다.

바닥의 눈이 녹아 텐트가 기울어지자 옮겨 칠 자리를 마련하고 있던 배종원, 민상기 두 대원이 힘겹게 올라오는 나를 반기며 차를 끓여준다. 민상기 대원이 무리하지 말라고 만류했으나 오늘 올라가지 못하면 내일은 더 힘들 것 같아 좀 늦은 시간이라 생각하면서도 또다시 캠프2를 향해 외로운 도전의 길에 나섰다.

자꾸 조급해지고 불안한 생각이 드는 솔로등반이지만 위를 향해 연결되어 있는 고정로프에 의존하면서 루트공작을 해준 대원들에게 감사함을 느낀다. 캠프2로 통하는 길은 더욱 가파르다.

오후가 되면서 점차 강해지던 바람 때문에 손이 저리도록 시려온다. 견디기 힘들어 덧장갑을 꺼내다가 순간 바람에 날려버렸다. 장갑은 나비처럼 공중에서 춤추고 있다. 손끝의 감각이 무디어져 점차 굳어짐을 느낀다. 다행히 준비해온 예비장갑이 하나 있어 갈아 꼈다.

간혹 돌멩이와 얼음덩이들이 바람에 굴러 떨어져 어깨와 등에 맞았으나 운이 좋아 머리에는 맞지 않았다. 날은 저물고 기온은 떨어져 심각한 위험을 느꼈을 무렵 바로 위에 텐트가 나타났다. 오스트리아 팀 캠프2였다.

빌리 바우어는 늦은 시간에 나타난 나를 보고 깜짝 놀라면서 앞으로 한 시간 이상을 올라가야하니 조심하라고 이른다. 다시 정신적인 재무장을 단단히 하고 계속 오르는데 갑자기 양쪽 허리를 바늘로 찌르는 것 같은 통증이 온다. 아무래도 조금 심각하다.

해가 진 다음에야 쓰러지기 일보 직전의 상태로 캠프2에 도착했다. 텐트 안에 쓰러져 한참 후에 정신을 차리니 텐트 안도 엉망이다. 눈사태로 텐트는 반쯤 주저앉아 있고 그나마 반은 허공에 떠있어 아슬아슬하게 절벽 끝에 매달려 있는 형상이다.

안에는 장비, 식량, 침구 등이 뒤죽박죽으로 엉켜있다. 그래도 이 텐트가 삭막한 이곳에서의 유일한 안식처다.

가사로또의 죽음

7월 15일 윤대표 등반대장, 정상모, 송정두가 캠프3으로 진출했다. 여기에 정덕환, 장병호가 합류했다. 이들 중 몇 사람은 캠프4로 계속 나아갈 예정이다. BC에서 나는 1차 정상등정 팀 4명과 진지한 회의를 계속했다.

하관용은 이들이 가져갈 식량을 열심히 준비하고, 지원을 맡은 홍옥선은 ABC로 먼저 진출해 대기하기로 했다. 몸살 기운이 아직 빠지지 않은 배종원도 계속 캠프1에 대기 중이라 민상기 대원은 이들의 편안한 잠자리를 위해 ABC로 하산했다.

과연 날씨가 좋아질까, 내 작전이 틀어지지는 않을까, 이들이 과연 오를 수 있을까, 어떤 불행한 사고가 발생하지는 않을까, 이런저런 생각에 혼자 담배만 피우고 있는데 창선이가 가만히 내 곁에 오더니, "대장님, 자신 있습니다. 너무 걱정하지 마십시오." 한다.

이날 저녁 작은 문제가 하나 발생했다. 캠프3에 있던 무전기를 배터리 충전한다고 며칠 전 순호가 갖고 내려왔는데 그걸 모르고 캠프2의 전진 팀은 무전기를 지참하지 않고 캠프3으로 올라갔다.

도대체 그들이 캠프3으로 제대로 진출했는지, 진출했다고 가정해도 과연 캠프4로 얼마나 오를 수 있는지를 전혀 연락할 방법이 없다.

정덕환 박사는 이날을 이렇게 회고했다.

> 바람은 텐트를 날려 버리겠다고 몰아 부친다. 7,000m 높이에서 공중에 떠있는 텐트 속의 우리 4명은 쪼그리고 누워있었다. 아침이 되었으나 모두 꼼짝하지 않고 누워서 귀와 혀만을 움직이고 있다. 결국 하반신은 침낭 속에 넣은 채 벌레같이 기어 텐트 밖의 눈을 퍼 물을 끓이지만 채 덥혀지기도 전에 마시고 또 눈을 녹이고 하기를 반복한다. 밖은 훤해졌으나 해는 나신을 보이기를 거부한 채 구름옷을 잔뜩 껴입고 있다. 힘이 빠진다. 선뜻 출발하자고 나서는 사람이 없어 서로 눈치만 보고 있다.
>
> 11시가 거의 가까워졌을 무렵에야 캠프1에서 올라온 장병호 대원이 도착해 용기를 내어 묵직한 배낭을 둘러메고 캠프3을 향했다. 어제 무리하게 BC에서 캠프2로 올라온 나에게 또다시 캠프3으로 향하는 것은 무모한 모험이다. 현재만 생각하기로 하고 앞서 가는 대원들과의 일정한 거리를 유지하려 노력하나 대원들이 시야에서 벗어나면 갑자기 불안해진다.
>
> 바람이 불고 눈이 내리지만 눈은 다시 하늘로 올라간다. 눈

이 내리지 않고 역류하는 묘한 곳을 빠져나가니 과연 높은 곳에 오를수록 카라코룸의 파노라마는 신선들의 세계로 들어가는듯한 감격을 준다.

이 맛에 위험과 희생을 벗하면서 높은 산에 오르는 것일까. 심장이 터질 것같이 고동치고 배낭이 원수 같지만 늑장을 부릴 수는 없다. 캠프3 직전의 빙탑지대부터는 고정로프가 설치되어 있지 않고 루트공작이 완전치 못하다. 더욱 긴장하여 한 걸음 한 걸음 조심하다보니 시간의 망각상태에 빠진 듯하다.

캠프3에는 강한 눈바람 속에 반쯤 망가진 텐트가 한 동 있을 뿐이었다. 5명이 모두 들어가기에도 비좁으니 잠은 또 어떻게 잔단 말인가. 식욕도 없고 지친 탓으로 뜨거운 물만 마시고 싶다.

차와 염장한 소고기 등을 억지로 조금씩 떼어 입에 넣었다. 이 고기는 등반 도중 빙벽에 매달려있던 찢어진 배낭 속에서 꺼내온 것으로 얼마 전에 실종된 바라드 부부가 데포해 놓은 것이 틀림없다. 그들은 지금 어딘가에서 얼음덩이가 되어 있겠지만 그들의 식량은 고맙게도 우리가 이용하고 있다.

취사구, 장비 등을 모두 줄에 묶어 텐트 밖으로 내놓았어도 5명이 누울 공간은 확보되지 않는다. 서로 등을 기대고 있거나 몸을 포개고 서로를 베고 누워도 비좁다. 옆 사람의 몸무게 때문에 혈액순환이 막히는 것 같아 벌레처럼 움직여 돌아누우면, 이것이 계기가 되어 파도같이 모두들 움직여 조금이라도 편안한 위치를 추구하려 한다. 단 1분도 제대로 눈 붙이지 못한 채 밤을 지새운 것이다.

7월 16일, 날이 밝았다. 날씨는 흐리고 약간씩 눈이 뿌리고 있다. 이날은 1차 정상 등정조가 BC를 출발하는 날이다. 나와 하관용도 ABC까지 이들을 배웅하기로 하여 길을 나섰다. 권순호는 계속 입을 굳게 다문 채 심각하다. 각오가 보통이 아닌 모양이다.

요즘 뭔지 초조해지기 시작하면서 다시는 좋은 날씨가 없을 것만 같은 불안한 느낌이 든다. 어제 산소 사용문제에 대해 논란이 많았다. 방법은 두 가지였다. 가장 좋은 방법은 마지막 캠프부터 산소를 사용하는 것인데 이 경우에는 반드시 등정 팀의 체력소모를 줄이기 위해 다른 사람이 최종캠프까지 운반해주어야 한다.
또 다른 방법은 무산소로 오르는 것이다. 우리라고 무산소로 오르지 못하라는 법은 없다. 어찌되었건 등정 팀에 내가 포함되었다는 것이 무엇보다도 놀라운 일이다. 전혀 생각지도 않았었는데. 그동안 고소증세를 두 번이나 느꼈었다.

ABC에 도착하니 대기하고 있던 홍옥선의 안색이 아주 좋지 않은 듯싶어 나를 불안하게 만든다.

오늘 1차 공격이 시작됐다. 그런데 이게 웬일인가. 어제 저녁 과식한 탓인지 새벽부터 계속 토하기 시작했다. 열 번을 넘게

토해냈더니 이제 나올게 없어 시큼한 액체만 입으로 나온다. 기운이 하나도 없어 괴롭기 그지없다. 이러다간 지원조가 오히려 지원을 받게 생겼다.

오르는 것이 등반의 기본 아닌가. 반드시 내 임무를 완수해야 할 텐데 걱정이다. 배낭을 짊어졌으나 하늘이 노랗다. 100m를 오르는데 열 번 이상 구토증과 싸움하는 고역이 반복되었다. 간신히 캠프1에 도착하니 파김치가 따로 없다.

ABC의 임경수 대원은 공격조의 사진을 찍겠다고 아침 일찍 캠프1로 향하고 민상기 대원만이 우리를 기다리고 있었다. 우리들은 ABC 위의 설원까지 1차 등정 팀을 배웅하기로 했다. 그들은 굳은 악수를 나누고 올라가기 시작했다.

뒤에서 바라보는 그들의 모습은 한층 늠름해 보인다. 관용이는 그 큰 덩치에 걸맞지 않게 등정 팀의 뒷모습을 바라보며 흐르는 눈물을 닦고 있다.

어제 등정 팀의 식량을 준비했었다. 고소에서는 식욕이 떨어지므로 김, 고추무침, 마늘쫑, 오이무침 등을 따로 양념하여 정성껏 포장했다. 등정조는 ABC에서 간단히 수프, 계란프라이, 파인애플, 초콜릿, 인삼차 등을 먹고 아이젠을 신기 시작한다.

"형, 꼭 성공하고 돌아오세요." 라는 말만하고는 아무 말도 못하고 이들이 사라지는 모습을 보고만 있었다. 늠름한 모습이기도 하지만 한편으론 꼭 올라야한다는 부담감을 갖고 악전고투할 모습이 상상되어 안쓰럽기도 하다. 나도 몰래 코끝이 찡해지고 가슴이 뭉클해진다. "꼭 살아서 내려오십시오. 제발! 하느님, 저들을 굽어 살펴주소서".

캠프3의 루트공작조는 윤대표, 정상모, 장병호가 3시간가량 위로 진출한 후 캠프3으로 돌아왔다. 내일 다시 시도키로 했다. 기진맥진한 상태의 정덕환 대원은 송정두가 부축하면서 캠프1로 하산하고 있었다. 송정두 또한 유능한 산악구조대 출신이다.

하루 중 밤의 길이는 같을 터인데 고도가 높아질수록 밤도 따라 길어지는지 지루하기만 하다. 밤새 잠을 설친 이유로 컨디션이 좋지 않다. 덕환 형은 나보다 상태가 더 심하다. 캠프3에서 위로 오르는 길은 우선 어렵지 않은 설벽으로 시작되어 점차 가파른 빙벽이 된다. 마음만은 막 달려 올라가고 싶지만 한 발자국만 내딛어도 숨이 콱 막히고 몸이 늘어지기만 하니 이번에는 도무지 의욕이 안 생긴다.

  대표 형이 내 마음을 읽었는지 나보고 덕환이 형을 모시고 하산하라고 한다. 하긴 지금 이 상태로는 덕환 형이 만일 혼자 하산한다면 극히 위험하다. 잘되었다 싶다. 다음번에 이곳에 올라오면 절대 오늘 같지는 않을 것이다.

  하산을 시작한지 얼마 되지 않아 빙벽에 도달했을 때였다. 뒤돌아보니 덕환 형이 다리가 많이 풀린 듯 흐느적거리는데 아무래도 이 지역을 무사히 내려갈 수 없을 것만 같다. 나는 로프를 꺼내 덕환 형과 나를 서로 단단히 연결시켰다. 만일 한 사람이 슬립을 당해도 둘이 제동하면 목숨을 건질 수 있겠지.

빙벽을 거의 다 내려오는 중 위에서 '욱'하는 소리와 함께 덕환 형의 몸이 이미 허공에 거꾸로 떠있다. 내 옆을 쏜살같이 스치며 아래로 곤두박질치며 떨어진다. 나는 순간 피켈을 눈에 죽어라고 찍고 확보자세를 취했다.

천만다행으로 덕환 형은 1미터쯤 돌출되어 있는 바위 위에서 멈췄다. 만일 저 바위 위로 몸이 튕겨 나갔다면 우리 두 사람은 2,000m의 허공을 날아 저 아래 빙하 위로 최단 시간에 떨어지는 기록을 세울 뻔 했다.

기록을 세우는 것도 살아있을 때 이야기다. 덕환 형은 멍하니 나를 본다. 우선은 힘을 북돋아드려야겠다고 생각했다.

"형! 형 정도의 체력이니까 아직 멀쩡하지, 만일 메스너나 쿠쿠츠카가 형처럼 고소순응 없이 이틀 만에 7,500m를 올랐다면 그들은 벌써 죽어버렸거나 아니면 오르는 중간에 뻗어버렸을 거요."

내려오는 도중 형은 계속 비틀거렸다. 그러나 정신만은 말짱했다. 정말 놀라운 정신력이다. 캠프2에 들러 수프를 끓여먹고 움직이고 싶지 않은 몸을 일으켜 다시 하산을 시작했다. 캠프1까지 어떻게 해서라도 빨리 내려가야 한다. 저 멋진 서귀포 사나이 종원 형이 우리를 따뜻하게 맞이해 줄 테니까!

저녁 7시쯤 되었을 때였다. BC에서 나를 부른다. 최덕신의 목소리다.

"지금 레나또가 크레바스에 빠졌답니다. 부인은 거의 실신 상태입니다. 지금 이곳에선 국제 팀과 이탈리아 팀을 중심으로 구조대가 결성되어 막 출발 예정인데 우리는 어떡합니까?"

그것 참 난감한 일이 아닐 수 없다.

우리는 등정 팀을 위시한 대원 모두가 한창 작전개시 중이고, BC에는 캠프3에서 돌아온 재일이와 현수가 모두 감기 때문에 고생하고 있으며, 최 대원은 비산악인이니 구조대에 참여할 수는 없는 노릇이다.

할 수 없이 오늘 이곳을 다녀간 관용이를 완전 무장시킨 채 구조대에 참여하라고 지시했다. 그도 산악구조대 출신이라 몇 사람 몫은 충분히 해낼 것이다. 졸지에 관용이는 때 아닌 밤중에 구조대에 참여할 준비를 서두르게 되었다. 한편 최덕신은 레나또의 부인을 따뜻하게 돌봐줄 것과 유재일과 김현수는 계속 대기하고 있을 것을 지시했다.

정부연락관에게 우리 포터 중 한 명을 구조헬기를 요청하러 고로의 육군캠프로 내려 보내라고 말했다. 이것이 지금 이 밤중에 우리가 레나또를 도울 수 있는 최상의 방법이라고 생각했다.

약 40m 깊이의 크레바스에 빠졌다고 하니 치명적인 상처를 입은 것이 분명하다. 혼자 하산하다가 빠졌기 때문에 더욱 심각하겠지. 이것저것 또 걱정이 시작된다. 그가 과연 살아날까, 아니면 얼마나 심하게 부상당했을까. 그리고 우리 대원들이 이 사고를 각 캠프에서 듣고 마음의 동요를 일으키지나 않을까? 우리들과 특히 가까웠던 레나또의 추락 소식에 각 캠프는 갑자기 조용해졌다. 모두들 아무 말이 없다. 언제 자기 앞에 벌어질지도 모르는 상황이므로 남의 일 같지가 않은 모양이었다.

레나또가 BC에 있을 때면 자기보다 훨씬 키가 작은 부인 고레따의 손을 꼭 잡고 똑같은 복장으로 다정하게 산책하곤 하던 아름다운 광경이 마치 어느 영화 속의 장면처럼 눈앞에 어른거린다.

다음날은 날씨가 더욱 악화되었다. 계획대로 등반하기가 매우 어렵게 생겼다. 캠프1 이상은 짙은 가스 속에 생지옥처럼 보인다. 캠프1의 배종원과 등정 팀 촬영을 위해 임경수 대원이 일찍 캠프2로 출발했다.

이런 상황에 캠프4로 루트를 개척할 전진조는 등반은커녕 텐트 안에 있기에도 힘들 것 같다. 이들과는 무전통화가 불가능해 윤 등반대장의 판단에 맡길 수밖에 없다. 캠프1의 정덕환과 송정두만 하산키로 하고 그 외에는 현 위치에서 모두 대기상태로 들어갔다.

BC에서 전갈이 왔다. 레나또 가사로또는 구조된 지 한 시간 만에 안타깝게도 눈을 감았다는 소식이다. 시신은 부인 고레따의 뜻에 따라 그 옆의 크레바스 속 깊이 넣어주었단다. 그는 피라미드와는 비교할 수도 없을 정도의 거대한, 그리고 영원히 썩지 않는 얼음 속에서 편안히 잠들게 된 것이다.

희대의 저명한 단독등반가 레나또 가사로또! 그는 모리스 바라드가 이끄는 프랑스 팀이 정상에 올라선 6월 23일에 단독으로 새로운 루트를 개척하며 8,250m 지점까지 진출해 있었다. 다음날부터 정상 부위의 기상이 악화되기 시작하자 이틀을 버틴 후 곧바로 BC로 하산해버렸다.

다시 이탈리아와 스위스 팀이 정상에 선 7월 5일, 레나또는 8,350m 지점까지 진출해 있었고 다시 이틀을 버티다가 BC로 하산했다. 세 번째로 정상공격에 나선 그는 7월 16일 아침 8,450m 지점에서 날씨가 좋아질 기미가 없고 점점 더 악화되기 시작하자 무전기로 부인을 불렀다.

"금년에 나는 K2와 인연이 없는 모양이오. 이제 BC로 내려가면 곧 짐을 정리하고 철수합시다. 이제 앞으로 히말라야 단독등반은 절대로 하지 않겠소. 우리 함께 고향에서 뒷동산 도로미테를 오르면서 행복하게 삽시다."

라는 말을 전하고 미련 없이 등반장비, 텐트 등을 버렸다고 한다.

하산할 때 꼭 필요한 장비만 갖춘 그는 안타깝기보다는 오히려 이제야 행복을 찾은 듯 즐거운 마음으로 하산을 시작했고, 네그로또 꼴에 도착했을 때에는 발걸음이 이렇게 가벼울 수가 없다고 말하면서 빨리 당신 곁으로 달려 내려가고 싶다고 했다한다.

이제 한 시간 만 내려가면 BC에 도착한다고 생각한 그는 늘 다녔던 길인데도 불구하고 그만 크레바스에 빠져 40m 아래로 사정없이 떨어졌다. 크레바스 속에서 그는 부인 고레따를 부르고 현재의 위치를 알려준 후 구조요청을 하고 그 자리에서 실신하고 말았다.

한편 레나또와 마지막 무전통화를 한 고레따는 너무도 놀라고 괴로운 마음에 두 손으로 머리를 움켜쥐고 비명을 질렀다. 이때가 저녁 6시 30분이다. 비명소리를 들은 쥴리와 최덕신 그리고 오스트리아 팀의 요리사 라슈르가 고레따의 텐트로 뛰어갔다. 고레따는 간신히 상황을 전달해준 후 다시 비명을 지르며 괴로워하더니 곧 기절해

버렸다.

 이 소식은 삽시간에 BC의 모든 캠프에 전해졌고 이제는 마을에서 올라올 로컬포터를 기다리는 것 이외엔 할 일이 없던 국제 팀과 이탈리아 팀의 대원들이 주축이 되어 구조대를 편성해 사고지점으로 급히 올라갔다. 구조대는 사고지점을 정확히 찾아냈다.

 칠흑같이 어두운 크레바스 속에서는 레나또의 헤드랜턴 불이 켜져 있어 비교적 빠른 시간에 그를 크레바스 밖으로 끌어올릴 수 있었다. 이때가 밤 10시경이다. 온몸은 찢어지고 군데군데 뼈가 부러졌다.

 머리에서는 피가 계속 흘러나오고 있었으나 그때까지 레나또는 분명히 의식이 있었다고 한다. 마지막으로 희미하게 부인 고레따 이름을 부르고 조용히 숨을 거두었다. 현장에 급파된 구조대에는 이탈리아 팀과 국제 팀의 의사도 있었으나 어떻게 손을 쓸 수가 없었다고 한다.

 레나또 가사로또는 이렇게 하여 파란만장한 기록을 남기고 38세의 젊은 나이로 세상을 떠났다. 그는 미국의 세계적 권위의 등산전문 격월간지 「MOUNTAIN」에 의해 20세기 최고의 위대한 솔로등반가로 선정되기도 했다.

 레나또는 그의 꿈을 이어줄 2세를 얻지 못했다. 그는 생전에 그토록 오르고 싶어 했던 K2의 품안에서 영원히 잠들게 된 것이다.

악천후 속에서

답답한 퇴각

캠프2로 진출해야 할 등정 팀은 캠프1에서 발이 묶여 꼼짝없이 대기 상태다. 어제 심하게 앓던 홍옥선은 몸이 많이 좋아져 임무수행에 차질이 없을 것이라고 알려온다.

> 레나또가 BC에서 가까운 설원지대의 크레바스에 빠져 숨을 거두었다고 한다. 세계 산악계의 큰 별이 또 하나 떨어졌다. 서글서글한 용모와 화려한 등반경력 그리고 캠프를 옮길 때 거침없이 바윗돌을 들어 올리는 엄청난 괴력을 소유했을 뿐 아니라 한편으로는 부인과 다정다감한 로맨스를 즐길 줄 아는 사나이다.
>
> 우리와도 정다운 이야기를 나누곤 하던 멋진 친구였는데 참으로 안타깝다. K2는 정녕 죽음을 부르는 산이란 말인가? 벌써 11명의 생명을 앗아갔다. 텐트 밖은 짙은 안개 속으로 계속 바람이 불어대며 눈이 내린다. 지겨운 눈이지만 지금 내리는 눈만은 레나또의 죽음을 애도하기 위해 뿌려지는 듯하다.

오늘은 모든 캠프가 행동을 중지하라는 명령이다. 할 일 없이 텐트 속에 처박혀 있으려니 다들 좀이 쑤시는 모양이다. 캠프1에서는 작은 소동이 벌어졌다. 담배꽁초 찾기 운동. 부대장님이 가져가라고 챙겨준 담배를 창선이가 실수로 깜빡 잊고 왔기 때문에 품귀현상을 빚게 된 것이다.

화장실까지 뒤져서 젖은 담배꽁초들을 겨우 찾아내어 물 끓는 코펠 위에 올려놓고 말린 다음 영호를 제외한 4명이 돌려가면서 맛있게 빨아댄다. 폐 속 깊숙이 들여 마신 담배연기를 밖으로 내뱉으려 하지 않는다.

대원들이 담배 피운다는 사실은 철저히 비밀로 유지되고 있었다. 현재 담배를 피우지 않는 대원은 대표 형을 비롯하여 상기 형, 덕환 형, 종원 형, 상모 형과 정두, 영호, 병호 8명뿐이고 나머지 대원들은 모두 흡연자다. 다만 이 사실을 대장님만 모르고 계시다. 대장님 앞에서 담배 피울 수 있는 특권을 누리는 사람은 부대장님과 기자인 경수 형, BC 매니저인 최덕신 밖에 없다.

캠프3에서 내려오는 대표 형, 상모 형, 병호가 텐트 안으로 들어온다. 이들은 무전기가 없어 오늘 행동중지를 듣지 못했다. 눈보라 속을 뚫고 오느라 수염에 얼음이 덕지덕지 붙은 이들의 모습은 마치 사경을 헤치고 살아온 용자의 모습 같다. 초죽음이 된 피곤한 모습들이다. K2가 우리를 거부하고 있는가 보다. 잠자리가 편치 않다. 내일은 또 어떻게 될지…….

한낮이 되자 오스트리아 팀도 피곤한 모습으로 BC로 철수하고 있다. 그 뒤로 정 박사와 정두 그리고 병호가 내려온다. 정덕환 박사는 이렇게 적고 있다.

> 나의 정상은 7,500m의 캠프3이었다. 이제 천국에서 지상으로 내려가야 하는 길을 어제에 이어 오늘도 계속 걷는다. 어디서나 첫 관문에는 시련이 따르나 보다.
> 　정신없이 내려오다 보니 모자도 없어지고 고글의 알은 빠져나가고 아이젠은 휘어지고…… 탈출과도 같은 하산이다. 4일 만에 환갑이 지난 노인의 모습으로 내려가고 있다. 내려가는 길이 쉬울 줄 알았는데 만만치가 않다.

정 박사는 오줌이 마려운데 배설이 안 된다고 한다. 얼마나 괴로울까. 갑자기 고도를 높이기 위해 다이나막스를 다량으로 복용하게 되면 그에 비례하여 충분한 양의 수분을 섭취해야 함에도 소량만 섭취했고, 더구나 오히려 많은 수분을 땀으로 배출했기 때문이라고 의사답게 설명한다.

심한 운동으로 인해 대사량이 증가, 소변이 극도로 농축되었고 이로 인한 배뇨곤란이 생기게 되자 심리적으로 위축되어 수분섭취를 기피하게 되는 악순환만 가중되었으며 따라서 신장장애로 옆구리 통증이 있었다고 한다.

우리 모두는 ABC에서 철수했다. 기다리던 메일러너가 와 있었으나 편지는 송영호에게 온 누님이 보낸 한 통 뿐이었다. 7월 18일 드

캠프3(고도 7,500m)에 등반전(왼쪽)과 후의 정덕환 대원의 모습

디어 국제 팀과 이탈리아 팀은 BC를 철수해 스카르두로 향했다. 의사 1명만 계속 남아 고레따와 함께 헬기로 철수하기 전까지 우리 캠프 신세를 지기로 했다.

이탈리아 팀이 레나또의 짐도 함께 운반키로 하여 고레따는 간단한 차림으로 역시 우리 캠프로 숙소를 옮겼다. 그녀의 허전한 심정을 달래주기 위해 민상기 대원은 그의 텐트를 비워주고 난로까지 넣어 주었다. 그녀와 이탈리아 의사의 식사는 아직 BC에 남아있는 팀들이 교대로 제공하기로 했다.

며칠 전 정상 등정의 부푼 꿈을 지니고 BC를 떠난 오스트리아, 영국, 폴란드 팀이 모두 좌절감만 느끼고 터덜터덜 BC로 돌아오고 있다. 전쟁영화 속 참혹한 전쟁터에서 겨우 목숨을 건지고 돌아오는

산소기구를 점검하는 정상모 대원

패잔병의 모습 그대로다.

　모든 팀이 철수했으나 장 부대장이 이끄는 우리 등정 팀만 캠프2로 올라갔다. 날씨가 나빠 10시가 훨씬 넘어서야 캠프1을 출발할 수 있었다. 이제 다시 K2에는 한국인들만이 버티고 있는 셈이다.

　다음은 홍옥선의 일기다.

> 참담하고 악질적인 날씨이지만 출발을 해야 한다. 제1차 등정의 성공 여부가 이제는 우리의 양 어깨에 달려있다. 그런 의무감 때문인지 모두들 아무 말 없이 묵묵히 오르고 있다.
> 　숨이 턱에 닿고 배가 고파 발걸음이 무겁기만 하다. 반복되는 동작이지만 갈 길은 줄지 않고 오히려 멀어져 가는 것만 같

다. 눈발과 거센 바람이 더욱 기승을 부린다.

하우스침니에 도착하니 어제 먼저 올라온 경수 형이 안개 속에서 우리들의 모습을 카메라에 담고 있다. 종원 형이 그 위에서 확보를 해주고 있다. 종원 형은 계속 항문의 통증으로 고생이 많은데도 캠프에 남아서 묵묵히 할 일을 다 하고 있다.

눈보라 속에서 떨고 서있는 그들을 보니 특히, 경수 형이 안쓰러워 보인다. 그는 전생에 무슨 죄가 있어 이 혹독한 추위 속에서 위험천만한 암벽에 붙어 저 고생을 하고 있단 말인가.

원정대에 파견된 카메라기자의 숙명이라고 넘겨버리기엔 너무 고생이 심하다. 그러나 그는 언제나 미소를 잃지 않고 있다. 그의 그 밝은 미소에서 우리 대원들이 배우는 바가 많다.

이날 밤 나는 두통이 심해 산소 신세를 지기로 하고 1분에 1리터로 밸브를 조절한 뒤 수면용 마스크를 썼다. 잠시 후 두통은 사라졌으나 등골이 시려오고 캠프2의 밤은 점점 더 차가워져 올 뿐이다.

다음날도 여전히 날씨는 인정사정없다. 부대장과 계속 교신을 하지만 이런 날씨에 캠프3으로 올라가라는 말은 차마 할 수 없었는데 그도 선뜻 나설 의향이 없는 모양이다. 그래도 행여나 날씨가 개이지 않을까하고 또 몇 시간을 기다리다가 결국 철수하기로 했다.

이런 날씨는 하산하기도 쉽지 않아 은근히 걱정이 된다. 이탈리아 의사가 옆으로 오더니 만약 자기 팀도 7월 5일 못 올랐다면 아직까지 BC에 머물고 있거나 등정을 포기하고 철수했을 것이라고 위로하

듯 내게 말한다. 이로서 우리가 계획한 1차 등정은 시도도 해보지 못하고 캠프2에서 철수하게 되었다.

등정 팀으로서 자신감에 넘치던 김창선은 이날의 철수를 이렇게 회고했다.

텐트를 흔들며 지나가는 바람소리가 더욱 거세진다. 파키스탄 쪽에서 부는 바람은 반드시 구름을 몰고 왔으며 눈을 뿌렸다. 아마 몬순의 영향을 심하게 받고 있는 모양이다. 부대장님은 계속 전진이냐, 대기냐, 후퇴냐를 BC와 의논하고 있다.

텐트 입구가 바람에 찢어져 상태가 말이 아니다. 사실 이런 구질구질한 날씨에 등반하고 싶은 마음은 조금도 없다. 내심 내려가기를 바라며 텐트 구석에서 쳐 박혀 있는데 상황은 원하는 쪽으로 전개되고 있었다. 마침내 대장님은 철수명령을 내렸다.

우리는 캠프2를 도망치듯 내려와 버렸다. 눈보라가 우리의 뒤통수를 휘몰아치며 비아냥거렸다. 뒤도 돌아보지 않고 단숨에 캠프1로, ABC로, 그리고 BC까지 내려왔다. BC로 내려오며 바라본 K2는 온통 먹구름 속에 잠겨 있었다. 적막해진다. 처절한 고독감을 느낀다.

언젠가 엄청난 절망감에 빠져있었던 적이 있었는데 묘하게도 지금 그때의 감정이 되살아남은 무슨 이유일까. 잠시 후면 BC에 도착할 수 있다는 안도감에 젖어 다시 한 번 힐끗 쳐다본 그곳에 K2가 눈을 맞으며 그렇게 서 있었다.

며칠사이에 BC는 많이 변해있었다. 또 몇 팀이 철수해 버려서인지 점점 더 초라해 보인다. 구름 사이로 달이 보였다. 보름달에 가깝다. 저 달빛을 받으며 정상 능선을 향하고 있는 나를 상상해 본다.

다음날도 여전히 흐려 ABC에 남아있던 3명도 모두 철수시켰다. 이제는 모든 대원이 BC에서 현재의 상태로 자신을 잘 유지하며 대기하고 있다가 날씨가 좋아질 기미가 보이면 다시 출동할 것이다. 다음 기회에는 기어코 정상에 오르고 말리라.

아침식사를 막 하려고 하는데 오스트리아 팀의 부대장 하네스가 오더니 꼭 함께 식사를 하자고 초대를 한다. 민상기 대원과 함께 그쪽으로 갔다. 이들의 식사를 보면 항상 놀라는 바이지만 정말 너무 잘 먹는다. 생선, 쇠고기, 버터, 치즈, 꿀, 빵 등을 쉬지 않고 계속 먹어대고 있는 그들을 보다가 우리 캠프로 오면 이건 그냥 차만 마시고 있는 것 같다.

히말라야 원정에 참여할 때마다 늘 느끼는 것이지만 한국식 식사법은 문제가 보통 심각한 게 아니다. 밥이 있어야 하고, 국이나 찌개가 또한 반드시 있어야 하며, 반찬도 몇 가지는 있어야 먹을 수 있기 때문이다. 더더구나 김치가 있어야만 식욕이 생기니 문제도 보통 큰 문제가 아니다.

하루 세끼 식사마다 한 시간 전부터 밥과 국 그리고 반찬 등 식사준비가 다 되면 '모여!'라는 주방의 외침에 모두 식당으로 모인다. 그리고 배식을 시작한다. 제대로 마음 편히 먹기 위해서는 어느 한 사람이라도 빠지면 안 된다.

한 사람도 빠짐없이 배식이 끝난 후에야 '감사히 먹겠습니다.'는 구호 아래 먹기 시작한다. 식사가 끝나면 고참은 계속 앉아 있고, 아랫사람들은 그동안 끓인 숭늉을 가져오고 차를 준비하기 시작한다.

한참 법석을 떤 후 소위 디저트까지 완전히 끝나면 그때부터 식기들을 모두 회수하기 시작한다. 따라서 매끼 식사 때마다 식사준비를 시작해서 원 위치시킬 때까지 보통 2시간 이상씩 걸리게 된다.

이는 상당한 시간적 손해요 에너지 낭비며 경제적 손실이라 보여진다. 그렇다고 영양가 높고 맛이 있느냐하면 그것도 아니다. 산중 생활이란 오래 계속하면 입맛도 변해 아무리 배가 고파도 식사시간이 즐겁지 못하고 지겨울 때가 많다. 먹어야 만 살아남아 힘을 쓸 수 있다는 의무감 때문에 마지못해 입에 집어넣는다는 식이 되어버리기 일쑤다.

유럽 팀들의 경우 주방장은 맹물만 끓이고 가끔 스프를 준비해놓으면 일은 끝난다. 대원들은 각자가 그때그때 먹고 싶은 음식을 꺼내 먹으면 된다. 주방장을 불러 칼로 썰어달라는 등 간단히 주문하고 먹고 싶을 때 몇 번이고 아무 때나 먹는다.

BC에 있는 9개의 원정팀 중 '지금부터 식사시간이니 다들 모여라.'고 부르는 팀은 한국 팀밖에 없다. 다른 팀들은 대원 각자가 전혀 옆 사람에 구애받지 않고 자고 싶을 때 자고 먹고 싶을 때 먹는다.

산에 오를 때도 마찬가지다. 우리는 며칠간 먹을 음식을 대원들이 서로 나누어 갖고 다니지만, 또 먹을 땐 함께 모여 서로 나눠먹는데 반해, 이들은 각자 자기가 먹을 것은 자기가 갖고 다니면서 먹고 싶을 때 혼자 먹곤 한다.

 한 텐트 안에 있을 때도 각자 먹고 싶을 때 각자가 준비해 먹는다. 소위 히말라야 등반에 있어 알파인 스타일이란 바로 이러한 식사법이 있기에 가능한 것이 아닐까 생각된다. 우리 한국인의 경우, 무조건 서양식으로 식사해봐야 목구멍에 잘 넘어가지도 않을 테니 낮에는 소위 행동식으로 식사를 하고 저녁은 푸짐하게 한국식으로 즐기는 것이 가장 합리적인 방법이 아닐까 싶다.

 찌푸린 날씨가 점점 걷히더니 한낮이 되자 오랜만에 햇살이 비치는 화창한 날씨다. 이런 제기랄. BC로 모두 철수하니 햇빛이 비추기 시작하는구나. ABC를 떠난 대원들에게서 무전이 온다. 릴리안의 시체를 발견했으니 시체운구 팀을 편성해 빨리 올라오라는 것이다.
 홍옥선 대원이 말한다.

> ABC를 서서히 출발해 터덜터덜 BC로 향하는데 날씨가 좋아지더니 우측으로 산기슭에 뭔가 보인다. 경수 형을 먼저 보내고 순호와 나는 땀 흘리며 열심히 그곳으로 갔다. 20여일 전에 추락, 실종된 릴리안의 시체가 눈 위에 노출되어 있었다. 며칠 전에 있었던 큰 눈사태로 위 어느 지점에서 흘러 내려온 것이 분명했다.
> 2,000m 아래로 떨어진 시신은 말로 표현할 수 없는 비참한 형태다. 윗옷은 벗겨져있는 상태에서 척추는 부러져 머리가 엉덩이 바로 옆에 붙어있고, 내장은 겨드랑이 밑으로 빠져나

와 시커멓게 얼어붙었다.

머리는 180도 회전해 있고 왼쪽 다리도 90도 이상 꺾어져 너무나 끔찍한 모습이다. 이 처참한 시신에서 눈을 돌리고 싶었으나 그녀 또한 우리처럼 얼마 전까지 진한 인생과 산행을 즐기던 여성 알피니스트가 아니었던가.

BC로 연락하고 ABC로 가서 그라운드시트를 갖고 와 시신을 쌓아 똘똘 묶었다. 조금 있으니 오스트리아의 알프레드와 하네스가 스키를 가지고 온다. 스키로 들것을 만들어 운반하기 시작했다. 마침 K2로 놀러온 유고 팀과 BC의 모든 팀들이 합류하여 교대로 시신을 운반했다. 우리 팀도 대장님 이하 10여 명이 시체운구에 참여했다.

며칠 전 완전히 철수해버리고 흔적만 남은 국제 팀의 BC 자리까지 시신을 운반해 왔을 때였다. 권순호가 갑자기 'STOP!' 하고 외친다. 모두들 제자리에 우뚝 섰다. 순호는 나에게 지금 계속 묘지로 가면 며칠 전 남편을 잃은 고레따가 더욱 슬퍼할 테니 BC를 우회하여 가자고 제안한다.

나는 그 내용을 영어로 다른 팀에게 전해주었다. 모두들 좋은 생각이라고 한다. 나는 민상기 대원에게 고레따를 본부텐트로 불러내 재미있는 이야기를 해주며 이쪽으로 신경을 쓰지 못하게 하라 이르고 빙하를 가로질러 험한 길로 우회하기 시작했다. 이제는 상당히 많은 산악인들이 운구를 따르기 시작한다.

지금 이 자리엔 국적이나 민족이 따로 없다. 여기에는 오직 산악인

릴리안의 시신을 옮기고 있는 BC 산악인들

들, 그중에서도 K2에 모인 한 마음 한 뜻의 산악인들만이 있을 뿐이다. 모두 한결같은 마음으로 릴리안의 명복을 빌고 있었다.

이윽고 묘지에 도착하여 바위틈에 시신을 묻고 그 위에 돌을 쌓아 편편하게 만들어 위로 걸어 다닐 수 있도록 통하게 하였다. 폴란드의 크리스티나는 어디에서 꺾었는지 야생화 한 송이를 무덤 사이에 끼워 놓는다.

같은 팀으로 함께 정상까지 올랐던 반다는 혼자 고개를 파묻고 소리 없이 오열하고 있었다. 때 아닌 장례식을 한 장면이라도 놓칠세라 임경수는 열심히 무비카메라를 돌려대고 있다.

비교적 말수가 적은 유재일은 이날따라 더욱 조용하다.

먼 훗날 이곳을 찾는 산악인들이 이 최초의 K2 여성등정자의 애끓는 사연을 과연 기억해 줄 것인가. 어쩌면 지금 이곳에 있는 산악인들조차 세월이 지나면 그녀를 까맣게 잊고 말겠지. 짧은 묵념. 모두들 자신도 언제 이렇게 될지 모르리란 생각을 하고 있으리라.

이곳 K2묘지의 추모 동판은 점점 늘어만 가고, 또 다른 산악인들이 야망을 품고 계속 이곳으로 오겠지. 왜 우리 산악인들은 죽음을 거부하지 못하는가. 짐승이나 벌레들도 죽음과 위험을 느낄 때는 나름대로 방어 자세를 갖추기 마련인데 하물며 만물의 영장이라는 인간들은 동료의 죽음을 보고도 내일이면 또 그 산을 오르지 않는가.

가슴이 답답하다. 문득 아빠와 엄마를 잃은, 저들의 아들딸이 생각나 코끝이 시큰해 온다. 맑게 개인 하늘에 다시 바람이 불기 시작하더니 눈발이 날리며 이윽고 하늘이 온통 잿빛으로 변하고 있었다.

새로운 계획을 세우고

릴리안의 장례식 이후 모든 팀들은 눈에 띄게 서로 의지하고 뭉치는 듯했다. 이제는 국적이 따로 없다. 서로 오르는 루트만 다르고 오르는 대원들이 다를 뿐이지 그 외의 모든 것들은 서로 *끈끈히* 협조하고 소통하고 있다. 서로들 나름대로의 등반계획을 설명해 주고 조언을 들으며 의논하곤 했다.

물자 및 식량에 있어서는 아무래도 K2 등정이 끝나면 브로드피크까지 오를 예정인 우리 한국 팀이 풍부하여 주로 다른 팀들을 도와주는 입장에 있었다. 오스트리아와 폴란드 팀은 벌써 커피가 다 떨어져 며칠 전부터 우리 커피를 마시고 있다.

　한가한 BC. 메일러너가 송영호의 편지만 갖고 왔기에 다들 뭔가 섭섭한 듯 열심히 편지를 쓰고 있다. 빨래와 목욕을 즐기는 대원, 바둑과 장기를 즐기는 대원, 독서하는 대원, 화투와 트럼프를 즐기는 대원 등 모두들 나름대로 휴식을 즐긴다.
　우리 K2 원정대의 특색 중 하나는 대원들이 휴식을 취하거나 여가를 즐길 때는 아주 철저히 그것을 즐긴다는 점이다. 놀 때는 요즈음 말로 소위 '끝내주게 논다'는 뜻이다.
　이러한 장기간의 산 생활에서는 보다 즐거운 휴식을 위해 서로 지켜야 할 사항이 몇 가지 있다. 우선 서로 간섭을 하지 말아야 한다. 남의 물건은 하찮은 것이라도 소중히 여겨야 하며, 개개인의 성격을 잘 이해하고 개성을 존중해야 한다.
　또한 선배는 자기의 시간을 즐기기 위해 후배의 소중한 시간을 뺏는 행위는 삼가야하며 가능한 한 서로 위안이 되도록 노력해야 한다. 그러다가 일단 일이 시작될 때 궂은일은 내가 먼저 하겠다는 자세를 취한다면 그야말로 금상첨화다.
　눈과 짙은 안개, 바람으로 우리들을 괴롭히던 날씨가 이젠 아예 비까지 뿌려대기 시작한다. 도대체 5,000m가 넘는 고지에서 비를 맞는다는 게 이해하기 어렵다. 라디오에서는 지금 한창 몬순(Monsoon)이

맹위를 떨치고 있다고 한다. 아무리 몬순이라 해도 설선 이상에서 눈이 와야지 어떻게 비가 온단 말인가.

이제 각 팀들은 서로 방문하면서 소일하는 것이 유일한 낙이 되었다. 휴식과 여가를 즐기는 데에도 우리 본부텐트는 중심역할을 한다. 우리의 무료카페는 손님으로 항상 만원사례고 민상기와 정덕환은 카페마담 역할에 눈코 뜰 새 없다. 영화구경 신청 또한 쇄도해 임경수는 아예 모니터를 들고 각 캠프를 찾아가 상영시켜주기로 했다.

한편 그동안 다른 팀들을 방문할 때마다 항상 느껴왔던 것이지만 이들의 식성이 무척 좋다는 점이다. 서구 산악인들은 BC에서 휴식할 때는 주로 먹는 시간으로 일관하고 있다. 이야기하면서도 계속 먹는다. 소위 에너지 축적을 철저히 하고 있는 것이다.

나와 부대장, 등반대장은 장시간에 걸쳐 등정 팀과 지원조 팀 명단을 작성하기 시작했다. 정 박사와 민상기 대원이 배석했다. 회의내용은 우선 정상공격을 1, 2차로 나누지 말고 한 번 날씨가 좋아질 때에 전 대원이 한 힘으로 뭉쳐 총력을 쏟자는 것이 지배적이었다. 그러다가 날씨가 작전에 맞지 않으면 또 그 다음 번에 총력을 기울이는 것이다.

이제 총력을 기울이기로 결정했으니 언제 어떤 방법으로 총력전을 펴느냐가 문제다. 나는 등정조 3명 외에 지원조를 A, B, C, D의 네 등급으로 나누었다. 이제 부대장과 등반대장 중 과연 누가 등정 팀을 이끌 것이냐를 정해야 한다. 나는 일단 당사자의 의견을 묻기로 했다. 장봉완이 먼저 입을 열었다.

"대표야, 너는 원래 처음부터 정상에 오르기로 우리와 약속했으니 네가 올라라. 나는 최선을 다해 지원조로서 등정 팀을 돕겠다."

윤대표는 고개를 숙이고 가만히 있더니 이윽고 입을 열었다.

"아니야, 정상공격은 봉완이 네가 해야 해. 처음 약속은 있었지만 지금 컨디션은 네가 나보다 월등해."

"그렇지만은 않아. 이제 결정적인 순간이 오면 네가 훨씬 우수할 거야."

"그건 틀린 말이야. 내가 지원 팀을 맡을 테니까 능력 있는 네가 올라야 해."

서로 양보하느라 바쁘다. 이들은 3년 전인 1983년에 네팔 히말라야 틸리쵸피크(7,134m) 정상을 단 둘이 올라 동계 초등정의 쾌거를 이룩한 바 있었다. 그 당시 정상 등정 후, 하산하다 장봉완이 실족, 슬립하자 윤대표가 재빨리 제동을 걸어 100m를 미끄러진 후 극적으로 살아남은 사이다. 함께 사선을 넘은 이들 두 사람은 그 외에도 국내 암장에서 수없이 파트너로 콤비를 이루어 왔기에 누구보다도 서로를 잘 알고 있다.

우리들은 일찍이 장봉완은 지원 팀을, 윤대표는 등정 팀을 맡기로 계획을 세웠었다. 그러나 지금으로선 나 역시 대표의 의견에 동감이었다. 윤대표는 귀국하면 곧 결혼하기로 약속한 애인이 있으며, 금년 2월 설악산에서 눈사태에 파묻혀 무려 30분 만에 기적적으로 구출된 적이 있어 제 컨디션을 못 찾고 있는 듯했다. 식욕도 좋지 않고 얼굴색도 밝지 못하다. 반면에 장봉완은 자기능력을 꾸준히 잘 발휘하고 있었다. 만일 봉완이가 등정 팀을 맡는다면 성공은 틀림없을 것이라는 확신도 있었다.

"그럼 내가 결정하지. 등정조는 장 부대장이 이끌고 지원조는 윤 등반대장이 맡도록 해."

우리는 곧 대원구성을 재점검한 후 회의를 소집, 발표하였다.

등 정 조: 장봉완, 김창선, 장병호

지원 A조: 윤대표, 정상모, 유재일

지원 B조: 김현수, 송정두, 권순호

지원 C조: 모하메드 알리, 구람나비, 알리라자

지원 D조: 하관용(ABC), 배종원(캠프1), 홍옥선(캠프2), 송영호(캠프3)

등반 방식은 당초 예정인 캠프4(7,900m)와 캠프5(8,250m)를 없애고 8,050m 지점에 캠프4만 설치한 후 곧바로 등정하게끔 캠프 하나를 줄이고, ABC에서부터 등반 개시를 하여 첫날 캠프2까지, 다음날 캠프3, 그 다음날 캠프4, 그리고는 정상 등정으로 4일 만에 정상까지 오르도록 계획을 수정했다.

지원 A조는 캠프3에서 캠프4까지 등정 팀보다 하루 먼저 진출하여 필요한 산소 등을 운반해놓는 임무를 맡고, 지원 B조는 캠프3까지의 물량지원을, 지원 C조는 고소포터 중 가장 고소순응이 잘 되고 힘이 좋은 3명으로 지원 A조를 뒷받침하기로 했다. 지원 D조는 대기조로서 각 캠프에서 등정조가 철수할 때까지 대기하기로 했다.

정상모는 이날의 일기에 이렇게 적었다.

BC에서의 생활이 길어질수록 우리 베이스캠프가 모든 팀의 중심적인 역할을 하게 되었다. 장기간의 고산생활은 대원들의 피로를 가중시키고 희미한, 무어라 형언할 수 없는 깊은 고독으로 자꾸만 빠져들게 한다는 것을 피부로 느낄 수 있었다.

차라리 땀 흘려 등반할 때가 모든 걸 잊을 수 있어 좋으리라. 덧없는 기다림이란 심신을 피곤하게 하고 밤만 되면 내리는 눈이 삭막함을 더해줄 뿐이다. 그리하여 모두들 얼굴에 짜증스러운 모습이 나타나고 눈에 띄게 야위어간다.

이제 등반이 막바지에 들어서면서 정상등정에 대해 심사숙고를 하지 않을 수 없었다. 날씨 관계로 단번에 총력전으로 오른다는 오늘의 결정은 지극히 타당한 것이다. 등정조와 지원조 명단도 발표되었다. 이는 최선의 선택이라고 본다.

회의 전 대장님과 조용히 면담을 가졌고 나 자신이 구상하고 있던 의견도 후련하게 말씀드렸었다. 이제 나는 정상에 대한 미련을 완전히 버리고 지원 A조로서 임무에 충실해야만 한다.

날씨가 나빠도 우리는 소위 결정적인 순간을 위해 캠프1이나 캠프2까지 모든 수송 작전에 차질이 없도록 다시 한 번 재점검할 필요가 있었다. 김현수, 홍옥선, 송영호가 자청하고 나서서 곧 ABC로의 수송 작전을 폈다.

각자 20kg의 무거운 짐을 지고 BC를 출발했다. 이들은 ABC 창고를 하루 종일 정리한 후 캠프1과 2까지 올라갈 예정이다.

싸늘하고 음산한 날씨에 비까지 주룩주룩 내리는 밤에는 따끈한 차를 마시면서 영화감상을 하는 것이 제격이리라. 대원들이 영화감

베이스캠프에서 영화구경에 몰두하는 대원들

상을 즐기고 있을 때 나는 민상기와 함께 밖으로 나왔다.

우선 맛있는 과일 통조림을 들고 고레따가 있는 텐트로 위로차 갔다. 마침 쥴리와 함께 있던 고레따가 무척 고마워한다. 무슨 말이 위로가 되겠는가. 사실 요즈음 그녀를 대하는 일이 조금 두렵다. 마주치지 않는 것이 오히려 마음 편하다.

민상기와 나는 다시 오스트리아 팀 캠프로 발길을 옮긴다. 가까이 가니 아름다운 음악소리가 흘러나오고 있는 것이 아닌가. 오스트리아의 프로 등반가이드 7명과 쿠르드 영감이 이탈리아 의사가 연주하는 기타 반주에 맞추어 노래를 부르고 있다. 이들의 노래 솜씨는 일품이었으나 얼굴에 수염이 가득한 사나이들이 진지한 표정으로 열심히 노래를 불러대는 모습이 아주 독특해 절로 웃음이 나온다.

비가 주룩주룩 내리는 지구의 오지 끝에서 산사나이들의 노래를

오스트리아 캠프에서 우리와 두 팀이 노래 부르기. 기타 연주는 쿠르드 디엠베르거

듣는 순간은 너무나 환상적인 즐거움이다. 나중에는 정부연락관들도 합류했다. 그들의 노래까지 이어져 즐거운 시간이 더욱 감미롭게 흘러가고 있었다. 우리도 노래를 불렀다.

이탈리아 의사의 기타연주 솜씨는 완전히 프로급이었으며 쿠르드 영감의 기타솜씨도 훌륭했다. 이번 K2에 몰린 모든 산악인들 중에서 가장 키가 큰 바셀바퍼의 요들도 수준급 이상이었다. 정말 잊지 못할 환상적인 밤이다. 이 즐거운 자리에서 꿈과 같은 두 시간을 보낸 후 우리 캠프에 돌아오니 그냥 자리에 눕기가 아쉬워 부엌으로 들어가 국수를 끓였다.

여전히 눈과 진눈깨비 그리고 비가 교대로 내리고, 하늘은 언제나 잔뜩 찌푸리고 있어 K2와 브로드피크는 전혀 구경할 수가 없다. 나는 혼자 있을 때는 언제나 우리의 계획이 잘 되었는지를 깊이 검토해 보곤 했다.

날씨만 잘 맞아준다면 틀림없이 성공할 수 있는 작전임에는 분명했으나 날씨가 과연 언제까지나 지속적으로 좋을 것인가는 미지수였다. 한참을 고민 끝에 결국 계획에 약간의 수정을 했다.

날씨가 4일간만 좋다가 나빠질 것이라는 가정을 세우고 4개 지원조가 이틀로 나누어 출발하게 되어있는 것을 등정조보다 하루 먼저 모든 지원조가 한꺼번에 출발하도록 하루를 줄였다.

또한 지원조의 출발일은 날씨가 좋을 것이라고 믿어지는 바로 전날에 출발하도록 했다. 그렇다면 아직 날씨가 나쁜 요즈음에 가능한 한 최대한의 물량을 캠프2까지 올려놓을 것이며, 반면에 BC에 있는 대원들에게 충분한 휴식과 맛있는 음식, 즐거운 시간을 갖도록 하여 최상의 컨디션을 유지시키는 데 최선을 다한다는 계획이 수립되었다.

오후에 해가 잠깐 뜨자 그 사이에 헬기가 왔다. 고레따와 의사를 후송시키기 위해서다. 헬기가 오니 당사자인 고레따는 쭈그리고 앉아 소리 없이 울고만 있다. 막상 이곳을 떠나려니 더욱 슬퍼지는 모양이다.

부부가 함께 이곳에 와서 남편을 K2의 품 안에 놓아두고 홀로 떠나려니 오죽이나 마음이 무겁겠는가. 그녀는 평생 K2의 BC생활을 잊지 못할 것이다. 그러나 영원히 이곳을 다시 찾지는 않겠지.

다음날도 여전히 악천후다.

당분간 쉽게 날씨가 개일 것 같지 않다. 도대체 이해가 안 간다. 지난 20년간의 이곳 기상도를 봐도 7월은 매년 좋고 화창한 날이 20여 일 정도 유지되었었다. 그것도 한번 좋아지면 10일 정도 계속해서. 여태까지 K2를 오른 모든 팀들은 이렇듯 좋은 날씨를 만나서 성공했다. 금년에도 예외는 아니다. 그러나 이번 날씨는 7월초에 며칠 좋더니만 그것으로 그냥 끝나버렸다. 진짜 체르노빌 방사능 핵 누출사고 때문일까?

왜? 왜? 좋다! 장기전에 대비해 마음을 더욱 느긋하게 먹자. 하지만 생각과 달리 가슴은 부글부글 끓고 있다. 김현수와 송영호가 캠프1로 수송을 위해 떠나고 송정두도 포터들을 이끌고 ABC로 진출했다.

홍옥선은 하루 더 ABC 작업을 하기로 했다.

심한 바람이 텐트를 강타한다. 펄럭거리는 텐트 소리가 악마의 웃음소리보다 더 징그럽다. 온종일 심한 바람과 진눈깨비 뿐이다. 이 찌푸린 날씨에도 현수와 영호는 캠프1을 향해 오를 준비를 한다.

혹시 바람에 날아갈지도 모른다며 배낭을 더욱 무겁게 만들고 있다. 참 믿음직한 친구들. 혼자 ABC를 왔다 갔다 하며 생각에 잠긴다. 만약 실패했을 때 모든 산악인의 실망, 그리고 질시, 원망, 비웃음…… 초조해진다.

그러나 우리는 해낼 것이다. 쿠르티카인지 비엘리스키인지 누가 말했던가? '등산은 인내의 예술'이라고. 맞아. 끈질긴 끈기와 인내로 끝까지 물고 늘어지는 거다.

이날 밤도 영화감상에 들어갔다. 요즈음은 더욱 밤이 두려워진다. 낮에는 누군가와 이야기라도 할 수 있어 그런대로 괜찮으나 밤에 혼자 얼어붙은 텐트 안에 들어가 잠을 청하려면 여간 큰 고역이 아닐 수 없다.

영화구경 후 압력솥을 이용하여 낮에 배종원이 만들어 놓은 시루에 옥수수떡을 만들어 먹으며 밤늦도록 이 얘기 저 얘기로 시간을 보낸다. 그렇다고 밤을 새울 수는 없는 노릇 아닌가. 텐트 안에 들어가 잠을 청하나 자꾸 담배만 피우게 되고 한숨만 나온다. 얼마 전만 해도 어떻게 수송 작전을 펴느냐로 머릿속이 아팠는데 요즈음은 불안한 생각뿐이다. 어쩌면 실패할지도 모른다.

실패하면 어떻게 되나. 대원들이야 좋은 경험을 쌓게 되었으니 다음 등반의 더욱 알찬 밑거름이 되겠지만, 나의 경우 무슨 낯으로 귀국할 수 있을까. 나를 키워주신 선배님들, 이 큰 원정을 성사시킨 대한산악연맹 임원님들과 그 외에 수많은 산악인들을 무슨 면목으로 대한단 말인가.

모든 것이 두렵다. 날씨는 벌써 2주째 악천후가 계속되고 있다. 너무 심하다. 등반 불가능이다. 도대체 우리가 성공하지 못한다면 누가 한단 말인가. 착실한 4년간의 국내훈련, 3차례의 정찰, 짜임새 있는 준비과정, 여유 있는 식량, 충분한 장비, 부족하지 않은 자금, 훌륭한 대원들, 그동안 불순했던 사건도 없었고 사욕을 가진 대원도 없다.

산소도 올려놓고 작전도 괜찮다. 대원들도 모두 건강을 유지하고 있다. 팀워크도 좋다. 그러나 멀쩡하게 계속 BC에 머무르고 있으니 정말 답답한 노릇이다. 이건 분명히 하늘이 노했기 때문이다.

'77 한국 에베레스트 원정대의 김영도 대장님은 신앙심이 깊으셨는데, 나는 손톱만큼의 믿음도 지니지 못한 때문일까. K2가 더 이상 접근을 허용하지 않기로 마음먹었는가.

날씨는 당분간 좋아지지 않을 것이 분명하다. 대장인 나부터 우선 매사에 깊이 반성을 하자. 그리고는 대원 앞에서는 절대로 약한 마음을 노출시키지 말자. 그들이 나를 욕해도 좋다. 나로서는 한 사람의 희생자도 없도록 하며 원정을 기필코 성공시키면 된다. 내가 모든 욕을 먹고 모든 벌을 받더라도 이 두 가지는 꼭 이루어야만 한다.

'하늘이시여, 저에게 힘을 주시고 우리 원정대를 도와주시옵소서!'

등정

목숨 건 도박

K2에서 꽃핀 사랑

다음날도 여전히 악천후였지만 우리의 각 캠프 수송 작전은 캠프2까지 연장되었다. 송영호가 캠프2로 올라간 것이다. 고소포터들은 원정의 성공에는 별 관심이 없는 듯 날씨가 나쁘면 온갖 핑계를 대가며 꼼짝하려 들지를 않는다. 그동안 이들과 함께 생활하며 느낀 바는 이들에게 절대로 정을 주면 안 된다는 것이다.

네팔의 셰르파족과는 또 다르다. 이들은 거짓말도 잘하고 꾀가 많다. 셰르파처럼 헌신적으로 일하지도 않는다. 그러면서도 프라이드는 왜 그리 강한지. 이슬람과 라마의 종교차이일까. 물론 훌륭하고 멋진 친구들도 있다. 그러나 개성이 너무 강한 이들이기에 문제가 없을 수 없다.

몇 사람을 해고시키기로 했다. 우선 피 토하는 폐병환자 2명을 해고시켰다. 규정에 의하면 지급해준 장비들은 회수하게끔 되어있지만 그냥 모두 주었고 그동안 수고했다고 보너스까지 주었더니 아주 좋아한다.

나쁜 날씨에도 불구하고 폴란드 팀은 오늘 밤에 등반을 개시하겠다고 한다. 공연히 무리하지 말고 날씨가 좋아질 기미가 보이면 그때 우리와 같이 BC를 떠나자고 말렸더니 야누스 대장은 차라리 캠프1에서 기다리겠다고 한다. 이들도 꽤나 답답한 모양이다.

수염이 덥수룩한 야누스 마이어 대장은 헌신적이고 인간미 넘치는 매력 있는 인물이지만 그도 고충이 많은가보다. 이들은 정말 무르프카만 남고 6명 모두 이날 밤에 BC를 떠났다.

영국인들은 BC에 도착한지 벌써 두 달이 넘고 있었다. 이들은 28일 철수하기로 결정했고, 이미 10일 전에 로컬포터를 올리려고 한 대원이 마을로 내려갔다. 영국 BC를 방문해 보니 퍽 운치 있게 캠프들을 설치해놓았다. 영국 본토와 직접 통화할 수 있는 햄 시스템도 갖추고 있었다.

이번 K2 베이스캠프의 이태리, 미국, 국제 팀 등 서구 팀들이 베이스에 설치한 큼직한 대형 돔형 텐트는 작년까지만 해도 보지 못했던 초대형이다. 아마 금년부터 서유럽시장에서 판매되는 최신형인가 보다. 영국 팀의 베이스에도 두 동이 설치돼있다.

영국 팀은 등반대원 10명과 의사 1명으로 구성된 정예 팀으로 모두 그 유명한 전통의 영국산악협의회(BMC) 회원들이다. 1960년대와 70년대 알프스와 히말라야를 휩쓸던 경험 많고 노련한 중견산악인들로 구성된 팀으로 놀랍게도 리더가 가장 나이가 어리다.

34세의 앨런 라우즈가 대장이다. 이유를 물으니 앨런의 직책이 제일 높기 때문이란다. BMC에는 부회장이 여러 명 있는데 청소년 담당 부회장은 30대에서 맡기로 되어있으며, 현재 앨런이 맡고 있다고 한다.

무르프카와 앨렌이 우리 루트를 따라 등반 중에 잠시 휴식.
이들은 아직도 내려오지 않고 있다.

몇 사람의 대원은 이미 철수했고 이들의 정부연락관도 철수해버렸다. 사실 K2를 제일 먼저 발견한 나라는 영국이고 이 지역을 오랫동안 통치하던 국가도 영국이다. K2라는 이름을 붙인 것도 영국인이고 K2 높이를 측정해 낸 고드윈 오스틴도 영국이다.

콩코르디아까지 최초로 진출한 나라도 영국이었음에도 불구하고 유독 이 지역의 최고봉만을 영국인이 아직 등정 못하고 있으니 그들의 자존심도 많이 상했으리라.

영국산악협의회에서는 이번에 백전노장의 멤버로 정예팀을 구성하여 기필코 성공하려고 시도했지만 또다시 좌절감만 맛보며 쓸쓸히 퇴진하게 되었다. K2가 받아주지 않은 것이다.

이들 대원 중 쌍둥이 대원이 있었는데 그 중 에이드리언 버게스와 각별히 친해져서 그동안 진지한 대화를 많이 나눌 수 있었다.

그는 크리스 보닝턴, 두갈 헤스턴, 마이크 버크, 덕 스코트, 죠 테스커, 피터 보드맨 등 기라성 같은 영국인들과 함께 알프스와 히말라야를 등반한 경험이 있어 숨겨진 재미있는 일화를 들려주곤 했다. 그러나 지금 이들 영국인들은 철수준비에 바쁘다. 더 이상 미련이 없는 듯하다.

오스트리아 팀도 철수계획을 짜고 있었다. 이들 중 4명은 8월 3일 철수하고 나머지 3명은 10일경 철수키로 결정했다. 그 사이에 K2를 오르던 못 오르던 간에, 쥴리도 3일 오스트리아 팀과 함께 철수한다고 한다.

쿠르드는 기다릴 때까지 기다려보다가 한 번만 더 시도해본 후 철수하자고 쥴리를 향해 애원한다. 수염이 덥수룩한 쿠르드 영감이 쥴리 아줌마에게 애원하는 모습이 마치 순진한 소년같이 느껴진다.

브로드피크를 등반하겠다던 반다도 결국 헬기로 스카르두를 향해 떠났다. 오후가 되자 쵸코리사 등반대라는 다섯 명의 영국인 청년들이 놀러왔다. 20대 중반쯤 젊은이들인데 국제 팀이 철수한 베이스 자리에서 이것저것 뒤지며 먹을 것을 챙기고 있다.

신사의 나라 영국의 원정대가 다른 팀이 철수할 때 버리고 간 것들을 열심히 뒤지고 있는 모습은 오히려 낭만이 있어 보인다. 솔직해 보이기도 하고. 그들이 젊기 때문일까. 만일 가난한 나라의 원정팀이 그랬다면 어쩌면 아주 초라해 보였을지도 모른다.

오늘은 캠프1에 있는 김현수의 생일이다. 생일잔치는 그가 BC에 내려온 후 하기로 하고 우선 축하의 뜻으로 모두 한 곡씩 노래를 선사했다. 제일 높은 곳에 홀로 앉아 삼라만상을 굽어보며 한 곡조 부르겠다는 캠프2의 송영호가 '달맞이꽃'이란 노래를 부른 것을 시작으로 모두 한 곡씩 불렀다. 임경수와 배종원은 앙코르가 쇄도해 몇 곡씩 불러야만 했다.

노래를 잘 부른다는 것은 말 잘하고 글 잘 쓰는 것과 마찬가지로 부모님에게서 물려받은 아름다운 무형의 자산이라 노래 잘 부르지 못하는 나에게는 지극히 부러움의 대상이다.

다음날도 여전히 비와 진눈깨비에 강한 바람마저 불어댄다. 캠프2의 송영호는 이 상태에서 캠프3으로의 진출은 불가능하다고 전해온다. 캠프1과 2 사이의 수송은 예정대로 김현수와 홍옥선이 담당했다.

BC의 대원들은 기다리기에 지쳤는지 일부는 사보이아피크로, 일부는 K2 북릉을 정찰하러, 또 나머지 일부는 브로드피크 BC를 방문하기도 하고, 사진 찍으러 여기저기 돌아다니기도 한다. 장병호는 이왕이면 짐 하나라도 ABC에 더 올려다 놓겠다며 묵직한 배낭을 멘다.

거의 3주째 날씨가 엉망이다. 기가 찬다. 하루 빨리 등반에 나서고 싶다. 모두들 지치고 피곤한 모습들이다. 그러나 서로 그런 내색을 안 하려고 노력하고 있다. 대장님은 무슨 생각을 하고 계실까.

지금 기분 같아서는 날씨에 구애받지 않고 '전원출동!'이란 명령을 내렸으면 좋겠다. 답답한 기다림보다는 차라리 등반하다 쓰러지는 편이 나을 것 같다는 심정뿐이다. 요즈음 대원들의 입에선 설악산과 동해바다 이야기가 자주 오르내린다. 소주와 생선회 대목에서는 모두 다 군침을 흘리고…….

7월 26일, 하늘은 여전히 잔뜩 찌푸린 채 비와 진눈깨비가 강한 바람을 동반해 우리를 괴롭힌다. BC 안에서 왔다 갔다 하려면 우산을 써야했다. 날씨가 심술을 부리면 과연 얼마나 혹독한지 톡톡히 맛보라는 하느님의 가르침일까.

계속된 악천후 속에서도 캠프2까지 정상공격 준비를 끝내고 내려오는 자랑스러운 사나이 김현수, 홍옥선, 송영호, 송정두가 안개 속을 뚫고 BC로 오고 있다. 입술이 터지고 얼굴의 살갗이 벗겨져 몰골은 아주 흉측스럽지만 마치 전쟁영화에서 승리하고 돌아오는 전사들처럼 보여 든든하다.

이날 저녁은 김현수의 생일 파티랍시고 제법 거창한 식사가 준비되고 있었다. 모두들 한 가지씩 선물을 준비한다고 야단법석이다. 대나무를 잘라 만든 담배파이프, 속내의, 팬티, 장갑, 양말, 볼펜 등 모두들 하나씩 내놓는다.

하관용은 멋진 생일케이크를 만든다. 이윽고 현수가 케이크의 촛불을 끄자 모두들 박수와 노래로 축하해주었다. 이때 배종원 대원이 잘 포장된 봉투를 현수에게 주면서 한마디 한다.

"이건 말이야, 우리가 출국할 때 네 마누라가 너 몰래 나에게 주며 꼭 간직하고 있다가 네 생일날 주라고 부탁한 거야. 그동안 이 선물 간직하고 있느라고 아주 혼났어. 뭔지 빨리 꺼내 봐."

대원 모두의 시선은 현수의 손끝에 집중되었다. 먼저 뜨거운 사랑을 고백한 내용의 생일축하 카드가 나왔다. 그 다음엔 제법 두꺼운 종이묶음이 나왔다. 그것은 다름 아니라 현수의 아내가 처녀시절 현수를 만난 후부터 사랑에 빠지기 시작하면서 즉, 연애할 때부터 결혼하여 현수가 출국하기 전까지 수년간 현수를 향한 그녀의 깊은 사랑의 일기를 그대로 복사하여 보낸 것이다.

이 선물을 받고 순간 눈물이 글썽한 현수를 보며 정말로 이들 부부는 멋진 한 쌍이라고 생각했다. 이 세상에 아름다움이라는 것이 있다면 바로 이런 것이겠지.

현수의 아내는 현수와 연애하기 전부터 내가 잘 알고 있는 여자다. 이름은 박인숙, 성신여대 음대 작곡과를 졸업한 후 수년간 고등학교에서 음악교사로 있었다. 어느 날인가 그녀가 이봉희란 친구와 함께 내가 소속한 은벽산악회를 찾아와 꼭 가입하고 싶다고 한다.

당시 내가 산악회를 이끌고 있을 때라 보다 체계적인 교육을 받도록 하기 위해 한국등산학교 제15기 정규반에 그녀들을 입교시켰다.

우리 대원 중 홍옥선은 그러니까 그녀와 한국등산학교 동기동창인 셈이다. 정규반을 수료한 그녀는 그해 한국등산학교 암벽반까지 수료하여 어엿한 은벽산악회 회원으로 산행을 하게 되었다.

그녀는 두터운 신앙심을 갖고 있었으며, 차분한 성격에 암벽이나 빙벽등반 실력도 수준급에 이르러 때때로 나는 암벽등반 시 그녀에게 톱을 맡기고는 뒤따라 오르기도 했다. 한번은 산악인의 애절한 사랑을 그린 〈빙벽〉이란 영화의 여주인공 대역으로 빙벽등반 장면에 출연해 일부 잡지에서는 그녀를 여주인공 못지않은 미모를 지닌 여성 산악인이라 하여 대서특필한 적도 있다.

대원들이 출국 전 서울 모처에 창고를 정하고 포장작업을 할 때 지방대원 모두에게 아무런 불평 없이 40일간 숙식을 제공하며 뒷바라지한 것도 그녀였다. 이들 부부가 아직 1년도 안 된 신혼임을 감안할 때 그녀의 남편에 대한 헌신적인 사랑은 실로 대단한 것이다.

이즈음 영국의 앨런 라우즈와 폴란드의 무르프카와의 묘한 관계가 이곳 K2에 있는 모든 산악인들에게 대단한 화제가 되고 있었다. 앨런 라우즈는 약간 쉰 목소리에 언제나 밝고 쾌활한 성격의 소유자다. 무르프카는 서구 여인 중에서도 미인 축에 들 정도의 미모를 지닌 역시 밝고 명랑한 개구쟁이 같은 여자다. 세 살 난 딸이 있다고는 하지만 아주 탄력 있는 몸매를 지녀 주부처럼 보이질 않는다.

앨런과 무르프카는 서로 초대받고 초대하면서 서서히 사랑에 빠진 것 같다. 이들 두 사람은 저녁때가 되면 이곳 고드윈 오스틴 빙하 위를 정담을 나누며 산책하곤 했다. 오스트리아의 미하엘은 이들이 꼭 껴안고 있는 광경을 몇 번 목격했다고 하고, 이들이 빙탑 사이에서 서로 키스하고 있는 장면을 보았다는 사람도 몇 명 있었다.

영국 팀이 모두 철수함에도 불구하고 대장인 앨런이 며칠 더 남았다가 폴란드 팀과 함께 철수하겠다고 고집을 부리는 이유도 그가 무르프카와 사랑에 빠졌기 때문이라고 영국대원들은 공공연히 떠들어대곤 했다.

폴란드 팀이 모두 등반하는데 무르프카만 혼자 BC에 남게 되자 앨런 때문에 그렇다는 크리스티나의 말도 틀린 얘기는 아닌 것 같다. 나중에는 남의 이목은 전혀 개의치 않고 사랑을 나누는 정도가 되어

미모의 폴란드 무르프카와 함께 왼쪽 송정두, 정상모 대원

버렸다.

이날 저녁 어찌된 일인지 앨런이 샴페인 한 병을 들고 오더니 나에게 준다.

"이 샴페인은 우리들이 성공한 후 축배를 들려고 간직했던 것입니다. 그러나 우리는 이제 철수하게 됐으니 당신들이 등정에 성공한 후 축배로 드십시오."

"고맙습니다."

간단히 대답하자 미소 띤 얼굴로 "나는 그것을 반드시 믿고 있습니다."라고 말하며 폴란드 캠프로 달려간다. 그곳에는 무르프카가 혼자서 커피를 끓이며 그를 기다리고 있었다. 그 달리는 뒷모습을 쳐다보며 민상기 대원이 마치 판사처럼 점잖게 단언한다.

"저 친구, 무르프카에게 빠져도 단단히 빠졌어. 만약 영국 팀이 철수한 후 대장인 앨런이 정말 남는다면 영국 팀과 폴란드 팀의 모든 대원들이 좋아할 리가 없어. 입장을 바꿔 생각하면 쉽게 알 수 있지. 왠지 모르게 불길한 예감이 드는 걸."

임경수도 기자답게 한마디 거든다.

"영국 팀 리더와 폴란드 팀 여자대원 간의 로맨스라! 아니, 영국의 노총각과 폴란드의 유부녀와의 애틋한 로맨스라, 어느 것이 더 뉴스감으로 그럴 듯한 타이틀이냐, 그것이 문제로다."

"'K2에서 꽃핀 어느 사랑의 이야기'가 더 그럴듯한 것 같은데." 유재일이 옆에서 거든다.

7월 27일 아침이었다. 오스트리아의 알프레드 대장이 씩씩거리고 뛰어오더니 고도계가 낮아졌다며 이제 서서히 날씨가 좋아질 것이 분명하다고 좋아한다. 우리들도 방금 날씨가 대략 3일 후쯤부터 좋아질 것 같다는 이야기를 하던 참이었다. 그러나 주위 날씨는 여전히 안 좋은 상태다. 폴란드 팀은 기진맥진한 상태로 철수하고 있다.

"결국 하산하고 있군. 며칠 더 쉬면서 날씨를 좀 더 관망하자고 말렸는데 그 말을 안 듣더니 괜히 며칠 헛고생만 한 셈이군." 하고 중얼거리는데 옆에서 하관용이 또 예의 익살을 부린다.

"거 보라구, 짜식들. 우리 대장님 말씀을 안 들으면 저렇게 된다니깐."

"야, 너 지금 누굴 약 올리는 거냐?"

"그럴 리 있습니까? 나는 오직 진실밖에는 말할 줄 모릅니다. 진실밖에는." 하며 엄숙하게 말한다. 이런저런 얘기로 서로 잡담을 나누고 있는데 날씨가 흐린 상태임에도 불구하고 헬기가 온다. 웬 일일까? 지금 후송시킬 환자는 없는데…….

  헬기는 폴란드 팀 정부연락관을 데리러온 것이다. 폴란드 팀의 연락관은 육군중위다. 이태원 술집들을 여기저기 기웃거리는 양아치 미군졸병같이 생겼다고 최덕신 대원이 그에게 '이태원'이란 별명을 지어주었다.

  나중엔 우리뿐만 아니라 이곳의 모든 사람들이 그를 '이태원'이라고 불렀다. 헬기 조종사는 이태원의 아버지가 위독하다고 전해준다. 이태원은 그 소리에 놀라 얼른 헬기로 뛰어오르는데 그사이에 눈물이 글썽하다. 이들도 부모님께 대한 마음은 굉장한 모양이다. 조종사는 우리 연락관 자히드 대위에게 귓속말로 사실은 그의 아버지가 돌아가셨다고 전해준다.

  대원들은 따분하고 지루하여 뭐 할 것이 없나하고 두리번거리다가 이내 누군가의 제안으로 BC 대청소를 시작했다. 잡념을 없앨 최상의 방법이라도 찾아낸 듯 모두들 즐거운 표정으로 열심히 BC 정리를 한다. 찌그러진 텐트는 단단히 고치고 바닥이 불편한 텐트는 아예 뜯어 옆으로 옮기는 작업이 펼쳐졌다.

  일부는 쓰레기더미 위에 석유를 잔뜩 뿌리고 소각시키고 있다. 그동안에 버린 배터리와 EPI 가스통이 펑펑 터지는 소리가 심상치 않게 들린다. 어떤 배터리는 다이너마이트 터지는 요란한 소리를 내며 쏜살같이 20m 정도 날아간다. 이거 재수 없다간 K2까지 와서 졸지에 파편에 맞아 죽는 거 아냐.

우리를 따라 오스트리아와 폴란드 팀도 BC청소와 쓰레기 소각을 시작했다. 이윽고 짙은 안개 속의 이곳 BC 곳곳에서 가스통과 배터리가 펑펑 터지는 위험한 불꽃놀이가 시작됐다.

총력을 기울여라

며칠 전 ABC에서 내려온 고소포터 한 명이 BC로 내려올 때 주워온 것이라며 파란 스웨터와 장갑을 갖고 있었다. 우리 본부텐트에서 인삼차를 마시고 있던 오스트리아의 빌리 바우어가 그 포터를 보더니 깜짝 놀라며 벌떡 일어난다. 워낙 크게 놀라기에 옆에 있던 나까지도 영문을 모른 채 바짝 긴장을 했다.

빌리는 저 스웨터가 바로 캠프3 텐트 안에 넣어둔 자기 것이라고 말한다. 쿠르드 영감도 옆에 있다가 저 포터가 끼고 있는 장갑은 7,900m 지점의 이탈리아 캠프4에 있던 자기 장갑이라며 크게 놀란다. 빌리의 표정은 일그러진 채 굳어있다. 그렇다면 요즈음 계속되는 궂은 날씨에 7,500m의 오스트리아 팀 캠프와 7,900m의 이탈리아 팀 캠프가 모두 눈사태로 빙하까지 밀려 내려왔다는 이야기가 된다.

"아니, 그렇다면!"

우리들은 동시에 외마디 소리를 질렀다.

오스트리아 캠프3은 우리 캠프3과 불과 3~4m 밖에 떨어지지 않은 가까운 위치다. 사실 우리가 그 자리에 캠프를 설치하려고 했었는데 오스트리아 팀이 하루 차이로 먼저 좋은 자리에 캠프를 설치해 할 수 없이 그 위쪽 경사진 곳에 칠 수밖에 없었다. 이들의 캠프가 박살

캠프2를 향해 오르는 대원. 바로 아래 캠프1과 그 아래 고드윈 오스틴 빙하가 보인다.
(급한 경사도를 짐작할 수 있다.)

이 났음은 분명하고 우리 캠프라고 온전할 리가 없다.

그곳에 많은 식량과 장비 그리고 정상 등정에 사용할 산소까지 이미 힘들여 올려놓았는데 만일 우리 캠프3도 박살이 났다면 이건 정말 큰일이다. 캠프2까지는 그래도 며칠 전에 수송조가 잘 정리해놓아 괜찮을 것 같으나 그 역시 마음이 놓이질 않는다. 민상기가 망원경으로 한참을 살펴보더니 캠프2는 그대로 있다고 전한다. 사실 BC에서 볼 수 있는 캠프는 오직 캠프2 밖에 없다.

"우리 캠프3도 안전하다고 볼 수는 없어. 확률적으로 10% 미만이야."

"우리 캠프3은 오스트리아 캠프보다 거주성은 좋지 않으나 반면에 맞바람은 약간이나마 피할 수 있는 자리고 눈을 깊이 깎아 단단히 설치했기 때문에 50대 50의 확률로 봅니다."

장 부대장이 조심스럽게 말한다.

"어쨌든 우리 캠프3도 박살이 났다고 보고 계획을 수정하는 것이 보다 확실한 방법일 거야."

윤 등반대장이 심각한 표정으로 말을 꺼낸다.

"그야 물론이지. 어차피 그곳에 도착하기 전까지는 확인할 수 없는 노릇이니 일단은 무너졌다고 보고 수송계획을 수정할 수밖에 없지."

봉완이도 대표의 의견에 동의한다.

"좋았어. 그렇다면 저 포터가 들고 온 스웨터와 장갑이 우리에겐 아주 귀중한 정보를 적절한 시기에 제공한 셈이 되었군. 일단 지원조들은 등정조가 캠프3 이상에서 사용할 모든 장비를 다시 갖고 올라가도록 하지."

우리는 곧 각 캠프에 지금 쌓여있는 모든 물량을 다시 차근차근 점검하기 시작했다.

7월 28일은 유재일 대원의 생일이다.

생각해 보니 우리가 한국을 떠난 후 홍콩에서의 배종원 생일을 시작으로 송영호, 송정두, 임경수, 김현수의 생일을 차례대로 맞이했다. 약 20일 후에는 박승기와 장봉완의 생일을 맞이하게 되니 이번 원정기간 중 무려 8명의 생일을 치르게 된 셈이다.

나는 잠이 오지 않아 거의 뜬눈으로 밤을 새우고 새벽 5시쯤 밖으로 나왔다. 밤새 내린 진눈깨비로 빙하 위는 꽁꽁 얼어붙었으며 을씨년스러운 안개 속에 새벽은 언제나 추웠다. 물을 끓이기 시작하는데 정 박사와 BC매니저 최덕신 그리고 하관용이 본부텐트 안으로 들어온다.

관용이는 식사책임을 맡고 있으니 당연했지만 최 대원과 정 박사는 언제나 일찍 일어났다. 그 이유는 단 하나. BC를 출발하는 대원들에게 무언가 조금이라도 도움이 될 일이 없을까하여 늘 일찍 일어나곤 했기 때문에 오늘같이 전 대원이 쉬는 날에도 언제나처럼 일찍 기상한 것이다. 나는 새벽 공기를 들이마시며 한참을 곰곰이 생각하다가 출발일을 결정했다. 아침식사 때 그 계획을 이야기했다.

"모든 지원조는 내일 ABC로 출발하자. 오늘은 재일이 생일이니 모두 즐겁게 쉬면서 각자 출발준비를 끝내라. 그리고 내일 점심을 먹고 오후에 ABC로 떠나자. 등정조는 다음날 출발이다."

아직 날씨가 개일 것 같지 않은데 너무 빠르지 않느냐는 의문을 제기하는 대원은 한 사람도 없다. 모두 이제 올 것이 왔구나 하는 심정인 모양이다. 이들에겐 지금 어떠한 말도 필요 없으리라. 나는 순간 도박판에서 단 한판에 가진 돈을 몽땅 거는 기분이 들었다.

도박장에서는 돈만 잃으면 그만이지만 우리의 경우 어쩌면 목숨까지 잃게 될지도 모르는 위험천만한 단판승부인 셈이다. 그래도 우리 팀은 이번에 실패하더라도 모든 면에서 재도전할 여유가 있지만, 다른 팀들은 모두 이번 기회가 마지막이고, 성공과 실패에 관계없이 무조건 철수해야 할 입장이다.

대원들이 BC에 많으면 많을수록 바빠지는 사람이 정 박사다. 이탈리아 팀이 BC를 떠난 후 이곳 K2에 의사라곤 한국의 정덕환 박사 한 사람뿐이니 별수 있겠는가. 동상치료 받으러, 관절이 아파서, 배가 아프다고, 잠이 안 온다고, 이가 아프다고, 피부가 꺼칠하다고 계속 줄을 잇는다. 마을에서 올라온 로컬포터들도 약을 구하러 꼭 우리 의사를 찾는다.

이 날은 예정대로 영국 팀이 철수하는 날이다. 이들은 일찍 로컬포터를 통해 짐을 내려 보낸 후 우리 캠프를 찾아왔다. 서로 반갑게 악수를 나누며 아쉬운 작별을 했다. 이들 백전노장들은 애써 여유를 보이며 쓰라린 패배감을 감추려했다. 이들은 두 달간을 버티며 등반에 매달렸지만 불과 7,300m 지점까지만 오른 채 후퇴하고 마는 것이다.

사실 세계 어느 곳에도 영국인의 발자취가 닿지 않은 곳은 없다. 영국인들처럼 지구촌 구석구석에 숨겨진 미지의 지역을 발견하고 탐험한 나라도 아마 없을 것이다. 그러나 그런 프라이드로 무장된 영국도 세계에서 가장 험한 산이라는 K2만은 아직 오르지 못하고 있다. 그러나 이들이 실력이 없어서 실패한 것은 물론 아니다. 한마디로 운이 없었던 것이다.

인간이 대자연과 싸워서 이길 수는 없다. 다만, 그 속에서 자기극복을 하며 목표한 곳에 도달하기 위해 인간은 자기 자신과 싸우는 것이다. 많은 사람이 정복이라는 단어를 함부로 사용하는데 이는 인간의 오만함에서 비롯된 것으로 자연은 결코 인간에 의해 정복당하지 않는다.

아무리 인간의 과학이 발달했다하더라도 대자연의 노도와 같은 힘에 비하면 바다 위에 떠있는 한 점 조각과 같은 존재일 뿐이다. 마찬가지로 K2가 노하면 절대로 인간의 힘으로 정상에 오를 수 없다는 평범한 진리를 이번 영국 팀의 패배에서 다시금 절감했다. 어찌 대자연의 오묘한 신비와 위대한 진리를 겨우 70~80년 살다가 흙이 되고 마는 하찮은 인간이 알 수 있겠는가.

우리들은 서로 주소를 교환하며 소식을 전하기로 약속하고 또 언젠가 히말라야나 또 다른 산악지방에서 틀림없이 만나게 될 것을 기약했다. 베이스캠프에 남아있는 모든 산악인이 전부 모여 기념촬영을 끝내자 마지막으로 동양의 신비가 가득 담긴 한국 차를 마시고 싶다고 한다. 마음껏 골라 마시라고 했더니 각자 서너 잔씩 골고루 마신다.

떠나는 그들에게 내려가면서 마시라고 인삼차를 한 박스 주었더니 어린애마냥 기뻐한다. 그러나 그것까지는 괜찮았는데 서로 많이 가지려고 야단법석이다. 이곳에 있는 모든 외국인들에게 한국의 인삼차가 남성의 정력증강에는 최고의 명약으로 인식되었기 때문이다. 세상의 모든 남성들은 정력제라면 사족을 못 쓰는 모양이다. 하긴 나부터도 그러하니…….

 영국 팀이 철수했으나 이 팀의 대장인 앨런 라우즈와 카메라맨인 짐 커런이 남아 폴란드와 우리 베이스 사이에 텐트를 치고 있다. 이들의 잔류에 많은 사람들이 신경을 곤두세우고 있다. 나는 관여할 의사가 없었으나 그렇다고 아예 모른 체 할 수도 없는 입장이다.
 지금 현재 이곳은 오스트리아 팀과 한국 팀의 연락장교 2명만이 파키스탄정부를 대변하고 있는 셈이나 이들은 혹시 앨런이 동남릉으로 등반하지 않을까 우려하고 있었다. 이들은 두 영국인을 불렀다.
 앨런은 연락장교 앞에서 절대로 등반하지 않을 것이며, 무르프카와 동남릉 캠프1정도 올랐다가 내려오고 또 다른 곳에도 다니며 폴란드 대장의 허가를 얻으면 무르프카를 데리고 먼저 철수할 것이라고 명백히 말한다. 짐 커런은 앨런이 대장인데 혼자 놔두고 갈 수 없어 그와 함께 철수하기 위해 기다리는 것뿐이며 등반은 이제 관심 없다고 한다.
 연락관들은 이들에게 이곳에 며칠 남는 것은 자유의사에 맡기겠으나 등반은 일체 불허한다고 통보했다. 이 나라 등반규정을 보면 정부연락관의 허가 없이 루트를 변경해 등반했을 경우 관광성에 벌금을 내야하고 또 앞으로 4년간 이 나라에 입국할 수 없다고 명시되어있다.
 그동안 이탈리아 팀을 비롯해 스위스인 2명, 스페인인 2명이 루트를 변경해 정상에 올랐으나 정부연락관의 사전승인을 받았었고, 앨런의 경우는 모든 대원과 그들의 연락장교도 완전히 철수한 마당에 홀로 남는 것이므로 엄연한 팀 이탈이며 위법행위라고 해석하고 있었다.

더욱이 루트를 변경한 등반은 용납될 수 없으며 그가 만일 정상에 올라도 그것은 한 명의 영국인이 불법으로 몰래 오른 것 뿐 결코 영국 팀의 등정으론 볼 수 없다고 강조한다.

앨런과 짐이 그들의 텐트로 가자 곧 폴란드의 야누스 대장이 연락관을 찾아왔다. 그는 지금 무르프카가 팀에서 이탈하여 앨런과 함께 있기를 원하는데 이는 매우 못마땅하며, 그녀가 만일 앨런과 동남릉을 오른다면 팀의 리더로서 결코 용납할 수 없다고 단호히 말한다. 야누스 대장은 자리에서 일어나며 무르프카의 남편은 자기와 절친한 친구 사이라고 의미 있는 말 한마디를 던진다. 나는 계속 옆에서 듣고만 있었다. 나중에는 오스트리아 팀의 부대장 하네스가 나를 조용히 부르더니 앨런과 무르프카는 동남릉 어디에서 대기하고 있다가 오스트리아와 한국 팀이 오르면 바로 그 뒤를 따라 정상까지 별 힘 안들이고 오를 심산이라고 설명한다.

나는 쿠르드와 쥴리가 바로 그 작전으로 정상도전을 시도하리라고 생각하고 있었다. 이는 이탈리아 팀이 이미 동남릉으로 올랐고 그 팀의 연락관도 이들이 계속 남아 등정을 시도할 것을 알고 있으니 별 문제가 없었으나, 앨런까지 지금 그런 생각을 하고 있다는 데에는 놀라지 않을 수 없었다.

결국 나와 하네스는 이들이 만일 정상까지 오르지 못한다면 관광성에 보고하지 않도록 연락관들을 설득하기로 하고, 이들이 정상까지 오를 경우에는 관여하지 않기로 합의했다.

이날 오후 오스트리아인 4명은 BC를 출발했다. 정상을 오르건 못 오르건 8월 2일까지 BC로 내려와야 한다는 말을 남기면서. 쿠르드와 쥴리도 이날 밤 BC를 떠났다. ABC에서 대기하고 있겠다고 말한다.

드디어 우리들이 계획한 지원조가 출발하는 7월 29일이 되었다. 흐린 날씨가 오후에는 점차 맑아지고 있었다. 점심식사를 맛있게 들고난 후 정상모를 선두로 배종원, 유재일, 김현수, 홍옥선, 송정두, 송영호, 권순호, 하관용에 이어 끝으로 윤대표 등반대장이 BC를 떠났다. 고소포터들도 뒤를 따랐다. 모두들 이번에야말로 끝장을 내고야 말겠다는 비장한 각오를 갖고 있었다.

다음은 윤대표 등반대장의 글이다.

> 이제 비로소 한판의 승부를 가늠하는 순간이 왔다. K2에서의 등반활동도 어느덧 한 달이 지나가 버렸으며 계속되는 악천후로 BC에 내려와 있는 대원들의 마음속에 지루함과 초조가 스며들기 시작한 지도 제법 오래 되었다. 이는 일찍이 전혀 예상 못했던 일이다.
>
> 당초 우리들의 계획대로 등반이 진행되었더라면 이미 K2를 끝내고 지금쯤 한창 브로드피크를 등반하고 있을 텐데. 우리는 아직 언제 K2 등반을 마칠지도 예측 못하는 상황 아닌가.

그동안 K2 주변 날씨 변화의 추이를 어느 정도 감지할 수 있게 되었다. BC에서 정면으로 보이는 쵸코리사에 검은 구름이 몰리면 그날 오후는 반드시 눈이 내리며 또 티베트 쪽으로 바람이 불어도 나쁜 징조다. 반면에 이 두 현상이 반대로 나타나면 날씨가 호전될 징조라는 것도 알았다. 마침내 날씨가 회복되려는지 이따금 쵸코리사 상공에 푸른 하늘이 잠시 나타났다가 사라지곤 했다.

우리는 그사이 수차례에 걸쳐 등정계획을 검토, 수정하곤 했으나 과연 날씨가 좋아져도 얼마만큼 계속 유지될지 심히 의심스러울 뿐이다. 모든 계획은 상당히 합리적으로 작성됐지만 한 가지 남은 어려운 결정사항은 산소의 사용여부였다.

무산소로 K2를 오르는 외국팀의 영향을 받아서인지 구태의연하게 산소사용을 꼭 해야하는가하는 의견이 제시되곤 했다. 우리 대원 중에 8,000m 고봉을 경험한 대원은 한 명도 없으며 K2는 8,000m를 겨우 턱걸이한 산이 아니라 9,000m에 육박하는 산이라는 사실을 간과해서는 안 되리라. 무산소 등정은 다른 8,000m에서 시도하고 K2에서는 차후의 과제인 것이다.

출발에 앞서 대원들의 모습을 보니 이번에는 기필코 해내겠다는 각오가 대단한 것을 느껴 믿음직스러웠다. 우리 지원 팀은 등정조를 최대한 도와야한다. 등정 팀은 봉완이가 잘 이끌어 끝내 우리 모두의 갈망을 후련하게 풀어 줄 것이다.

우리의 지원조가 출발한 후 오스트리아 팀의 2조 3명도 BC를 떠났다. 하네스 부대장은 하나밖에 없는 고글이 망가지면 큰일이라며 내 고글을 예비로 빌려갔다. 폴란드 팀도 2조로 나누어 1조가 이날 저녁 BC를 출발했다. 야누스 대장과 크리스티나, 안나의 2조는 내일 출발하기로 했다.

저녁을 먹고 등정조의 3명과 다시 한 번 등반일정을 검토하고 있는데 밖에서 누가 부른다. 야누스 대장이었다. 그는 약간 흥분하여 분노와 걱정이 교차되는 표정으로 말을 꺼낸다.

"지금 무르프카가 앨런과 함께 배낭을 챙기고 동남릉으로 향했습니다. 물론 나에게 보고도 하지 않고 몰래 말입니다. 만일 저들이 사고라도 당하거나 하면 이일을 어쩌지요?"

"너무 걱정하지 말아요. 경험 많고 노련한 앨런이 옆에서 잘 보살펴줄 테니까. 그리고 그들이 등정만 하지 않는다면 연락관을 잘 설득시킬 테니 그 점도 너무 걱정하지 마십시오. 앨런은 전통의 영국산악협의회 부회장이니 무모한 행동은 안할 것이라 믿습니다." 라고 그를 달래주었다.

ABC로 향하는 빙하의 설원 위에 두 개의 랜턴 빛이 움직이고 있는 것이 보였다. 앨런과 무르프카가 우리의 ABC로 향하고 있는 것이다. 주위는 부슬부슬 가랑비가 내리고 있는 가운데 칠흑 같은 어둠만이 있을 뿐이었다.

8,000m 위의 세계

위대한 지원조들

7월 30일은 등정 팀이 BC를 떠나는 날이다.

찌푸렸던 하늘도 한낮이 되자 우리의 등반을 격려라도 하는 듯 햇볕을 살며시 내보였다. 점심을 느긋이 끝마치고 등정조인 장봉완 부대장, 김창선, 장병호 3명이 천천히 일어섰다. BC에 남아있는 대원들과 굳은 악수를 나눈다. 서로 말이 필요 없다. 이들은 간단히 배낭을 꾸린 후 가벼운 마음으로 상쾌히 빙하 위를 디디며 나아간다. BC 주위의 날씨는 좋은 편이었으나 K2의 중턱 이상은 여전히 짙은 구름에 휩싸여 있다.

ABC에서는 이날 일찍 지원조가 캠프2로 출발했다. ABC에는 하관용이 대기하고 배종원, 홍옥선, 권순호는 캠프1에서 대기하기로 했고 나머지 6명은 캠프2로 올라갈 것이다. 이때의 심정을 김현수는 다음과 같이 말했다.

> 이제 마지막 기회인 듯하다. 이 기회를 놓치면 성공은 더욱 힘들어지겠지. 무려 20여 일간이나 날씨가 좋지 않더니 요즘 다

행히 조금씩 좋아지고 있다. 정말이지 끔찍스러웠다. 오스트리아 팀, 쿠르드 팀, 앨런 팀까지 끼어 우리의 ABC는 새벽부터 북적댄다.

우리들 지원조는 모두 컨디션이 최상인 편이다. 팀워크도 좋고 작전도 좋다. 이제 마지막 캠프4까지 물량수송만 잘하면 성공은 틀림없으리라 생각하며 아이젠을 단단히 맨다. 우리들은 한 발 한발 조심스럽게 그러나 힘 있게 설원 위를 걷기 시작했다.

이른 아침이라 그런지 굳은 눈에 발이 빠지지 않고 아이젠의 감촉도 좋다. 어느덧 등반의 리듬감각을 다시 찾을 수 있었으며 오르는 즐거움이 내 몸 전체에 넘쳐흘렀다. 이 상태라면 캠프1까지는 금방 오를 것만 같았다. 위에는 오스트리아대원들이 까마득히 보이고 밑에는 앨런 조와 쿠르드 조가 우리 뒤를 따라오고 있다. 불안정한 얼음이 우리들의 옆을 스치며 계속 위협하고 있었다.

이날 작은 문제가 하나 생겼다. 그동안 BC에서 쉬다가 대원들과 함께 올라간 포터 중 한 명이 캠프1로 오르던 중 등반을 포기하고 하산해버린 것이다. 컨디션이 안 좋다는 게 이유였다. 정말로 전혀 책임감이 없는 처사였다. 오늘과 내일 이틀간만 수고하면 되고 또 사전에 충분히 불러 당부했건만 그런 형편없는 행동을 하다니 정말 속이 상한다.

폴란드의 2조도 이날 출발했다. 모두들 '이번에야말로 결판내리라'는 비장한 자세다. 다음날인 7월 31일은 각 캠프별 지원 및 등정조의 진출이 활발하게 전개됐다. 배종원과 홍옥선은 캠프1에서 대기하고 있다.

> 9시 30분, 등정조가 이곳에 도착했다. 종원이 형과 내가 만든 콩나물비빔밥을 맛있게 먹고는 잠시 휴식하고 캠프2를 향해 올라가기 시작한다. 이들의 뒷모습을 아래에서 물끄러미 바라본다. 어쩌면 저들이 돌아오지 못할지도 모른다는 불길한 생각이 나를 두렵게 한다.
> 짙은 구름 속으로 그들의 모습은 사라져버리고 간간히 낙석이 구름 밖으로 나오면서 무섭게 아래로 떨어지곤 했다. 낙석들은 마치 무슨 입체영화를 보는 것 같이 우리들을 깜짝깜짝 놀라게 한다. 무사히 꼭 성공하기를……. 이럴 때 비로소 종교의 필요성을 느끼게 되는가 보다.

그런데 이날 뜻하지 않던 두 가지 일이 발생하여 우리를 크게 놀라게 했다. 첫째는 지원 A조를 리드하고 캠프4까지 올라가야 할 윤 등반대장이 갑작스런 몸살에 편도선이 붓고 컨디션이 몹시 안 좋은 상태라며 지원조의 임무를 포기한 것이고, 또 다른 하나는 캠프3까지의 수송을 맡은 포터 3명 중 2명이 등반이 겁난다고 ABC로 하산을 한 것이다.

윤 등반대장은 하루를 캠프2에서 휴식한 후 지원 B조의 일을 하기로 했다. 대신 지원 A조는 현수가 참여하면서 등반에 별 차질이 없었으나 포터들은 정말로 우리의 등반을 망치게 하는 것 같아 기분이 안 좋다. 화가 난다. 그리고 생각할수록 괘씸하다. 나는 전날 캠프1을 오르다가 기권한 고소포터와 말썽만 부리는 키친보이 중 한 명인 후세인을 해고시켰다.

캠프1의 권순호는 아침 일찍 캠프2로 향했다.

눈을 뜨자마자 텐트 밖으로 머리를 내밀었다. 하늘에는 몇 조각의 구름이 마치 돛단배가 노닐 듯이 띄엄띄엄 떠 있으며 사보이아피크는 마치 우뚝 선 바위섬 같았다. 그러나 K2의 상부는 여전히 구름 속에 드리워져 있을 뿐 주위의 대기는 얼음같이 차다. 바람이 잠잠한 것이 곧 좋아질 것 같은 예감이 든다. 서둘러서 출발해야지.

캠프2에 빨리 올라가서 지금 ABC를 떠난 등정조가 포근한 하룻밤을 지낼 수 있도록 준비를 잘 해놓아야지. 또 캠프3으로 지원하고 돌아오는 지원 B조를 위해 따뜻한 음료와 맛있는 식사를 준비해 놓아야한다.

캠프2에 도착했을 때는 아직 해가 중천에 떠 있었으며 아무도 없을 캠프에 인기척이 들려 깜짝 놀라니 식사준비를 하고 있던 대표 형이 불쑥 얼굴을 내민다. 안색이 아주 불편해 보인다.

늦은 시각이 되어서야 정두 형과 영호 형이 내려왔다. 캠프3의 상태가 아주 불량한 모양이다. 계곡에는 서서히 어두운 그림자가 깔리기 시작하더니 이내 주위는 온통 칠흑 같은 어두움으로 변했다. 별들이 드문드문 보였다가 사라지곤 한다.

나는 왠지 잠을 청할 생각이 나지 않았다. 내 옆에 봉완이 형, 창선이, 병호가 잠들고 있는 모습은 내일의 등반에 아랑곳하지 않고 평온하기만 하다. 하느님! 이들 곁에서 늘 같이하여 주시기를…….

이날 엄청난 고생을 감내한 팀은 등반대장 대신 정상모가 이끈 지원 A조였다.

조그마한 텐트와 바람이 밤새 연주하는 교향악은 악마가 지휘하고 마귀들이 연주하는 고약한 소리로 밤새 우리를 괴롭혔다. 밤새 잠을 설치고 난 다음날 아침은 언제나 좀 억울하다는 생각과 낮에 등반할 때 제 컨디션을 내지 못하면 어떻게 하나 하는 조바심으로 가득차곤 한다.
   아침식사 준비를 하는데 오스트리아 팀은 벌써 우리캠프를 지나 올라가고 있었다. 대표 형의 컨디션은 극히 저조했다. 현수가 교체되었고 포터 2명이 못 올라가겠다는 통에 졸지에 또 우리들은 무거운 짐을 나눠져야 했다. 캠프3으로 가는 길은 급경사이기에 제일 피로가 많이 나타나는 길이다. 한 걸음 한 걸음이 무겁기만 하다.
   캠프3의 광경은 처참한 모습 그대로였다. 오스트리아 텐트는 눈사태에 쓸려 천 몇 조각만 남아있고 다른 아무 것도 없었다. 오스트리아인들이 우리 텐트 안에 넉살좋게 누워있다. 나오라고 말하니 나올 생각은 전혀 없다는 투로 딴소리만 한다.

캠프3 안에서 본 능선. 왼쪽에 우뚝 선 마셔브룸이 보인다

　자기네들의 텐트가 없어져 어쩔 수 없이 우리 텐트를 사용했으나 눈에 거의 묻혀있는 우리 텐트를 파서 안을 깨끗이 청소해놓았다고 한다. 식량도 우리의 것을 먹었는데 모든 장비와 식량의 일부를 텐트 밖에 모아놓았다고 하면서 이날 저녁도 우리 텐트 신세를 지겠다고 한다.
　참으로 넉살 좋은 놈들이다. 문제가 정말 심각해진다. 우리의 텐트는 오스트리아 팀이 사용하고 있으나 이들은 당장 우리의 도움이 없으면 여기에서 철수해야만 하는 셈이 된다. 같은 산악인끼리 거절할 수도 없고 난감한 표정을 지으니 빌리는 갖고 올 우리 텐트를 칠 때 적극 도와주겠다며 애원하는 듯

간절한 모습이다.

　우리들은 땀 흘려 텐트 2동을 더 쳤다. 매트리스는 하나도 없고 침낭도 하나 모자란다. 알프레드가 우리 침낭에 들어가 잠을 자고 있기 때문이다. 차마 깨워서 침낭 달라는 말을 못했다.

김현수도 캠프3의 상황을 이렇게 적고 있다.

캠프3은 상상한대로 엉망이었다. 그래도 다행히 우리 텐트는 눈에 파묻혀 있을망정 날아가 버리지는 않았다. 스노우 바로 워낙 튼튼히 박아 텐트를 쳤기 때문이리라. 오스트리아 대원들이 불쌍해 보인다. 이들은 지금 우리 팀의 힘을 빌려 정상까지 오르겠다는 심산이다. 좋다. 우리는 지원조. 너희들에게도 우리 덕을 보게끔 은총을 베풀겠노라. 힘들여 다시 텐트를 치기 시작했다.

　순간 마누라 모습이 눈앞에 떠오른다. 지금 어떻게 지내고 있을까. 너무 보고프다. 사실 나는 이 원정에 참여하면서 제대로 내 실력을 발휘할 수 있을 것인가에 대해 많은 의문을 가졌었다. 원정 몇 달 전에 결혼했기 때문이다.

　결혼하면 새로운 운동을 또 하나 시작하기 때문에 몸이 약해진다고 주위에서 하도 겁을 줘서 마음을 단단히 먹었었는데 처음부터 등반하는 데에 별 애로사항은 없었다.

　영호와 정두가 내려가고 재일이와 상모 형과 셋이서 침낭 2개로 잠을 자야했다. 오스트리아 팀이 갖고 있는 우리 침낭을 달라고 하면 되겠지만 우리는 지원조이고 저들은 정상까지 오를 사람들 아닌가. 우리가 양보하면 된다. 몸으로 때우는 것은 누구보다도 자신 있지만 침낭과 매트리스도 없이 7,500m의 높이에서 밤을 지낸다는 것은 여간 고역이 아닐 수 없다. 바닥이 너무 차고 불편해 편안한 잠은 아예 기대하지도 말아야지.

오스트리아 팀의 1진은 이날 BC로 철수했다. 이들은 이제 완전히 등반을 포기한 것이다. 썰렁한 BC는 하루 종일 침묵만 흐르고 있다. 그러는 가운데 8월의 첫날이 쵸코리사 너머로부터 밝아오기 시작한다. 날씨는 쾌청해졌다. 밝은 태양은 인자한 할아버지의 미소 같다. 제발 웃으시다가 갑자기 화내시거나 마음이 돌변하지는 마시옵소서.

어젯밤에 편지를 한 움큼 갖고 온 메일러너 후세인과 샤반이 고급 담배를 꺼내놓는다. 사실 얼마 전부터 담배가 떨어져 포터들에게 지급하는 품질 나쁜 담배를 피우던 중이었다. 나는 메일러너의 도착사실을 각 캠프에 알려주지 않기로 했다. 혹시 대원들의 등반에 조금이라도 방해가 될까봐서다. 그렇지 않아도 저녁에 캠프에서 메일러너 도착여부의 문의가 있었다. 나는 내일 저녁쯤에 도착할 것이라고 거짓말을 했다.

아침에 정상모가 나를 부른다.

"지금 오스트리아 팀에서 텐트 1동과 고정로프 100m를 빌려달라고 하는데 어떻게 할까요?"

"아니, 뭐라구?"

나는 깜짝 놀랐다.

"지금 이들의 텐트가 하나도 없기 때문에 우리 텐트 한 동을 오늘 캠프4로 가져가서 하루 자고 내일은 우리 공격조가 사용하는 데 아무 지장 없도록 비워주겠답니다. 그리고 고정로프도 없기 때문에 병목 부근에서 필요하므로 여분이 있으면 달라고 합니다."

"우리 고정로프는 거기에 얼마나 있는가?"

"약 800m 가량 있으므로 고정로프는 달라는 대로 줘도 별 지장은 없습니다."

"그럼 잠시 대기, 잠시 대기하라."

나는 우리의 계획을 하나하나 검토하기 시작했다. 그것 참 난감한 일이 아닐 수 없다. 저들 입장을 생각하면 정말 우리의 도움이 급박한 실정이다. 캠프3에 올려놓은 그들의 모든 것이 눈사태로 없어졌기 때문에 우리가 텐트를 빌려주지 않으면 비박을 하면서 올라가야 하는데 이는 극히 무모한 행위다.

또한 우리가 텐트를 빌려주지 않을 경우 그들이 성공과 실패를 떠나 만일 사고라도 나서 치명적인 부상을 입거나 사망한다면 이 소문은 산악계에 널리 퍼져 '한국인은 결정적인 순간에 도와주지 않은 이기적인 산악인이었다.'라는 악평이 돌게 된다. 이 때문에 앞으로 한국산악인의 이미지가 나빠진다면 그것도 큰 문제가 아닐 수 없다.

반면 텐트를 빌려준다고 가정할 때 우리 등정 팀에게 큰 지장이 없을까를 우선 따져봐야 했다. 몇 가지 불안한 요소가 뒤따르고 있다.

첫째, 저들이 정상부근의 날씨가 나빠 캠프4에서 하루 더 취침하고 등정을 시도한다면 함께 텐트를 사용해야 하는 부담이 있으나 이는 저들이 우리 텐트를 먼저 갖고 가는 문제와는 또 별도의 문제였다.

가장 큰 걱정은 저들이 캠프4에서 정상을 향할 때 그 텐트를 갖고 위로 올라 스페인 팀이나 프랑스 팀처럼 8,300m 지점에서 1박 한다면 큰일이다.

둘째는 저들이 등정을 끝내고 캠프4로 귀환했을 때 몸이 멀쩡할 리 없고 따라서 그들을 돕느라 우리 등정조의 정신력과 육체적인 소모가 심해지면 그야말로 큰일인 것이다.

나는 그들 중 영어를 가장 잘하는 하네스 부대장을 불렀다. 확실한 다짐을 받고 싶어서였다. 그는 이날 우리 텐트를 갖고 올라가면 하룻밤만 자고 이후 절대로 사용 안하겠다고 거듭 약속을 한다. 다짐을 받고나서 갖고 올라가라고 말했다. 사실 이런 부탁은 안 받는 것보다 훨씬 못하다. 하필이면 이런 절박한 상황에서…….

이때의 상황을 정상모는 다음과 같이 적고 있다.

매트리스도 없는 조그마한 텐트 속에서 침낭 하나로 현수와 밤새 끌어당기기 시합을 하다 보니 어느덧 여명이 밝아오고 있었다. 차라리 비박을 한다는 각오로 밤을 지새우는 편이 훨씬 나을 뻔했다. 정신이 몽롱하기만 하다.

오스트리아 팀은 우리 대장님 허락을 얻어 텐트 한 동과 고정로프를 배낭에 꾸리고 있다. 젠장, 빌어먹을! '아예 정상까지 우리와 줄을 묶어 따라 올라가지 그러냐.' 하는 말이 입 밖으로 튀어나오려다 말았다.

즉시 캠프2를 불러 지원 B조에게 등정조가 이곳과 캠프4에서 취침할 침낭과 매트리스를 갖고 오라고 지시했다. 그동안 좀 더 많은 물량을 수송하기 위해 침낭, 우모복 등 개인장비들은 일체 공용화하여 캠프마다 몇 개씩 놔두고 사용했었으며 이로 인해 BC에 전원이 모일 때는 침낭, 매트리스 등이 모자라는 사태가 발생해 카라반 침낭을 사용하기도 했다.

우리도 서둘러서 짐을 꾸리기 시작했다. 등정조가 캠프4에서 오르내리며 이틀간 머무를 계획이지만 연료 및 식량 등은 5일분을 올렸다. 지원 C조인 고소포터 3명으로 하여금 캠프4에 다녀오도록 했다. 이런 상태에서 생각나는 것은 해야 할 임무밖에 없지만 고소포터들이 운반하는 물량도 가벼운 편이라 우리들은 등정조를 맞이할 준비를 하기로 했다.

오후가 되자 지원 B조와 등정조가 올라오고 있다. 여유 있는 모습들이다. 나와 현수 그리고 지원 B조의 정두, 순호는 잠자리 문제 때문에 캠프2로 내려가기로 했다. 이제 할 임무는 완수했구나하는 생각에 피곤하고 지친 몸으로 내려가자니 움직이기도 싫어진다.

가장 까다로운 빙벽을 내려올 때는 위도 아래도 헤아릴 수 없는 까마득한 절벽을 우회해야하므로 마치 하늘과 땅 사이에 매달려 있는 느낌이 든다. 하산할 때는 오히려 더 긴장해야하고 주의를 집중해야했다.

내려가는 길도 오르는 길 못지않게 새로운 도전인 것이다. 그동안 이번 K2에서 죽은 사람들은 모두 하산 중에 변을 당했다. 하산은 등반보다 시간은 빠르지만 모든 피로가 겹치기 때문에 주의를 집중시키는 데 있어 확실히 더 어렵다는 사실을 항시 망각해서는 안 된다. 순간적인 아차 실수는 치명적 사고로 연결되기 십상이다.

캠프2에 도착하니 이곳에도 악몽 같은 밤이 기다리고 있었다. 침낭이 2개밖에 없어 위험하지만 현수는 캠프1로 내려가고, 나는 또 다시 정두와 둘이서 밤새 침낭 끌어당기기 시합을 벌어야만 했다.

8,000m 마의 선을 넘다

정부연락관은 하루 세 번 발표하는 라디오의 일기예보를 항상 나에게 전해주게 되어있다. 낮 12시 뉴스를 듣고 이날도 나에게 오더니 내일 날씨도 좋다고 한다. 문제는 내일보다 모레와 글피의 날씨였다.

나는 연락장교들에게 "지금 이 순간부터 알라께 계속 기도하시오. 만일 앞으로 3일간 좋은 날씨가 계속되지 않는다면 당신들 두 사람의 기도가 모자랐기 때문이라고 생각하겠소. 이곳은 알라가 지배하고 있는 땅이기 때문이오."라고 막 성난 듯이 큰소리로 얘기했더니 잘 알았다고 하면서 빙하 위의 편편한 돌 위에 담요를 깔고 알라에게 뭐라고 주문을 외면서 기도하기 시작한다.

한참 후 그들이 기도를 끝내려고 하자 다가가서 "왜 벌써 기도를 끝내느냐. 계속 더 해야 한다."고 억지를 썼다. 그랬더니 다시 기도를 시작한다.

나는 이들에게 하루에 다섯 번씩 잊지 말고 열과 성을 다해 알라께 기도드릴 것을 당부했다.

기다리던 편지를 보며 행복해하는 모습. 왼쪽부터 장봉완, 송정두, 최덕신 대원

폴란드 팀은 저녁 6시에 2개조가 각각 이들의 캠프4(8,000m)와 캠프3(7,400m)에 도착했다고 연락이 온다. 내일과 모레 양일 간 각각 등정을 시도한다고 야누스가 설명해준다. 이제 이들의 베이스 포스트도 우리 본부가 맡은 셈이다. 어제 하산한 오스트리아인 3명은 서서히 철수준비를 하고 있었다.

이들은 제2조가 산에서 내려오건 안 오건 간에 늦어도 8월 4일 아침에는 BC를 철수해야만 한다고 말한다. 우리는 이들을 위로할 겸 식사에 초대하여 맛있는 한국음식을 차려주었다. 이들은 모두다 식성이 좋았다. '수퍼! 수퍼!'를 연발하며 맛있게 먹는데 우람한 식욕과 함께 식사 매너 또한 훌륭했다.

전날 밤에 메일러너가 한 움큼 갖고 온 편지에는 대한산악연맹의 오한구 회장님과 여러 산 선배님의 격려편지가 많았고 특히 송정두의 애인 이숙희는 대원들에게 월간「산」지를 보내왔다. 편지를 받을 때마다 느끼는 바이지만 역시 대표, 승기, 정두 등 한창 열애 중인 대원들이 자신들의 애인에게서 받는 편지가 가장 많고 그 다음은 결혼은 했으나 아직 신혼인 상모, 재일. 현수, 옥선, 순호 등이 받는 편지였다. 그런데 유독 딱 한 사람만이 편지를 한 통도 받아보지 못한 대원이 있으니 바로 의료대원인 정덕환 박사였다.

정 박사는 34세의 노총각으로 의사 집안의 막내다. 그의 아버님도 장안에 유명하신 의사이시며 형과 형수, 누나 모두가 다 의사다. 그는 일찌감치 정형외과 전문의자격과 의학박사 학위도 취득한 장래가 촉망되는 젊은 의사로 취미도 다양해 스쿠버와 스키, 등산 등 못하는 게 별로 없는 만능 스포츠맨이다.

스키는 겨울 스키학교 강사를 맡는 실력이고, 등산도 일찍이 1977년 '한국 에베레스트 원정대'에 참여한 최상급 산악인이다. 대한스포츠의학회(KSSM) 회원이기도 한 그는 성격도 원만하고 태평양같이 넓은 그의 어깨에 어울릴 만큼 호방하고 두둑한 뚝심과 식을 줄 모르는 정열을 지니고 있다.

나는 그가 수송초등학교 3년 후배라는 것을 이곳에 와서야 비로소 알게 되었다. 왜 멋진 그에게 여자 친구가 없는지는 도대체 알 수 없는 수수께끼일 뿐이다.

캠프3에서는 오스트리아 3명이 떠나서 없지만 우리의 등정조와 지원조 그리고 앨런과 쿠르드 등으로 시끌벅적해졌다. 권순호는 캠프3의 이날 상황을 이렇게 적었다.

검은 피라미드 아래에 도착했을 때 폴란드 여자가 있었으며 저 멀리 앨런의 모습이 조그맣게 보였다. 그녀는 항상 생글생글 웃고 다녀 이 삭막한 곳에서도 여자의 미소는 우리들의 마음을 부드럽게 하는 데 아주 적격이구나 하는 것을 느끼게 했다.

정두 형과 그녀는 보온병을 서로 주거니 받거니 하면서 잘들 놀고 있다. 갑자기 정두 형이 나의 큰 강적이구나 하고 느껴져 나도 모르게 피식 웃음이 나왔다. 고도에서도 이성 관계는 어쩔 수 없는 모양이다.

검은 피라미드의 돌밭이 끝나는 지점에서 수직 빙벽을 넘으면 설원이 나타난다. 온통 하얀 설원의 좌측 위쪽에는 어깨 끝부분의 바위가 보이고 우측에는 세락지대가 보인다. 이곳에 만일 구름이 몰려오기 시작한다면 매우 위험한 지역이리라. 올라가는 쪽을 제외하면 삼면이 모두 공포의 낭떠러지다. 반드시 표식기가 필요한 지역이다.

표식기가 없으면 안개 속에서 하산할 때 제대로 내려오는 길을 찾기란 여간 수월치가 않을 것이다. 설원의 크러스트가 잘 되어있어 다행이다. 정상까지 이 상태라면 하늘이 우리를 돕고 있는 것이 분명하다.

오후가 되자 캠프3이 갑자기 바빠졌다. 무사히 캠프4까지 지원을 끝내고 돌아온 고소포터 3명과 쿠르드와 쥴리, 앨런과 무르프카까지 끼어 매우 혼잡하다. 쿠르드 영감은 어제 지원 A조가 땀 흘려 잘 닦아놓은 자리에 재빨리 텐트를 친다. 우리의 텐트 가운데를 비집고 들어와 텐트를 치는 것이다.

얌체도 세상에 저런 얌체는 없다. 때문에 양쪽 우리 텐트의 동선이 아주 불편해졌다. 들어가고 나오기가 힘들고 텐트 안에 있기도 힘들다. 반면에 쿠르드와 쥴리는 바람막이 텐트가 양옆에 있는 아주 편한 자리를 힘 안들이고 차지해 버린 셈이다.

화가 머리끝까지 치밀었으나 우리는 예의 바른, 해 뜨는 고요한 나라의 백성 아닌가. 높은 산에서도 경로사상이나 장유유서가 필요하다고 우린 배워왔다. 다시금 등정 팀에게 행운과 건투를 빌고 캠프2로 철수를 시작했다.

8월 2일, 등정 팀이 8,000m 선을 넘어서는 날이다.

나는 아침 일찍부터 각 캠프 대원 배치를 지시하기 시작했다. 우선 윤대표 등반대장은 BC로 하산하라고 지시했다. 단 하루라도 브로드피크 등반일정을 앞당기기 위한 전반적인 등반계획을 수정하기 위해서다. 배종원도 BC로 철수할 것을 명했다. 메일러너를 아래로 보낼 때 우리의 철수 물량을 계산하여 그에 맞는 적절한 인원의 로컬 포터를 불러와야 하기 때문이다.

캠프2의 정상모, 송정두, 권순호 중 한 사람만 계속 남아 대기하고 두 사람은 만일의 경우를 위해 일단 ABC로 내려와 쉬라고 했더니 권순호가 남겠다고 한다. 따라서 캠프2는 권순호, 캠프1은 홍옥선과 김현수, ABC는 하관용이 대기하기로 대략 대원 배치를 정리했다. 이제 캠프3의 유재일과 송영호만 남았다. 유재일은 벌써 3일째 캠프3에 버티고 있다. 등정조의 출발을 도와준 후 캠프1로 하산하라고 했더니 7,900m 지점인 어깨부근까지라도 지원하고 하산하겠단다.

ABC에서 권순호와 쥴리 투리스

송영호는 본인의 뜻도 있고 하여 캠프4까지 지원한 후 캠프3에서 대기하라고 지시했다.

캠프2의 권순호는 결국 자기가 캠프에 남아야 한다고 생각했다.

온몸이 땀으로 젖고 답답함에 눈을 떴을 때 텐트 안은 환했다. 시간은 8시를 가리키고 있고 태양의 위력은 점점 강해졌다. 얼른 침낭을 빠져나와 우모복을 벗어 던진다. 하얀 눈 위에 반사되어 눈부시게 빛나는 태양은 너무도 강렬해 밖으로 나가기 전에 반드시 설안경을 써야 했다. 그렇지 않으면 순간적으로 설맹에 걸리기 때문이다.

어떻게 보면 고산등반에 있어 설맹은 동상보다 훨씬 더 위험한 적이다. 밝은 밤새 얼어 있던 대기가 서서히 움직이며 목덜미를 스치는 차가운 아침공기가 오싹함을 느끼게 한다.

무전기가 삑삑거리더니 대장님은 우리 셋 중 두 사람은 하산하라고 하신다. 내가 먼저 내려가야겠다고 생각했다. 우리는 서로 아무 말이 없었다. 가만히 차를 마시며 누가 먼저 얘기하기를 기다리고 있는 듯하다.

침묵이 흘렀다. 한참 후에야 군번 상으로 볼 때 내가 너무 주제넘은 생각을 했구나 싶어 얼른 무전기를 들었다. 속으로는 이렇게 될 줄 알았으면 어제 대표 형과 현수 형을 따라 하산해 버리는 것인데 하는 후회가 생긴다.

내가 남겠다고 대장님께 보고를 하자 정두 형이 내 어깨를 툭툭 치며 "아주 잘 생각했어. 그럼 계속 수고해 봐." 하며 유쾌하게 웃는다.

어휴 이걸! 선배만 아니라면 그저 한 방……. 제기랄, 정두 형한테 내가 또 당하는구나. 언제 곱빼기로 복수를 해야 하는데……. 하기야 지원조로서 상모 형과 정두 형이 나보다 훨씬 더 수고를 많이 했으니 먼저 ABC로 내려가 쉬고 내가 남는 것이 당연했다.

캠프3에서는 등정 팀 3명과 유재일, 송영호가 아침 햇살을 받으며 캠프4(8,050m)로 출발했다. 7,900m 지점쯤 어깨 바로 아래 부근에서 예정대로 재일이는 뒤돌아섰다. 얼마 후 등정조는 무사히 캠프4에 도착했다고 알려온다. 갑자기 송영호의 모습이 떠오른다. 그는 지금 틀림없이 등정 팀과 함께 정상에 오르고 싶을 것이다. 컨디션도 좋은 상태다.

그는 현재 등정조 3명 외에 유일하게 8,000m 고도를 넘어선 대원이 되었다. 그는 홍옥선 대원과 뒤늦게 고생고생하면서 BC에 도착했다. 나는 그가 콩코르디아에서 쉬지 않고 BC로 하루 앞당겨 달려올 때의 모습과 급히 캠프1로 올라오느라고 이너슈즈를 좌우로 바꿔 신고 와서는 아파하던 모습이 떠올랐다.

이제 마지막 순간이다. 내일이면 등정조에 끼어 정상에 설 수도 있는 이 절호의 기회를 놓치고 싶지 않을 것이다. 그의 마음 가득히 피어나는 그 순수한 욕망을 짓밟아야하는 내 자신이 안타까울 뿐이다. 하지만 작전은 작전이다. 나는 장 부대장에게 그를 빨리 내려 보내라고 지시하고, 다시 영호를 불러 공격조가 하산할 때까지 캠프3에서 대기하라고 했다.

이날 8,000m의 위와 아래를 넘나든 송영호의 기분은 과연 어떠했을까.

> 하얀 눈을 밟으며 서너 발자국 옮길 때마다 거친 숨을 몰아쉰다. 크레바스 외길을 찾아 설벽에 붙는다. 또 다른 난관을 계속 넘으면서 정상을 가까이 느낀다. 고독한 걸음을 계속하며 위를 쳐다보지 않기로 했다.
> 고도에 취한 허파와 심장이 뱉어내는 거친 숨소리를 바람에 무수히 날려 보내면서 긴 시간을 피로와 허기에 지쳐 안간힘

을 쓴다. 그러면서도 최종캠프에서 내려오지 않을 속셈으로 맨 꼴찌로 올라갔다.

최종캠프에 늦게 도착하면 어쩔 수 없이 그곳에서 하룻밤을 보내야하기 때문에, 그래서 정상의 기회를 가져보겠다는 얄팍한 생각이 머릿속에 가득하다. 꼭 정상에 서고 싶다. 대원 누구라도 그런 생각을 할 것이다.

이윽고 앞에 간 사람들은 보이지 않고 이 넓은 비탈진 설원에 나 혼자다. 모든 것이 귀찮고 다리에는 힘이 없다. 올라가야 된다는 일념에 무의식적인 행동밖에 할 수 없었다. 입안이 말라붙어 침을 삼키면 목이 따갑다. 입술, 혀, 목구멍 그리고 코가 말라붙어 찢어질 것만 같다. 시야가 트이면서 정상이 보이기 시작했다. 그리고 캠프4와 먼저 간 대원들도 보인다.

영국의 앨런은 우리 캠프보다 아래에서 막영준비를 하며 눈을 녹여 물을 만들고 있었다. 그들 옆을 지나칠 때 무르프카가 물을 권한다. 사양하고 그냥 지나쳐 조금 위에서 휴식을 취하고 있는데 그곳까지 따라와서 차와 초콜릿을 권하는 게 아닌가. 정녕 잊을 수 없는 고마움이었다. 정상 벽에 붙은 3명의 오스트리아인도 보인다. 정상이 바로 저긴데……

눈앞에 있는 정상을 두고도 올라갈 수 없는 내 이 심정을 그 누가 알아준단 말인가. 가셔브룸 산군, 브로드피크의 연봉이 한눈에 들어오고 멀리 쵸코리사도 발아래 깔렸다. 조금씩 붉은 노을이 서쪽 하늘을 물들이더니 추위가 엄습해오기 시작한다. 더 머무르고 싶지만 돌아가야만 하는 답답함. 나도 정상에 가고 싶다. 그렇게 오만하던 K2의 참모습을 보고 싶다. 그리고 지상의 꼭대기에 서서 하늘을 끌어안고 뜨거운 키스를 하고 싶다.

이제 더 어두워지기 전에 나는 돌아가야 한다. 8,000m 위의 기념촬영을 마치고 등을 돌렸다. 캠프3으로 내려가서 정상에서 돌아오는 대원들을 맞이할 채비를 해야 하고 또 안전하게 하산할 수 있도록 도와야하는 것이 나의 임무다. 발길이 떨어지지 않는다. 지금 캠프3에는 아무도 없겠지. 나를 기다리는 대원도, 새로운 소식도 없을 거야. 그래서 나는 더욱 정상으로만 가고 싶은 것이다. 눈물이 흐른다. 눈물 속에 정상이 아른거린다.

내가 왜 여기에 왔는가를 다시 한 번 생각하며 체념했다. 쿠르드와 쥴리도 앨런과 무르프카도 돌아서는 나를 보고 의아해 한다. 남의 속도 모르면서 왜 돌아가느냐며, 내일 함께 정상에 오르자고 한다. 표현할 수 없는 안타까움과 아쉬움을 남기고 하산을 시작했다.

악우들아! 8,000m 악우들아, 꼭 성공해야만 한다. 그리고 내 몫까지 올라다오. K2 정상아래 황혼이 물들 때 뛰다시피 하며 캠프3으로 내려왔다. 중국 쪽의 여러 봉우리들에 걸려있는 수많은 별들이 유난히도 빛난다. 홀로 지내야하는 캠프3의 고독은 서글프고 더욱 외로워질 뿐이다. 다음번에는 기필코 8,000m봉의 정상에 올라야지.

어린 왕자의 한 구절이 생각난다. '너의 장미꽃을 그토록 소중하게 만드는 건 그 꽃을 위해 네가 소비한 그 시간 때문이다.' 라는. 그렇다. 나는 K2 원정팀의 한 대원이기에 앞서 내가 그것을 위해 바쳤던 귀한 시간으로서 이 K2는 나에게 보다 소중한 의미를 지니고 있는 것이다.

오스트리아 팀의 3명은 8,400m까지 진출 후 기권하고 오후 6시경 캠프4로 되돌아왔다. 다음은 장병호의 글이다.

한참 눈을 녹이고 물을 끓여 식사준비를 하고 있는데 오스트리아인 3명이 우리 텐트로 오더니 풀썩 주저앉는다. 이들의 몰골을 보니 완전히 그로기 상태로 마치 움직이는 미이라 같다. 특히 하네스는 그 상태가 심했다. 이들은 우리가 준 차를 마시고 나더니 약속을 어겨 미안하지만 이날 등정을 못했으니 하룻밤 더 우리 텐트의 신세를 지자고 하는 것이 아닌가?

우리 텐트는 2인용 텐트로 3인이 겨우 잘 수 있는 공간이다. 이들을 텐트 안에 재운다면 우리 3명은 어떻게 된다는 말인가. 부대장님은 어려운 거절을 했다. 그래도 막무가내다. 사람이 물에 빠져 죽음이 임박하면 지푸라기라도 잡는다 하더니만. 하지만 신세를 져도 유분수지, 지금 이 상황에서 우리는 어쩌란 말인가.

BC 건설 이후 이제 겨우 캠프4에 진출했고 내일은 정상 등정을 하고 또 이곳까지 무사히 내려와야 하는, 기다리고 기다리던 순간인데 정말 난감한 일이 아닐 수 없다. BC의 대장님도 안 된다고 펄쩍 뛰신다.

결국 부대장님은 대장님과 통화한 후 이곳에 텐트가 3개가 있으니 각자 한 사람씩 흩어져 자라고 했다. 그런데 문제는 쿠르드가 자기 텐트는 작아서 안 된다고 딱 거절하는 것이 아닌가. 텐트 크기도 우리 것과 같은 데 말이다. 저 영감쟁이는 자기도 오스트리아 사람이면서 아주 몹쓸 영감이구나 생각했다.

할 수 없이 두 명은 우리 텐트에 묵기로 하고 한 명은 앨런의 텐트에서 자기로 했다. 이들은 우리가 먹으려고 준비한 저녁을 깡그리 먹어치웠다. 게걸스럽게도 잘도 먹어댔다. 좋다, 그래. 한 번 더 수고를 하자. 그래야 우리도 먹을 거 아닌가.

폴란드 팀에서 무전이 온다. 1진은 8,400m 지점에서 비박하기로 했고, 2진은 8,000m 지점에 텐트를 설치했다고 한다. 원래 이들 1진은 오늘로 정상등정을 해야 하는데 오스트리아 팀과 마찬가지로 8,400m까지만 진출한 모양이다. 이들이 오르고 있는 남릉 루트는 이곳 BC에서 우리가 갖고 있는 1,200mm 망원경으로 잘 관측할 수가 있다.

정상에 서다

저녁때가 되자 캠프4의 정리를 대충 끝낸 등정조와 내일을 위한 토론에 들어갔다. 우선, 첫 번째 문제는 캠프4에 올라가 있는 산소가 네 개뿐이라는 데 대한 해결책이었다. 원래 계획대로라면 다섯 개가 올라가 있어야 하는데 하나가 부족하다. 내일 등반할 때 세 명이 각

각 한 통씩 짊어지고 가야하니까 결국 이날 밤 취침 시에 한 통으로 3명이 모두 사용해야 한다. 수면용 마스크는 세 개 있으나 호스는 둘 뿐이다. Y밸브를 두 개 사용하여 동시에 세 명이 산소호흡을 할 수 있도록 조치를 취했다.

두 번째는 헤드랜턴이 두 개뿐이라 하산 시에 걱정거리지만 이 문제는 부대장 재량에 맡겼다.

세 번째, 캠프4에 예비 배터리가 없다는 점이었다. 현재 캠프4의 무전기에 있는 배터리도 거의 수명이 다 된 상태라 할 수 없이 오늘 밤부터 등정 팀이 필요할 때만 무전기를 사용토록 했다. 아래에 있는 각 캠프에서 등정조를 불러대면 배터리 소모가 심해져 결정적인 순간에 통화 불가능하게 되면 곤란하기 때문이다. 대신 각 캠프는 BC와 마찬가지로 무전기를 항시 오픈하고 있도록 했다.

네 번째, 눈이 적어진 상태라 때로는 노출된 암벽으로 혹은 빙벽으로 등반해야 할지도 모르기 때문에 록피톤과 아이스 스크류 등을 몇 개씩 지참토록 했다.

다섯 째, 산소통의 무게가 9kg이나 되기 때문에 출발할 때 다른 불필요한 것은 놓아두고 출발토록 했다. 3명의 등정조 모두가 등반 시 산소 사용은 처음이고 배낭 또한 너무 무거워 등반하기 어려우면 곤란하기 때문이다.

여섯 째, 일찍 취침하고 새벽 3시에 기상하여 늦어도 5시에는 출발토록 했고, 만일의 경우 오후 5시가 넘어도 정상에 도착하기 어려우면 등정을 포기하고 무조건 철수하기로 했다. 5시 이후에 등정한다면 밤사이의 안전한 하산을 보장받기 어려워 생명의 위험성이 많기

정상의 등정자들.
좌로부터 장병호
대원, 김창선 대원,
장봉완 부대장
(정상에 오른
당시의 복장 모습)

때문이다.

 가장 안전한 방법은 8,300m 지점까지 비박장비를 올려놓고 등정한 후 비박지로 내려와 취침하거나 프랑스나 스페인 팀처럼 8,300m까지 오른 후 다음 날 정상 등정하는 방법이지만 언제 날씨가 돌변할지 모르는 상황에 너무 안전만 추구할 수는 없는 노릇이다.

 저녁식사가 끝난 후 모두 본부텐트로 모여 들었다.
 배종원 대원은 텐트 밖 공터에 환하게 가스등을 켜 놓는다. 우리는 계속 차를 마시면서 이 얘기 저 얘기 잡담을 하기 시작했다. 나는 오늘 밤을 꼬박 새우며 새벽 3시에 공격조가 기상하여 연락을 줄 때까지 기다리려 했으나 종원이가 대신 밤을 새울 테니 잠을 자라고 한다. 그는 성경책과 먹을 것을 갖다놓고 완전히 밤을 지새울 준비를 한다.

밤 12시가 넘어 잠자리에 들었다. 뒤척거리다가 깜박 잠에 골아 떨어졌다. 종원이가 깨워서 일어나보니 4시가 다 되었다. 얼른 일어나 캠프4를 불렀으나 무전기를 꺼놓아서 응답이 없다. 아마 아직까지 잠자고 있는 것이 분명하다. 새벽안개로 인해 하늘에는 별 하나 없이 칠흑 같은 어둠만이 아직 얼어붙은 대기 속에서 우리들을 두렵게 만들고 있다.

'잠은 제대로 잤을까. 밤사이에 두통이 심하고 아침에 일어나서 컨디션이 안 좋다면 어쩌지, 병호는 어제 저녁에 배가 아프다고 했는데…….' 안타까운 기다림 속에 5시가 다 되어서야 연락이 왔다.

"여기 캠프4, 지금 막 기상했습니다."

"누구 머리 아픈 사람 없냐? 그리고 병호는 어제 배가 아프다고 했는데 지금은 어떤가?"

"산소마스크 덕분에 머리 아픈 대원은 없고 병호는 지금 설사하러 갔는데 밤사이에도 몇 번 설사한 모양입니다."

"그것 참 걱정이로구나. 등반하는데 괜찮겠는가?"

"언제 병호가 안 괜찮다고 말한 적 있습니까. 내가 보기에도 견딜 수 있을 것 같습니다."

부대장의 이야기다.

"기상이 너무 늦었구나. 그래도 조금 더 늦더라도 아침은 든든히 먹어야 한다."

"잘 알았습니다. 어젯밤 좁은 텐트 안에서 5명이 포개서 자자려니 도저히 편한 잠을 이룰 수 없었습니다. 오스트리아인 2명은 아직 계속 잠에 골아 떨어져 있습니다.

"그럼 출발 직전에 다시 연락주기 바란다."

오전 6시 30분이 넘어서야 출발준비를 완료했으며 대원들의 컨디션은 양호하다고 알려왔다. 그리고 정상 오르기 전에 한 번 더 연락을 보내겠다고 한다. 최선을 다하라는 말 밖에는 다른 할 말이 있겠는가.

김창선 대원은 이날의 등반을 이렇게 술회한다.

> 산소 때문인지 예상보다 편안한 잠을 잤다. 취사준비를 하기 전에 빌리를 깨웠다. 취사하기 위한 공간을 확보하기 위해서다. 늘 느끼는 것이지만 이 시간이 제일 귀찮다. 엊저녁에 비닐봉지에 미리 담아놓은 눈을 찾아 버너에 불을 댕기며 서둘러야겠다고 생각했다. 몹시 춥던 텐트가 차츰 기온이 올라가며 움직일 기분이 난다. 그러나 이렇게 높은 고도는 처음 경험하는 것이어서 나는 모든 일에 서툴렀다. 차를 끓여 보온병에 넣는 작업이나 구석에 박힌 식량 보따리를 찾아 적절한 물건을 끄집어내는 일이 아주 복잡하게 생각되었다.
>
> 결국은 6시 반이 되어서야 텐트를 나와 장비를 점검하기 시작했다. 산소통에 레귤레이터를 끼우는 순간 어느 부분에선가 산소가 새는 소리가 들린다. 여러 부분의 나사를 조여 봐도 산

소는 여전히 새고 있다. 겁이 난다. 할 수 없이 1분당 2리터에 맞추고 출발하기로 했다.

산소마스크가 잘 안 맞아 고글에 서리가 자주 낀다. 며칠 전에 쿠르드 영감이 분당 2리터는 위험하고 자기도 에베레스트를 오를 때 분당 4리터의 산소를 마셨다고 했었다. 나는 지금 분명 곤란함을 느끼고 있다.

지금 내 산소통의 압력은 3,500PSI로 4,300PSI일 경우 1,400리터의 산소가 있어 분당 2리터를 소모한다면 약 11시간 30분 정도 사용할 수 있으나 지금 내 경우는 약 9시간 정도밖에 사용할 수 없는 압력이다.

지금 산소가 어느 부분에선가 새고 있어 걱정을 더해준다. 그래서 나는 산소를 아끼기 위해 휴식 중일 때는 레귤레이터를 잠그기로 했다.

날씨는 아주 좋다. 출발한 지 꽤 되었는데도 어제 고된 산행을 한 오스트리아 팀은 그렇다 치더라도 쿠르드 팀이나 앨런 팀은 뒤따라올 기미가 보이질 않는다. 상식적으로 이해가 안 된다. 약 8,200m쯤 올라오니 병목지대의 바로 밑에 도달했다.

우리는 병목지대를 지나 좌측으로 100m정도 트래버스를 하기도 했다. 병목지대엔 눈이 없고 가파른 암벽 사이사이에는 크러스트 된 눈과 얼음이 붙어있다. 트래버스를 끝내고 넘어질 듯 보이는 큰 세락을 끼고 직상한다.

일본 팀의 기록에는 트래버스를 좌측으로 더하고 직상했으나 결국은 윗부분에서 만나게 된다. 일본 팀은 지금 우리보다

정상을 향하는 장봉완 부대장, 장병호 대원 (정상에서 김창선 대원이 촬영했다.)

좋은 상태의 루트를 등반했음이 틀림없다. 이 병목지대를 트래버스 하는 부분과 직상하는 부분을 전후하여 이 지점은 특히 하산할 때 단단히 주의를 하지 않으면 그동안 많은 산악인들이 추락사했듯이 매우 위험하리라는 것을 쉽게 직감할 수가 있었다.

12시경 약 8,400m 지점까지 진출했다. 여기까지는 생각보다 비교적 순조롭게 올라왔다. 루트를 어디로 잡을까를 생각하며 다시 출발한다. 이윽고 경사는 다시 좀 누워졌다. 반면에 이번에는 허벅지까지 눈에 빠져 전진이 매우 더디어진다.

비스듬히 좌측 상단에 보이는 바위를 보고 오르기로 한다.

자그마한 크레바스들이 몇 개 나타나는데 도대체 이런 고도에 크레바스가 있다는 것이 이해가 되지 않는다. 우회하자니 끝이 어디쯤인지 알 수 없어 그냥 과감히 직상했다. 대단한 노동력을 요구한다.

3개의 크레바스를 간신히 통과하여 바위 밑까지 오르니 능선이 뚜렷해지며 비스듬히 우측으로 향한다. 눈도 어떤 부분은 딱딱해서 전진을 빨리 할 수 있다. 오후 1시가 넘은 시각에 정상 부근에 가스가 몰려오기 시작하더니 잔잔한 눈가루가 흩날린다.

나는 고민하기 시작했다. 지금 얼마만큼 올라왔고 또 얼마나 올라야 되는지 도무지 감을 잡을 수 없다. 얼마 전부터 나는 러셀하며 나아갈 때 심한 피로감과 불안감이 들었었다. 어디가 정확한 루트인지를 파악할 수 없는 가운데 전진은 계속되고 있었다.

장병호는 이렇게 술회했다.

졸지에 오스트리아인 두 명과 함께 포개어져 하룻밤을 보냈으니 잠을 설친 것은 당연했다. 아침이 되자 기대하고 있던 대로 좋은 징조를 보이며 둥근 해가 방긋이 미소 짓는다. 설사를 몇 번 했더니 힘도 그만큼 빠진 기분이다. 아침식사는 주로 수분만 섭취했다. 그동안 그 좋던 식욕이 사라지고 아무것도 먹고 싶지 않다. 넘길 수가 없었다.

등반에 필요한 장비를 챙기고 서서히 고도를 높이는데 갈수록 깊어지는 눈과 고도감에 산소마스크의 호크는 자꾸 떨어진다. 실크장갑, 모장갑, 오버미튼, 이러한 우둔한 손이 자꾸만 반복해서 산소마스크를 문지르다가 끝내 우측 오버미튼을 잃어버림으로써 나를 난감하게 만든다.

더군다나 심리적으로 앞서가는 선배님들께 미안한 마음마저 드니. 나이로 봐도 내가 주로 앞장을 서서 러셀해야 하는 건데……. 틈틈이 하얀 눈보라가 흩날린다. 좋지도 않은 몸 상태이지만 힘을 내서 오르기만을 거듭한다.

캠프2의 권순호가 나를 부르더니 "너무 걱정하지 마십시오. 등정팀은 반드시 성공합니다." 하며 위로한다.

등정 팀은 오전 내내 연락이 없었다. 이리저리 시간을 따져 보아도 지금쯤은 연락이 올 시간인데, 초조해지기 시작한다. 실패한다면? 생각하기조차 싫다. 꼭 정상에 올려달라고 기도를 하고, 주먹을 꽉 쥐면서 마구 올렸다 내렸다 하며 분주히 텐트 주위를 맴돌지만 왜 이렇게 시간이 안 가는지.

하늘엔 구름이 서서히 정상 부위를 덮기 시작한다. 구름아, 빨리 사라져다오. 혼잣말로 외치는데 "베이스캠프, 베이스캠프 여기는 공격조." 하고 봉완이 형의 목소리가 무전기에서 들린다. 정상인가보다 하고 손뼉을 쳤다. 그러나 정상 아래인데 구름에 갇혀 어느 쪽으로 올라야 할지 감을 통 못 잡겠다는 것이 아닌가. 순간 가슴이 철렁 내려앉는다.

  베이스캠프의 대장님은 우측 중국 쪽으로 우회하라고 하신다. 봉완 형은 같은 생각을 하고 있다면서 두 시간 후면 정상에 올라설 것 같다고 대답한다.

  아! 하느님 바라옵건데 저들에게 힘과 용기와 지혜를 주시옵소서. 봉완이 형! 힘을 내십시오. 창선아! 병호야! 우리 모두가 항상 너희 곁에 있다.

김창선은 다시 이렇게 말한다.

2시가 조금 넘자 가스가 걷히기 시작한다. 산소통의 새는 부분도 없어졌고 압력게이지는 1,800PSI를 가리키고 있다. 아직 여유는 있었다. 주위의 봉우리들이 모두 다 낮게 깔린 지는 꽤 오래되었다. 우리는 상당히 높은 고도에 도달한 것만은 확실했다. 끼고 있던 장갑들을 버리고 고어텍스 오버미튼으로 새로 갈아꼈다. 산소마스크에서 침이 계속 흘러 고무통에 떨어진다.

  정상 같다. 앞에 보이는 둥그런 돔은 분명 정상이다. 힘을 내어 기를 쓰고 올라간다. 그러나 가까이 다가오는 돔에 점점 실망할 뿐이다. 그것은 하나의 세락 형태에 불과했다. 정상 비슷한 언덕을 몇 개 지났다. 멀리 중국과의 국경부근 테람캉리의 세 봉우리 앞에 가셔브룸 산군, 또 그 앞에 브로드피크, 옆으로 저 멀리 쵸코리사, 마셔브룸, K6, K7 등 무수한 봉우리들이 이미 발아래 깔려있다.

또 하나의 돔이 있었다. 그런데 그것은 지금까지의 돔과는 달랐다. 분명 해가 서쪽으로 넘어갔기 때문에 그늘진 설벽을 따라 올랐을 뿐이다. 그러나 그 언덕에는 서쪽 하늘에서 빛나는 실 같은 햇빛이 능선을 따라 비추며 아름다운 무지개 빛 현란한 색채를 띤 눈가루를 만들고 있었다. 저것은 분명 더 이상 높은 곳이 없기 때문에 발생하는 현상이다.

남서릉에서 이어지는 가파른 설벽이 좌로 보인다. 나는 느린 걸음으로 확실한 걸음을 내디뎠다. 중국 쪽에서부터 싸늘한 바람과 노란 햇살이 날아들었다.

저 아래 아스라이 깔린 빙하가 거대한 뱀처럼 구불거리며 콩코르디아를 지나 사라지고, 멀리 마셔브룸 쪽으로 양떼 같은 구름들이 일어나고 있었다.

우주의 별들 속으로 떠난 그들이 그랬듯이 어디에서부터 시작되었는지 모를 능선이 계속 되어오다 결국은 하늘아래 끝난 이 정점, 8,611m 위에 나는 서 있는 것이다.

베이스캠프에 있는 사람들은 모두 우리 본부캠프에 모여 있었고 우리들은 폴란드 팀이 오르는 것을 망원경으로 지켜보고 있었다. 이곳 BC에서 보이는 정상은 실제의 정상에서 이어지는 릿지의 끝 부분이며 실제의 정상은 우측 옆 뒤편으로 살짝 가려져 있다. 폴란드인 3명은 지금 앞 봉우리에서 주봉을 향해 우회하고 있는 중이다.

정확히 오후 4시 16분이 되었을 때다.

헐떡이는 가쁜 숨을 몰아쉬며 장 부대장의 목소리가 무전기를 때

정상에서 보는 파키스탄 쪽 파노라마(우리들이 올라온 흔적이 보인다.)

린다.

"BC, BC. 여기는 등정 팀. 지금 막 3명 모두 정상에 올라섰다."

순간 주위의 대원들이 와! 하는 함성을 지르며 껑충껑충 뛴다. 나는 잘 알아듣지 못했다. 얼른 무전기 마이크를 들었다.

"재송하라. 잘 안 들린다. 정상에 올라섰다는 말인가?"

"그렇습니다. 우리 3명 모두 정상에 올라섰습니다. 대원들 모두 컨디션 좋고 지금 바람이 약하게 부니 기념촬영에 들어가겠습니다."

분명 장 부대장 목소리가 또박또박 들린다.

"대단히 수고 많았다. 정말 장하다. 대단하다."

온몸이 부르르 떨린다. 옆에서 민상기 대원이 소리친다.

8,611m K2 정상에선 장봉완 부대장과 김창선 대원(장병호 촬영). 1986년 8월 3일 오후 4시 16분

"360도 돌아가며 계속 찍어라. BC는 보이는가?"

"BC는 능선 위로 조금 내려가야 보인다. 지금 곧 촬영을 시작하겠습니다."

"그럼 빨리 찍고 하산하기 직전에 통화하자. 이상"

우리들은 모두 기쁨의 눈물을 흘리며 서로서로 껴안으며 포옹 잔치가 한창 벌어졌다. 두 정부연락관도 눈물을 글썽이며 시커멓고 덥수룩한 얼굴에 미소가 만연하다. 주방장, 키친보이 등은 물론 옆에 있던 오스트리아인, 파키스탄인 그리고 영국인 짐 커렌도 모두 한마음으로 기뻐해주었다.

이 기쁨은 각 캠프마다 대기하고 있던 대원들도 마찬가지였으리

라. 배종원은 후루츠칵테일과 위스키를 꺼내오더니 이를 섞어 즉석 칵테일을 만들며 "이게 바로 K2 칵테일이라는 겁니다." 하며 모두에게 돌렸다.

BC 본부텐트 앞에 설치되어 있는 탁자에는 K2 칵테일과 과자 등으로 즉흥 축하연이 벌어졌다. 모두들 수고했다며 칭찬을 아끼지 않는다. 그 중에서 대장인 내가 축하인사를 가장 많이 받는다. 갑자기 겸연쩍어진다. 고생은 대원들이 하고 축하는 대장이 받는다. 이건 뭔가 모순이다.

축하인사는 대원 모두에게 돌아가야 하고 그들이 각자 맡은 바 노력을 잘했기에 이루어낸 결과가 아니던가. 그리하여 드디어 정상에 3명이 우뚝 선 것이다. 정상 등정자 세 명에게는 산악인으로서 더 없는 영광이 되겠지만 그 수고의 대가는 무형이든 유형이든 대원 모두에게 골고루 돌아가야 한다. 대장도 그중 한사람일 뿐이다.

더욱 이번 K2 원정대의 경우 대장인 나는 엄청난 행운아다. 이런 훌륭한 대원들이 모두 그동안의 난국을 슬기롭게 헤치며 따라주었기에 오늘의 이 기쁨을 누리게 된 것이며, 진실로 모든 면에 미약한 내가 대장인 덕분으로 함께 이 영광과 축하를 받게 된 것뿐이다.

실제로 이렇게 어렵고 극한적인 원정에서 당초의 목표를 무사히 달성하게 된 것은 그 숱한 어려운 역경들을 슬기롭게 풀어나가며 고생을 밥 먹듯이 한 대원들이 있었기 때문이다. 따라서 성공의 모든 영광은 대원들의 몫이다. 다만 대장이기 때문에 대표로 축하인사를 받을 뿐이다.

반면에 사고가 발생해 사상자가 생겼을 경우는 그 당사자의 실수도 없지 않겠지만 이는 전적으로 대장이 리드를 잘못했기 때문이기에 그 사고의 책임은 대장이 모두 져야하는 것이다.

'하느님 정말 고맙습니다. 감사합니다. 이제 또 하나 간곡한 부탁의 말씀을 드리옵건대 저들이 무사히 하산할 수 있도록 계속 보살펴 주시옵소서.'

생과 사를 넘나드는 귀환

8000m에서의 비박

30분이 순간적으로 지나갔다.

"베이스캠프, 베이스캠프. 여기는 정상. 촬영을 끝냈습니다. 이제 하산 시작하려합니다."

"수고 많다. 그런데 폴란드 팀은 보이는가. 그들도 정상에 아주 가깝게 있다."

"아직 안 보입니다."

옆에 있던 민상기 대원이 장 부대장을 부르더니 무비카메라는 잘 작동이 되느냐고 물어본다. 무비카메라는 무거워서 8,200m 지점에 놓고 올라왔다는 답변이다.

각 캠프에서도 정상을 부른다.

"여기 정두, 봉완이 형 정말 수고 많으셨습니다."

"여기 옥선. 창선아, 수고 많았다. 내려올 때 조심해라."

"여기 관용. 병호야, 빨리 내려와라. 맛있는 것 많이 준비해놓을 테니까."

무전기에서 울려나오는 목소리는 한결같게 흥분으로 넘친다.

나는 다시 정상을 불렀다.

"정상에 표시는 없는가?"

"없습니다. 우리의 산소통을 여기에 놓고 내려갑니다. 우리 산소통 3개가 앞으로 유일한 정상표시가 될 겁니다."

"그래, 그럼 빨리 하산해라. 하산길이 더 위험하다는 것은 잘 알고 있을 테니 정말 조심해서 하산하길 바란다."

"잘 알았습니다. 그럼 캠프4에 도착해서 다시 연락 보내겠습니다. 이상 교신 끝."

정상과의 통화가 끝나자 이번에는 캠프간의 교신이 이어진다.

"순호야, 네가 제일 수고 많았다."

"아닙니다. 저보다는 상모 형이 더 수고 많았지요. 저야 할 일만 했을 뿐인데요."

"관용아, 정말 기분 최고다."

"재일 형, 정말 기분 좋습니다. 그동안 고생 많으셨습니다. 이제 맘 푹 놓으십시오."

캠프3의 송영호는 엉엉 소리 내어 운다.

"대장님, 저는 캠프4에서 내려올 때 저들이 꼭 성공하리라 굳게 믿었습니다. 엉엉……."

이제 남은 문제는 저들의 안전한 하산이다. 무전기의 목소리를 들으니 여유도 있어 보여 해지기 전이나 늦어도 8시 안에는 캠프4에 도착하리라 생각되었다. 그러나 이게 웬일인가. 밤 7시, 8시, 9시가 지나도 아무런 소식이 없다. 숨이 탁탁 막히기 시작한다.

한편 민상기 대원은 아까부터 계속 심각하고 우울한 표정이다. 나는 그 이유를 잘 알고 있으나 그 어떤 위로의 말도 건넬 수 없었다. 그는 이번에야말로 산악영화의 진수가 되는 역작을 만들겠다는 의욕과 기대에 부풀어 있었다. 그런데 클라이막스인 정상에서의 모습이 무비가 아닌 스틸로 밖에 기록되지 못한 안타까움에 시무룩해 있는 것이다.

그도 내 마음을 읽었는지 가까이 와 오히려 나를 위로한다.

"이왕 지난 일인데 어떡합니까. 단념해야지요. 지금 가장 중요한 문제는 저들의 안전한 하산뿐입니다."

민상기 대원은 일기에 이렇게 적고 있다.

> 필름 길이 15,000피트, 취재장비 무게 250kg, 카메라 배터리 충전을 위해 특수 제작한 태양열발전기, 추위에 강하고 가벼운 미니카메라들, 1,200mm 초 망원렌즈, 그 외에 촬영 후 그 자리에서 영상으로 볼 수 있는 비디오시스템 등 모든 준비가 흡족한 상태로 우리 취재팀은 김포를 떠났었다.
>
> 그동안 네 차례의 히말라야 등반 취재에서 얻은 경험을 최대한 살려 이번에야말로 히말라야 등반 기록영화 중 최대의 걸작을 만들겠다는 기대를 가슴 가득히 품고 카라반을 시작했다.
>
> BC에 도착한 첫날부터 시작하여 지금까지 한 사람, 두 사람 산악인들의 죽음을 지켜보면서 우리들은 더욱 가슴을 조여 왔다. 우리가 가야할 길은 극히 위험한 길이고 따라서 자칫하면 살아 돌아올 수 없을지도 모른다. 이런 사실을 잘 알고 시작한

원정이었지만 죽음을 피부로 느끼는 나날이야말로 긴장의 연속이었다.

대원들의 고소적응은 순조롭게 진행되었고 모든 작전이 원활히 돌아가고 있었다. 캠프 설치가 하나 둘 늘어남에 따라 우리 취재팀도 바빠지기 시작했다. 각 캠프를 오르내리며 셔터를 눌렀다.

산소 부족으로 인한 호흡곤란 때문에 가벼운 미니 카메라의 무게가 서울에서의 ENG 카메라보다 더 무겁게 느껴졌다. 그저 등반에만 신경 쓰고 있는 대원들이 부럽기도 했다. 그들의 앞뒤에서 때로는 옆에서 우리는 쉴 새 없이 움직였다.

어느덧 BC 생활도 한 달이 넘었다. 먼저 등정에 성공한 팀이 하나 둘 철수하기 시작하건만 우리는 계속되는 악천후로 등반은 뚜렷한 진전이 없고 모든 것이 불투명한 미지수 상태로 체력과 인내심만 서서히 감퇴되고 있었다.

드디어 오늘 등정조는 미니 카메라를 휴대한 채 정상을 향해 최종캠프를 떠났다. 우리는 망원렌즈의 초점을 정상 근처에 고정시켰다. 그동안 북쪽 타클라마칸 사막에서 불어오던 살인적인 강풍도, 몬순으로 인한 눈보라와 징그러운 짙은 안개도 거짓말같이 걷혀있었다.

정상 아래쪽에 폴란드 대원들의 모습이 점같이 보인다. 포커스가 잘 맞지 않는다. 등으로 땀이 흘러내린다. 정상 근처에는 때때로 짙은 구름이 몰려왔다가 사라지곤 한다. 답답한 순간의 연속이다.

드디어 등정 팀의 장봉완 부대장으로부터 무전교신이 온다. 그러나 방향을 모르겠다는 절망적인 내용이다. K2의 여신에게 제발 정상의 문을 열어달라는 간곡한 기도를 올린다. BC 주변의 각국 팀들도 우리 캠프에 몰려와 초조한 모습으로 정상을 지켜보고 있었다.

오후 4시 16분, 드디어 정상의 목소리가 무전기에서 울려나왔다. 베이스캠프를 진동하는 환호소리. 각국의 원정대들마저 자기 일처럼 기뻐한다. 그러나 순간 머릿속을 스쳐가는 한 가닥 불안감. 정상이 카메라에 과연 담겨졌을까. 나는 대장으로부터 낚아채듯 무전기를 빼앗아 들었다.

"장 부대장, 수고했소. 나 민상기요. 정상을 무비로 찍었습니까?" 대답이 없다. 순간 캄캄한 절망감이 숨을 멎게 한다. 다시 재촉한다. 정상을 카메라에 담았는가…….

나는 가슴이 떨려 차마 답변을 기다릴 수 없었다. 절망적인 답변을 듣기보다 차라리 무전기가 고장 났기를 바라는 심정이었다. 무전기에서 약간은 풀이 죽은 목소리가 들려왔다. 무비카메라는 무거워서 8,200m 쯤에 놓고 올라왔다는 것이다.

'아! 마지막 기회를 놓치다니…….'

멀리 아득하게 K2의 정상이 보였다. 칼날처럼 가파른 빙벽과 시꺼멓게 솟아오른 암벽사이로 분말처럼 부서진 눈가루가 흩날리고 있었다. 나는 그 위를 숨 가쁘게 뛰어오르고 있는 한 사람을 보았다. 마치 날개라도 달린 듯 훨훨 날아 정상을 향해 오르는 한 사람. 그의 등에는 카메라가 달려 있었다.

그리고 나는 그가 정상 아래에서 발을 헛디뎌 단말마적인 비명을 지르며 피투성이가 된 채로 굴러 떨어지는 것도 보았다. 그 시체가 차라리 나이기를 바랬다. 내가 환상에서 깨어났을 때 나는 오직 한 사람의 패배자였다.

광란적인 환희가 아직도 주변을 뜨겁게 달구고 있지만, 내 가슴 속엔 패배자의 슬픔이 차디차게 얼어붙어 있었다. 나는 무전기를 다시 들고 "걱정 말라. 참으로 장하다. 무사귀환을 기원한다."고 말한 후 힘없이 내 텐트로 향했다.

눈물이 앞을 가린다. 한국 K2 원정대는 성공을 거두었지만 K2 원정 취재팀은 실패한 것이다.

본부텐트에 모여 앉은 모두는 수심이 가득하다. 배종원은 어젯밤과 마찬가지로 텐트 밖에 가스등을 환하게 켜 놓는다. 임경수는 가스등 하나를 더 켠다. 혹시 멀리서라도 이 불빛을 보면 BC인 줄 알겠지 하는 심정에서다. 외국 팀들과 연락관들이 모두 모여들더니 우리와 함께 걱정을 나눈다. 10시, 11시, 12시가 되어도 아무런 소식이 없다.

그들은 과연 어찌 되었을까. 마음속으로 몇 가지 가정을 설정해본다. 우선 그들은 무사히 하산했으나 무전기가 고장 난 경우, 두 번째, 무전기를 갖고 있는 장 부대장이 사고를 당했을 경우, 마지막으로는 아직 캠프4에 도착하지 못하고 중간에서 비박하고 있을 경우다. 하여튼 정상적인 상태는 아닌 듯하다. 비박하고 있다고 해도 이 추위에 무사할 리 없고 어쩌면 모두가 슬립을 당해 죽었을지도 모르는 일이었다. 생각은 자꾸 최악의 상태로 비약하고 있다.

 입안이 바싹바싹 말라온다. 달콤한 꿀물이 한약보다 더 쓰다. 나중에는 내 마음 속에 저들이 사고를 당했다고 가정하고 어떤 방법으로 구조작전을 펴느냐하는 궁리까지 하기 시작했다. 그러나 입 밖으로는 절대로 꺼낼 수 없는 상황이다. 모두들 저들이 살아 내려오기를 염원하고 있어 구조이야기는 들으려고 하지도 않을 테니까. 이러한 불안감이 비단 BC 대원들만의 것이겠는가.

 캠프2의 권순호 글이다.

> 오후 4시 51분, 하산한다는 연락 이후로 아무런 소식이 없다. 무소식이 희소식이라고 마음을 누그러뜨리지만 불안스런 생각이 꼬리를 물고 머릿속을 스쳐간다. 가슴을 진정시키려 해보지만 안절부절 하는 마음에 손이 땀으로 축축하다.
>
> 엉엉 울고 싶어진다. 지금 시각이 밤 12시, 저들에겐 헤드랜턴도 무전기도 예비건전지도 없을지 모른다. 필시 비박을 할 것이다. 비박도 바람만 잔잔하다면 가능할 것이라는 생각에 텐트 밖으로 나와 본다.
>
> 하늘엔 별이 총총하고 바람 한 점 없는 밤, 달빛에 고요히 K2 어깨의 하얀 모습이 드러나고 있고 온 천지는 조용하기 이를 데 없다. 그렇다. 하늘이 돕고 계시다. 우리들은 지금 하늘이 보살피고 계신 것이다. 저들은 틀림없이 살아 내려온다.

 그럼 정상을 밟은 이후 등정조의 3명은 어떻게 움직이고 있었는가.

먼저 장봉완 부대장이 말한다.

창선이가 손을 흔들며 정상이라고 외치고 있을 때엔 이제 더 오르지 않아도 된다는 사실만으로 우선 기뻤다. 그 외에는 아무 생각이 나지 않았다. 정상은 고요했다. 그리고는 올라올 때와는 달리 다른 평온함이 그곳에 있었다.

탁 트인 시야에 널리 전개되는 카라코룸의 파노라마는 그야말로 웅대하고 장엄했다. 가장 높은 곳에서 바라보는 험준한 봉우리들은 천지가 창조된 이래 수억 년간 그 모습 그대로 고요히 존재하고 있는 듯이 보였다. 세월의 흐름을 망각한 이 신비의 세계는 분명 매혹적이었다.

저 숱한 봉우리들을 한눈에 내려다보며 그저 조물주의 위대하신 힘에 놀랄 뿐이다. 검고 하얀 산줄기와 봉우리 하나하나마다 각기 그 특유의 모습을 드러내고 웅장하고 아름답게 버티고 있다. 발토로 산군의 저 수많은 산들을 위에서 굽어보고 있다는 기쁨은 진정 말로 표현할 수가 없다. 중국 쪽으로는 하늘 아래 구름과 산들이 저녁 햇살에 붉게 물들기 시작하고 있었다.

나는 그 누구를 향해서인지 모를 감사와 환희의 눈물을 억제할 수 없었다. 힘겹게 무전기를 꺼내 들었고 BC와 교신한 후 사진촬영을 시작했다. 나는 이곳에 계속 머무르고 싶었다. 아니. 영원히 이 순간 속에 머물러 있고 싶었다. 그러나 그것은 오직 내 마음뿐, 어느새 머릿속은 하산에 대한 걱정으로 꽉 차기 시작했다. 이 얼어붙은 대기의 고요한 적막 속에서 싸늘한 바람이 내 얼굴을 때리기 시작하자 우리는 어서 서둘러야겠다고 생각했다.

아무래도 캠프4에는 캄캄해졌을 때 돌아가게 생겼다. 우선 어두워지기 전에 그 위험한 세락지대를 빠져나가야만 한다. 우린 지금 헤드랜턴이 하나도 없지 아니한가. 우리들은 산소통 3개를 정상에 놓고 하산을 시작했다. 우선 창선이에게 먼저 하산하여 앞길을 닦아놓고 트래버스가 시작되는 부분은 하산 시 극히 위험하니 고정로프를 설치하라고 일렀다. 그에게는 아이스 해머가 있기 때문이다. 창선이는 빠른 걸음으로 그러나 여유 있게 내려가더니 시야에서 사라져갔다.

이제 남은 문제는 병호였다. 그는 아침부터 제 컨디션을 찾지 못한 상태였고 지금도 역시 마찬가지다. 더욱이 하산 시에는 발을 한번 잘못 디디기라도 한다면 그것은 정말 상상하기조차 끔찍한 상태가 될 것이다. 나는 50m 로프로 병호와 나를 연결했다.

경사가 급하거나 슬립의 위험이 있다고 생각되는 곳에서는 병호를 먼저 내리고 내가 내려가는 식으로 그렇게 몇 번을 거듭했다. 어둠이 깔리고 있었다. 어둡기 전에 8,400m 지점의 고정로프를 찾아야 하는데 점점 불안해진다. 저 밑에 창선이가 캠프4로 향하는 모습이 잠깐 보이더니 이제 완전히 어두워졌다. 아무 것도 보이지 않는다. 50m 앞의 병호도 분간되지 않아 감각으로 내릴 뿐이다. 고정로프를 찾아야 할 텐데…….

갑자기 로프가 빠른 속도로 빠져나간다. 이건 틀림없이 병호가 미끄러지고 있다는 증거다. 나는 순간적으로 피켈을 굳은 눈에 힘껏 찍었다. 눈에 박히는 피켈의 감촉이 좋다. 그리고는 재빨리 확보자세를 취했다. 강한 충격을 받았다싶더니 더 이상 움직이지 않는다. 용케도 피켈 확보가 효력을 발휘한 거다. 나는 얼른 소리를 질렀다.

"야, 병호야, 괜찮니?"

괜찮다는 대답이 온다. 정말 다행이다. 그러나 도대체 어떻게 괜찮은 건지. 서서히 일어나다가 나는 깜짝 놀랐다. 피켈이 상상 이상으로 눈에 깊이 박혀 있는 것이 아닌가. 내가 무슨 힘으로 이렇게 깊숙이 박을 수가 있었을까.

만일 얼어붙은 눈에 이렇게 깊이 피켈이 박히지 않았다면 병호가 떨어지는 충격을 감당 못하고 피켈이 튕겨져 나와 나도 함께 병호와 저 아래 빙하까지 3,000m를 추락했을 것이다.

식은땀이 난다. 다시 하산 자세를 취하고 더듬더듬 거리며 병호가 있는 곳으로 내려갔다. 그곳은 경사가 급해 서있기에 극히 불안한 장소였다. 병호는 여기에서 비박하겠다고 한다. 더 이상 내려갈 수 없다고 한다. 이 고도에서 비박이라니 말도 안 돼. 안타깝다. 고정로프만 찾을 수 있다면. 그것만 잡는다면…….

먼저 길을 떠난 김창선 대원은 무사히 캠프4에 도달하게 된다.

올라오던 발자국을 따라 하산하기 시작했다. 얼마를 내려오다가 내가 먼저 하산키로 하고 발길을 재촉한다. 오를 때처럼 한발한발 주의를 집중시키고 조심스럽게 내 딛는다. 하산 길은 그야말로 지옥 길이었다.

너무나 힘들고 고통스러웠다. 부족한 산소로 인해 몸이 제 기능을 다하지 못하는 것이 실감나게 느껴진다. 산소부족의 불균형이 체내에 가득한 것이다. 아침에 캠프를 출발하고 먹은 것이라고는 지금까지 보온병의 꿀물 한 컵뿐이다. 허기와 피로감에 입술이 허옇게 말라붙으며 경련이 일어나는 것 같다.

트래버스지대를 통과하여 고정로프를 잡았다. 얼굴을 벽면으로 향한 채 직하를 하다가 고정로프가 끝난 지점에서 오른쪽 아이젠 끝이 얼음위로 미끄러져 중심을 잃었다. 몇 m를 쏜살같이 미끄러지는 순간 피켈을 찍고 매달렸다. 용케도 몸은 허공에 뜬 채 정지를 했다.

재빨리 아이젠으로 얼음을 차며 자세를 고쳤다. 피켈의 피크 부분이 겨우 1cm 정도 얼음에 박혀있고 그 1cm의 위력으로 내가 정지하게 된 것임을 깨닫게 되자 온몸의 힘이 빠진다. 이것이야말로 정녕 믿기 어려운 기적이었다.

바로 발밑에는 헤아릴 수 없는 까마득한 절벽이고, 나는 다만 허공에 매달려 있는 것이다. 얼음조각들이 끝도 없이 떨어져가고 있는 소리가 들린다. 나는 약간 안전한 지대로 옮긴 후 주저앉아 울었다. 겁이 난다. 한참을 엉엉 소리 내어 울었다.

다시 마음을 가라앉힌 후 약 10m 옆에 늘어져있는 일본 팀의 고정로프를 발견했다. 그 로프를 약 10m 정도 칼로 잘라서 우리의 고정로프 끝에 연결시켰다. 날이 어두워져 이 지역을 통과할 뒷사람들의 안전한 하산을 위해서다. 로프를 연결치 않으면 틀림없이 슬립당할 것만 같은 위험천만한 벽이다.

병목지대에서 캠프까지는 너무 힘들었다. 어둠이 깔리기 시작한 3,000m 아래의 무시무시한 빙하가 싸늘한 냉기 속으로 나를 빨아들일 것만 같았다. 무서워서 나는 울었다. 한참을 걷다가 주저앉다가 하는 동작을 되풀이하곤 했다. 힘든 하산 길을 계속한다. 드디어 캠프4에 도착했다. 오스트리아 팀 3명과 쿠르드, 앨런 등은 이미 잠든 모양이다.

어둑해진 캠프에 서서 정상 쪽을 쳐다보았다. 정상 바로 밑에 점 3개가 보인다. 아마 폴란드 팀이겠지. 빌리가 뛰쳐나와 나를 감싸 안으며 '수퍼! 수퍼!'를 연발한다. 나는 배낭을 벗어던지고 텐트 입구에 머리를 디밀자마자 쓰러지듯 누워버렸다.

빌리에게 큰 컵으로 차를 두어 잔 얻어 마시고 곧바로 침낭에 몸을 구겨 넣는다. 빌리가 내 가슴과 어깨를 주물러준다. 나는 말을 하고 싶었으나 발음이 잘 되지 않았다. '성공했다'와 '행복하다'는 말이 유일한 나의 표현이었다. 머릿속은 온통 봉완이 형과 병호의 걱정으로 가득할 뿐이다. 나는 무사히 내려왔건만 그들은 어찌되었는지…….

악몽의 밤

다시 장 부대장의 이야기다.

캄캄한 밤중에 바람소리만 귓전을 때리는데 병호는 비박하겠다고 고집을 부리고 있다. 난감한 상태에서 온몸은 점점 얼어가고 있었다. 그때 갑자기 머리 위에서 눈이 굴러 떨어지는 게 아닌가. 위를 쳐다보니 불빛 하나가 반짝인다. 사람이 내려오고 있다.

남릉으로 오른 폴란드 팀이 분명하다. 그런데 왜 불빛은 하나일까. 불빛이 점점 가까이 오더니 병호와 나를 연결한 로프를 잡으려한다.

"안돼!" 하고 급히 소리를 질렀다.

"그건 로프가 아니라 우리의 생명줄이오!" 하고 또 소리를 지르니 그들은 조심조심 내 곁으로 온다. 세 사람이었으나 헤드랜턴은 맨 앞의 한 사람만 갖고 있었다.

나는 그들에게 조금만 내려가면 고정로프가 있으니 같이 찾아보자고 했다. 그리고 병호에게 같이 내려가자고 재촉한다. 몸은 벌써 굳었는지 움직임이 무척 어색하다. 그들이 앞서가며 고정로프를 찾았다고 알려온다. 병호에게 빙벽을 트래버스하라고 하고는 확보를 보았다. 이윽고 다 건너갔다는 신호가 온다. 이제 몇 피치만 어려운 고비를 넘겨 하강하면 거의 안전지대다.

그런데 병호가 움직이지 못하겠다고 하는 것이 아닌가. 매달려 비박을 하겠단다. "여기 매달려 있다가는 죽는다. 손발을 다 잘라야한다."고 으름장을 놓아도 그냥 버텨보겠단다. 우리들이 계속 옥신각신하고 있는 사이에 폴란드 팀의 맨 마지막 대원이 곁으로 오더니 풀썩 주저앉는다.

  어두워서 누구인지는 모르겠으나 그의 거친 숨소리로 상당히 지쳐있음을 직감할 수 있었다. 그는 한 발 옮기고 비틀비틀한 채 매달려 있다가 또 한 발 옮기고는 주저앉는다. 그는 우리들을 지나 고정로프를 쥐고 하강을 시작한다. 저 아래 40m 쯤 떨어진 곳에서는 이미 하강을 끝낸 두 사람이 기다리며 헤드랜턴을 이쪽으로 비추고 있다. 병호와 나는 폴란드인이 다 내려가기를 기다리며 지켜보고 있었다. 그러나 이게 웬일인가? 비틀비틀 거리며 천천히 하강하고 있던 그가 아무 소리도 없이 빠른 속도로 미끄러지면서 시야에서 사라져버린다. 그 순간은 비틀거리던 그가 갑자기 웬 힘이 솟아 그토록 빨리 내려갔나 하고 의아했었지, 설마 그가 미끄러져 저 아래 끝없는 절벽으로 추락했다고는 미처 생각치도 못했다.

  그가 사라지고 다시 주위가 적막 속에 휩싸이자 나는 병호에게 내려가자고 재촉한다.

  "병호야, 이제 몇 피치만 내려가면 안전지대야. 힘을 내! 어서!"

  "형님요, 저는 말입니다. 지금 내려가면 동상에 걸려 죽습니다. 지금 이곳에 계속 있어야 삽니다."

"야, 임마. 넌 어째 거꾸로 이야기 하냐? 여기 있으면 동상 걸려 죽고 내려가야 살지."

"아닙니다. 저는요, 특수체질인 기라요. 나는 좌우지간 지금 움직이면 죽습니다."

그는 막무가내다. 그의 마음은 움직이지 않을 것 같다. 아마도 아까의 슬립이 쇼크였나 보다. 나는 우모복도 없고 장갑도 분실하여 실크장갑 하나로 버텼으나 이젠 도저히 추워서 견딜 수가 없다. 큰일 나겠다. 그러나 이제 결정을 내려야만 한다.

병호를 끌고 가느냐, 혼자 내려가느냐. 아니면 병호와 함께 비박하느냐. 다시 묻는다. "몇 시간이나 버틸 수 있겠느냐?" 문제없다고 한다. 날만 밝으면 바로 움직이겠단다. 한 시간가량 그렇게 승강이를 한 끝에 난 결정했다. 혼자 하산하기로.

고정로프를 쥐고 내려오다 끝나는 지점에서 바로 옆으로 새로 시작되는 고정로프로 바꿔야만 한다. 그때서야 갑자기 가슴이 철렁 내려앉는다. 앞서가던 폴란드인이 정신이 몽롱한 상태로 하강하다가 이 지점에서 로프를 바꾸지 못하고 그냥 아래로 추락했구나하는 사실을 알아채고는 순간 머리카락이 바짝 서며 온몸에 소름이 끼친다.

다시 하강한 후 터덜터덜 내려가는데 바로 옆에서 플래시가 나를 비춘다. 깜짝 놀란 그 순간은 두 사람이 쿠르드와 줄리인 줄 알았다. 폴란드인은 벌써 한 시간 반전에 하산했을 테고, 쿠르드 팀이 어제 이곳까지 올라와서 비박했구나하고 생각했다. 그러나 그들은 놀랍게도 폴란드인들이었다. 마지막 한 사람이 내려오지 않자 위에서 우리와 휴식하는 줄 알고 그들도 이곳에 주저앉아 기다리던 참이었다.

나를 보더니 "보이테크는 어디 있느냐?"고 묻는다. "당신들 뒤따라 내려가지 않았습니까?" 하고 대답하니 "아까 검은 물체가 아래로 떨어지는 것을 보았는데 그것이 무어냐?" 고 다시 묻는다.

나는 대답할 수가 없었다. 어찌 차마 그것이 보이테크가 분명하다고 말할 수 있겠는가. 그들은 불안했던 사실이 현실임을 직감하고 풀썩 주저앉는다.

우리 3명은 천천히 하산하기 시작했다. 캠프4에 도착하니 빌리가 텐트 밖으로 나와 아이젠을 벗겨주고, 창선이는 따뜻한 차를 한 잔 가득 부어준다. 폴란드인들은 앨런의 텐트로 들어간다. 그때가 새벽 1시 30분경이다.

장병호는 당시의 상황을 이렇게 설명한다.

나의 슬립은 정말 순간적으로 발생했다. 정신을 바짝 차리며 슬립 정지자세를 힘껏 취했다. 그래도 속도는 멈추지 않는다. 결국은 봉완이 형의 확보 힘으로 절벽 위에 간신히 멈출 수 있었다. 정말 아찔한 순간이었다.

날이 완전히 어두워지자 모든 게 귀찮기만 하고 움직이기가 겁이 난다. 세락지대에 도착하기 전에 벌써 날은 어두워졌다. 하늘 아래 아무 것도 가릴 것 없는 산등성이라 어둠이 늦게 올

줄 알았지만 한번 어둡기 시작하자 금세 칠흑의 세계로 변했다.

야간산행은 끊임없이 위험에 직면하게 된다는 것을 경험을 통해서 알고 있는데다가 지금은 플래시가 없어 더욱 절망적인 상태일 뿐이다.

밤 10시경, 내 손은 거의 얼어붙었고 오버미튼을 잃고 모장갑마저 얼어버려 하는 수 없이 예비용 스타킹 하나를 오른 손에 낀 후 고정로프에 의존해서 하산하기 시작했다. 밤 11시경이 되자 추위와 배고픔 그리고 피곤함으로 꼼짝하기가 싫었다. 게다가 캄캄한 주위는 나를 더없는 공포 속으로 몰아넣었다.

하산하자고 다그치는 봉완이 형의 명령을 무시한 채 호주머니에 손을 넣어 바트훅 하나를 찾아내었다. 피켈의 브레이드로 바트훅을 2/3가량 박고는 배낭을 걸었다. 배낭에 엉덩이를 걸치고 스링으로 몸을 돌려 다시 카라비너를 바트훅에 연결시켰다. 바트훅이 빠지지 않거나 내가 졸지만 않는다면 그런대로 버틸 수 있는 자리가 되었다. 그래도 바람이 불어올 때마다 나의 몸은 허공에 떠있는 그네가 될 수밖에 없었다.

봉완이 형은 한 시간이 넘도록 나를 설득하다 지쳤는지 혼자 하산을 시작한다.

"형, 조심해서 내려가요."라고 고함을 지른 후 조금 있으니 이제는 온 천지가 고요한 적막에 휩싸이고 간혹 쇳소리 같은 바람소리만 내 귀에 들릴 뿐이다. 이제 동이 틀 때까지 대책 없는 비박에 들어가게 되었다.

이 상태에서는 손발이 얼어오는 것보다 더 무서운 것이 졸음이다. 졸지 않기 위해 마음을 단단히 먹고 이 생각 저 생각을 해 본다. 처음 등산을 시작한 까까머리 고교생 시절부터 지금까지의 그 숱한 산행을 하나하나 더듬는다.

때로는 첫 미팅에서 파트너가 과연 누구일까 조바심내던 때와 그 외의 온갖 상념들이 내 머릿속을 바쁘게 오갔다. 갑자기 신영호가 나타난다. 부러진 발을 기브스 한 채 목발을 집고 가까이 오더니 "형, 힘내시고 정신을 차리세요" 하며 밝게 웃는다. 그 늠름한 모습을 보고 나도 따라 웃는다. 참 좋은 친구. 다음엔 꼭 그와 정상에 올라야지.

얼마를 지났을까하고 시계의 불을 켜보면 겨우 2분 정도 지나갔다. 가끔 바람에 휘날리는 눈가루가 얼굴에 와 닿아 정신을 들게 한다. 뼈를 깎는 추위와 외로움만이 지금의 유일한 나의 벗이다. 정확한 기억은 없지만 시계 보는 행동을 100여 번 반복한 것 같았다.

드디어 브로드피크의 정상 부근이 약간 붉게 물들면서 주위의 하늘이 서서히 보이기 시작한다. 바람은 더욱 강해지고 내 주위에는 눈발이 휘감긴다. 아직 저 아래 빙하와 계곡은 어두움에 쌓여 마치 열려있는 지옥의 문처럼 나를 환영하는 듯하다.

주위의 산봉우리들이 서서히 하얀색을 드러내기 시작하더니 그 신비스러운 모습을 나타낸다. 아직 하늘에는 새벽 별들이 빛나고 있고, 발아래는 가파른 경사의 빙벽이 끝없이 이어져 저 무시무시하고 어두운 계곡으로 빨려 들어가는 듯하다. 이런 위험천만한 곳에서 비박을 하다니 새삼스레 소름이 끼치며 전신이 오싹해져온다.

　나는 하산을 시작하기 위해 본능적으로 몸을 일으켰다. 극심한 추위와 허기 그리고 끝없는 공포와의 싸움으로 지낸 하룻밤은 끔찍하도록 길고 지루했다. 몸을 일으켜 배낭을 메고 한 발자국을 옮기는데 이게 웬일인가. 온몸에 나사가 빠졌는지 아니면 너무 조여졌는지 움직일 수가 없다.

　마치 녹슬어버린 기계 같다. 밤사이에 내 몸이 한없이 쪼그라진 모양이다. 키 작은 창선이 형보다 지금의 내가 더 작은 것 같은 느낌이다. 다시 몸을 힘껏 펴면서 기지개를 하니 온몸의 관절 마디마디에서 우두둑 소리가 난다.

　올라올 때와는 달리 밤사이에 눈이 크러스트가 잘되어 걷기에는 편했다. 그러나 발가락에는 아무런 감각도 없다. 이제야말로 몸을 아낄 필요는 없지만 캠프로 내려가는 외로운 강행은 한마디로 잔인스러운 고문이었다.

　지금 내 몸에는 다시 죽음과 싸워 이길 여력은 없으나 살아야겠다는 의지와 삶에 대한 애착만은 강하게 살아 꿈틀거리고 있었다. 캠프가 가까워지자 폴란드 여인 무르프카가 텐트 밖으로 얼굴을 내밀고 나를 유심히 바라보고 있다. 내 몰골이 말이 아닌 모양이다. 술에 대취한 술꾼처럼 비틀거리며 내려오다 캠프 앞의 조그만 크레바스에 그만 가슴까지 빠져버렸다. 허리만 굽히면 피켈을 집을 수 있는데 그것도 귀찮아 그냥 헤집고 나와 텐트로 가서 쓰러지고 말았다.

다시 김창선 대원이 말한다.

침낭 속에서 몸을 움츠린 채 내 가슴은 떨고 있었다. 도저히 잠을 이룰 수 없었다. 갑자기 이상한 소리에 눈을 떴다. 봉완이 형이 고개를 쑥 들이민다. 겉옷이 무척이나 차가웠다. 봉완 형이 침낭에 눕자 오스트리아인 3명과 함께 5명이 또다시 좁은 자리를 서로 비집어댄다.

흐느적거리는 의식으로 돌아오지 않는 병호를 걱정한다. 정상인 줄 알고 올랐던 세락, 러셀에 지쳐 힘들어 하던 순간, 병목을 내려오다 울던 일, 크레바스를 직상하던 일. 엉뚱하게도 설악산 설악골의 계곡물이 떠오른다.

긴 밤의 상념 속에 날이 조금씩 훤해지더니 어느덧 새벽 햇살이 서서히 비쳐들었다. 오스트리아인들은 차를 끓이기 시작한다. 나는 비스킷에 꿀을 발라 입에 댔으나 입 안이 너무 깔깔해서 삼킬 수가 없다. 내 순서의 찻잔을 기다려 비스킷 한 쪽을 겨우 먹어치운다. 하네스는 컨디션이 영 좋지 않은 모양이다. 알프레드가 텐트 밖으로 고개를 내민 순간 환호의 소리를 지른다.

몽롱한 잠재의식 속에 그렇게 들렸던 것 같다. 병호였다. 봉완이 형이 무전기를 꺼내 BC를 부른다. 그리곤 병호가 무사히 내려오고 있다는 말을 전한다. 그로부터 한 시간 후 병호가 텐트 안으로 들어온다. 5시 반경이다.

그는 살았다! 우리 셋은 모두 살아있는 것이다. 가슴이 울었다. 진한 소리로…….

　새벽 4시 30분. 무전기가 삑삑거린다. 벌떡 일어나 무전기를 든다.
　"여기는 등정조, 캠프4에 무사히 도착했습니다. 병호는 뒤에 처져 있는데 지금 내려오고 있는 것이 보입니다."
　'오, 하느님 감사합니다. 저들이 계속 아래까지 무사히 내려올 수 있도록 보살펴 주시옵소서.' 전날에 이어 어젯밤도 꼬박 밤을 지새운 종원이가 무릎을 꿇고 감사기도를 드리고 있다. 순간, 나는 대표 얼굴과 마주쳤다.
　수염이 덥수룩한 얼굴에 눈물을 글썽이고 있는 그를 보며 대표가 저렇게 야위어 보인 적은 처음이 아닌가하는 생각이 스친다. 정말 밤사이에 너나 할 것 없이 얼마나 애간장들을 태웠을까. 5시 30분경, 다시 무전이 온다.
　"병호가 지금 막 무사히 캠프4에 도착했습니다. 잠시 쉬었다가 하산하겠습니다."
　그들이 한잠 자고 느지막하게 출발하는 것이 좋은지 아니면 피곤하더라도 일찍 하산하는 것이 좋은지 그들의 상태를 모르니 답답하기만 하다. 그래도 빨리 내려왔으면 싶은데…….
　6시 30분쯤 다시 연락이 온다.
　"여기서 쉬면 퍼질 것 같으니 곧 출발하겠습니다."
　"정말 잘 생각했다. 병호의 상태는 어떠냐?"
　"무척 피곤해 보입니다만 내려갈 수 있을 것 같습니다. 내가 옆에서 함께 하산하려고 합니다."

"그런데 다른 팀들은 지금 어떠냐? 이곳에서 무척 궁금히 여기고 있다."

"지금 맨 선두에 쿠르드와 쥴리 그리고 약 30분 거리로 빌리와 알프레드, 맨 뒤에 앨런과 무르프카가 등반 중입니다. 여기선 모두가 잘 보입니다." "다른 사람은 어떤가?"

"하네스는 몸 컨디션이 좋지 않다고 기권한 채 지금 내 옆에서 누워있고, 폴란드인 2명은 앨런의 텐트에서 잠에 골아 떨어졌습니다. 그리고 어젯밤 병목 부근에서 보이테크가 떨어져 죽었습니다."

"아니, 그럼 또 한 명이 죽었단 말인가? 그런데 그 사람이 보이테크가 분명한가?"

"그렇습니다. 자칭 자기 별명이 제임스 본드라고 하던 그 사람이 죽었습니다."

"잘 알았다. 그럼 조심해서 하산한 후 캠프3에서 다시 통화하자."

우리 등정 팀은 지금 모두 무사히 하산하고 있어 더없이 기뻤으나 뜻하지 않던 또 한 명의 죽음소식을 듣고 베이스캠프의 모두는 다시금 침울해졌다.

보이테크 브로츠는 멋진 콧수염에 야성미 넘치는 사나이로 체격도 아주 이상적으로 발달된 44세의 중년신사다. 외모에서 풍기는 인상은 제임스 본드 이상으로 강하고 냉철한, 마치 냉혈한 같은 인상의 소유자다.

항시 담배 파이프를 물고 다녔고, 우리가 보여준 007 영화를 보고는 고향에선 자기 별명이 제임스 본드라며 웃던 사나이다. 그는 폴란드에서는 매우 잘 알려진 산악인이다.

1960년대부터 동부 알프스를 주름잡던 일급 클라이머였으며 히말라야로 진출해서도 1978년 칸첸중가 남봉(8,491m)을 등정했고 그 후에도 1984년에는 칸첸중가 연봉의 얄룽캉(8,505m)을 동계에 초등한 기록도 보유하고 있다.

그는 K2에 남다른 정열을 보였었다. 1976년과 1982년에 모두 8,200m까지 올랐으나 실패했다. 이번에 세 번째로 K2에 도전하여 드디어 정상 등정의 한을 풀었으나 그 자신 K2의 품 안에 영원히 잠들게 된 것이다.

이렇게 길고 긴 24시간이 감격과 슬픔과 좌절과 기쁨이 뒤범벅이 된 채 지나갔다. 길고 긴 24시간이.

모하메드 알리의 최후

8월 4일은 아침부터 갑자기 바빠지기 시작했다.

밤새 너무나 답답했던 악몽의 시간은 사라지고 각 캠프에 다시금 생기가 넘치고 있었다. 이 지상 최대의 피라미드는 한국의 용감한 사나이들에 의해 곳곳에서 새로운 삶이 꿈틀거리고 있는 것이다.

가셔브룸 산군과 쵸코리사의 산등성이에 아침 햇살이 쏟아질 때의 그 아름다움은 전혀 새로운 것이었으며, 햇살이 계곡의 바닥까지 쏟아져 돌 하나하나 비출 때는 이 세상의 아름다울 수 있는 모두가 합쳐진 것이 바로 이런 것이 아닐까하고 느껴졌다.

아부르찌 능선이 시작되는 고드윈 오스틴 빙하의 끝에서부터 빙하의 줄기는 긴 잠에서 깨어난 듯 기지개를 펴면서 힘찬 파도를 일으키며 우리의 BC를 지나 저 아래 콩코르디아까지 뻗어나가고 있었다. 나는 캠프4에 공격조가 모두 무사히 도착했을 때 각 캠프를 불러 빨리 아침을 먹고 출발준비를 하고 있으라고 지시했기 때문에 다시 각 캠프를 불렀다.

"캠프4의 등정 팀은 하산할 때 꼭 필요한 것만을 지참하고 텐트, 매트리스, 버너 등은 오스트리아 팀을 위해서 그 자리에 놔두고 떠나라."

"캠프3의 송영호는 등정조를 맞이할 채비를 하라. 그리고 따뜻한 차를 준비하여 위로 마중을 나가라."

"캠프2의 권순호는 캠프3으로 올라가서 공격조의 하산을 도와줘라. 그리고 캠프3의 모든 장비, 식량 일체를 건드리지 말고 그냥 두어라. 위에 있는 다른 팀들이 하산할 때 아주 절대적인 휴식처가 되기 때문이고 이제 캠프3에 있는 장비는 우리에겐 별 소용이 없다."

"캠프1의 유재일과 김현수는 그곳에 대기 중인 포터 2명을 데리고 캠프2로 올라 캠프 2를 철수시켜라. 그러나 텐트와 식량, 연료 등 그들이 필요한 것들은 그대로 놔둬라. 그리고 캠프2와 1의 구간에 등정조의 안전한 하산을 맡아라."

"캠프1의 홍옥선은 캠프1의 철수준비를 서둘러라. 그리고 위에서 내려오는 모든 대원들의 먹을 것과 마실 것을 준비하라."

"ABC의 정상모, 송정두는 그곳 포터들을 모두 데리고 캠프1로 올라 캠프1을 철수시켜라. 그리고 등정조의 안전한 하산을 도와라."

"ABC의 하관용은 위에서 내려오는 모든 대원들의 따뜻한 잠자리와 맛있는 음식을 충분히 준비하라."

"BC의 정덕환과 배종원은 BC의 고용인들을 모두 데리고 ABC로 올라 1차 철수작업을 개시하라."

BC도 바빠지고 있었다. 전날 종원이가 산출해낸 BC 철수 물량을 다시 점검하여 내일 아침 일찍 내려가는 메일러너를 통해 로컬포터들을 불러오도록 해야 한다. 윤대표, 임경수는 BC 정리 작업에 들어갔으며 민상기와 최덕신은 기사 및 필름 송고 준비를 시작했다. 최덕신 대원은 정상의 필름을 받는 대로 메일러너와 함께 내일 아침 BC를 떠날 예정이다. 나는 대한산악연맹과 한국대사관, 파키스탄 관광성, 기타 우리의 성공을 알릴만한 곳에 소식을 전하려고 편지를 쓰기 시작했다. 정부연락관도 우리 등정 리포트를 작성하고 있다.

한편, 폴란드의 2진도 계속 등반 중이었다. 그들은 어제 8,200m쯤 진출한 모양이다. 야누스 마이어 대장은 무전으로 폴란드 1진 소식을 물어온다. 오스트리아 팀 연락장교가 답변하려하기에 나는 얼른 무전기를 뺏어 들었다. 연락장교는 산악인이 아니다. 더구나 2진에는 여자가 두 명 있다. 나는 무전기로 "폴란드 팀 3명 어제 저녁에 등정 성공, 새벽에 캠프4에 도착, 휴식 중이나 곧 한국 팀 뒤를 따라 안전하게 동남릉으로 하산할 것임."이라고 간단히 설명해주었다. 한창 등반 중인 팀에게 그들의 대원이 죽었다고 말할 수는 없는 노릇 아닌가.

무르프카도 궁금해할 것 같아 지금 앨런과 함께 정상을 향해 등반 중이라고 간단히 설명한 후 그들의 상황을 물었다. 지금 정상 쪽에 가스가 끼기 시작하고, 힘이 들어 그들의 1진이 정상 등정을 확실히 성공했다면 곧 철수준비를 하겠다고 대답한다.

예상외로 등정조는 일찍 캠프3에 도착했다. 차를 한잔 마시고 어느 정도 여유를 갖게 되자 어젯밤의 이야기를 자세하게 설명한다. 옆에서 최덕신 대원은 열심히 녹음한다. 끝으로 장 부대장은 민상기 대원에게 무비카메라를 정상까지 갖고 가지 못해 미안하다고 말한 뒤 정상을 담은 필름 때문에 창선이를 먼저 하산시키고, 자신은 병호가 오기를 기다려 같이 내려가겠다고 한다.

하늘은 맑게 개여 코발트색으로 빛나고 있다. 간간히 새털구름이 돛단배마냥 떠다니고 있다. 그러나 K2의 어깨 위는 하얀 구름으로 쫙 덮여있다. 저 구름 속에는 아침에 캠프4를 떠난 6명이 필사의 등반을 전개하고 있겠지. 폴란드인 2명도 지금쯤 일어나 하산준비를 서두르고 있으리라.

다음은 캠프2의 권순호 글이다.

즉시 대장님의 철수명령이 떨어졌다. 캠프3의 철수작업을 돕기 위해 아침식사를 제대로 할 마음의 여유가 없었다. 곧바로 캠프3으로 향했다. 등반 성공 뒤라 그런지 발걸음이 가벼웠다. 콧노래가 절로난다. 날씨도 쾌청했다. 2시간쯤 올라갔을까 정상을 다녀온 사람 같지 않게 창선이가 혼자 쏜살같이 내려오더니 "형, 수고해주세요." 란 말 한마디와 밝은 미소를 던지고는 다시 쏜살같이 내려가며 시야에서 사라진다. 갑자기 마음이 뿌듯해지며 기분이 상쾌해진다. 캠프3에 도착한 시간이 10시 30분경이었다.

영호 형 혼자 짐을 싸느라 분주하다. 봉완 형은 매트리스만

간 채 누워있으며 50여m 뒤에서 장병호가 내려오고 있다. 병호 자신은 잘 걸어 내려온다고 생각했는지 모르겠지만 내가 보기에는 완전히 오징어가 걸어 내려오는 것 같았다.

먹을 것을 찾으며 한숨 자고 가겠다며 먼저 가라고 큰소리친다. 병호는 언제 봐도 큰 덩치에 어울리게 호방한 성격을 지니고 있는 멋진 녀석이다.

남쪽에서 어두운 구름이 몰려오고 있고, 바로 위에서부터 꽉 차있는 구름은 K2를 떠날 것 같지가 않다. 갑자기 위에 있는 외국인들이 걱정된다.

장 부대장은 캠프3에서의 느낌을 이렇게 전한다.

날이 화창할 때 어깨 위의 크레바스 지역을 무사히 빠져나왔다. 만일 그곳에 가스가 꽉 끼어있었다면 제대로 하산 길 찾기가 여간 어렵지 않았을 것이다. 모리스와 릴리안도 그곳에서 길을 잘못 들어섰거나 길을 찾다가 봉변을 당했음이 분명했다.

멀리 아래로 캠프3이 보이고 영호가 손을 흔들며 마중 나오고 있다. 그는 내가 가까이 오자 따뜻한 차를 한 컵 가득 담아주면서 눈물을 글썽이다가

"형, 고맙습니다."라고 말한다. 나도 방금 그에게 고맙다고 말을 하려던 참이었다.

"야! 고맙다는 말은 하지 마라. 너야말로 정말 수고가 많았겠구나." 나는 영호의 손을 꽉 쥐고 놓을 줄을 몰랐다.

캠프3에 도착해 BC와 무전교신을 끝내자 순호가 올라오더니 영호와 똑같은 말을 한다. 그렇구나. 이제야 실감이 난다. 우리는 완벽하게 해낸 거다. 우리는 기어코 해내고야 말았다.

이들이 캠프3을 철수할 무렵 텐트와 매트리스, 연료, 버너, 식량, 무전기 등을 그대로 놔두고 하산하라고 다시 일렀다. 아침에 날씨가 맑고 화창하더니 서서히 구름이 K2의 정상부위를 뒤덮기 시작한다. 이제는 제법 두터워져 K2 중턱까지 드리우고 있었다.

구름의 색깔도 점점 짙고 어둡게 변해가고 있었으며, 검은 구름덩이는 서서히 아래로 번지고 있는 게 아닌가. 그사이 우리 팀은 빠른 속도로 캠프2의 철수도 끝내고 캠프1로 하산 중에 있었다. 그런데 검은 구름은 바로 우리의 후미를 뒤쫓아 점점 아래로 번지고 있다. 이는 마치 도망자인 우리 대원들을 뒤쫓는 거대한 병력의 추격대처럼 느껴졌다.

바람이 점점 거세게 불더니 눈발이 일기 시작한다. 아주 불길한 예감을 주는 눈보라가 점점 더 거세어진다. 하늘에는 구름이 떼를 지어 때로는 북쪽으로 때로는 남쪽으로 분주히 오가고 있다. 이것이야말로 엄청난 폭풍설을 예고하는 전주곡 같았다. 지금 하늘이 노하고 계신 것이다.

철수 팀의 선두는 벌써 ABC에 도착했고 후미는 이제 캠프1을 떠난 상태였다. 하늘은 점점 우당탕거리기 시작하고 있다. 이들이 ABC에 완전히 도착하기 전에는 도저히 마음을 놓을 수 없는 긴박한 상황이다. 이때였다.

ABC로 하산하고 있던 송정두의 다급한 목소리가 무전기에서 울려 나온다. 우리 포터 한명이 낙석에 맞아 그 자리에서 죽었다는 것이다. 아니, 뭐라구? 이건 또 무슨 날벼락이란 말인가. BC의 나는 너무 놀라 들고 있던 찻잔을 떨어뜨릴 뻔했다.

송정두는 이렇게 말한다.

캠프1을 출발한 우리는 맨 뒤에서 마지막 힘을 쏟으며 ABC를 향해 하산하고 있었다. 오를 때 설치해놓은 고정로프들이 아주 믿음직스럽다. 그때는 공연히 아까운 에너지만 소모한다고 투덜거리곤 했었는데 한 번 설치해놓은 후에는 오르고 내리기가 아주 편했다. 아마 내년도에 이 루트를 오르는 팀은 우리들의 덕을 단단히 보게 될 것이다.

이런저런 생각을 하며 내려오는데 앞서 간 포터들이 모두 한자리에 모여 꼼짝하지 않고 있다. 순간 누가 다쳤나보다 생각했다. 속도를 내기 시작했다. 그들의 모습을 보아 다친 사람은 대원이 아닌 포터가 분명했다. 만일 대원이었다면 우리를 향해 빨리 오라고 손짓을 했을 테니까.

가까이 가보니 한 포터가 거꾸로 쓰러져 있는데 머리가 온통 벌겋게 물들어 있고 배낭과 옷 모두가 온통 피투성이다. 끔찍스럽다. 자세히 보니 고소포터의 리더인 모하메드 알리가 아닌가. 뒤통수에 낙석을 맞고 앞으로 고꾸라지면서 바위에 앞이마를 부딪쳐 즉사한 것이다. 주위의 눈도 온통 피투성이다.

뒤따라 내려오던 부대장님은 모하메드와 고정로프 사이의

카라비너를 풀더니 침착하게 아래로 끌고 내려간다. 그리고 다들 따라오라고 한다. 봉완 형은 등반뿐만 아니라 남들이 하기 싫어하는 이런 일을 처리하는 데도 선배로서 역시 남다른 훌륭한 면이 많구나하는 것을 새삼 느낀다.

시신을 바위들이 몰려있는 약간 평평한 바위 위로 약 100m를 끌고 내려가 옮겨놓더니 나보고 무전기로 BC를 부르라고 한다.

나는 이 뜻하지 않은 사고를 과연 어떻게 처리할까 궁리하기 시작했다. 우선 누구의 실수인지를 물었다. 아무의 잘못도 아니고 많은 낙석들을 이리저리 피하며 내려오면서 모하메드가 다른 포터들에게 조심하라고 소리치다가 자신이 낙석에 맞았다는 것이다. 이미 2시간 전의 일이란다.

나는 즉시 정부연락관을 불러 사실을 이야기하고 어떻게 했으면 좋겠는가 하고 물었다. 연락관은 무전기로 한 포터와 한참 이야기를 하더니 현장 가까운 곳에 그냥 묻는 것이 제일 좋다고 대답한다.

"우리 한국 관습에 따르면 시신을 아래로 운반하여 BC 부근에 묻습니다. 그래야 가족이나 친구들이 나중에 성묘하러 올 수 있으니까요."

"파키스탄에서는 특히 이 지방 사람들은 시체 만지기를 극히 꺼려합니다. 그러니 가까운 곳에 묻는 것이 제일 상책이지요. 대신 묻을 때 바위틈에 시신을 잘 끼워 넣고 그 위를 돌로 쌓아 밖에서 보이지 않게 해주십시오."

라고 대답한다.

나는 그대로 지시하면서 부대장은 그냥 하산하고 송정두가 포터들을 이끌고 완전히 마무리한 후 제일 늦게 하산하라고 지시했다. 캠프3에 누구보다도 가장 많이 진출했었고 수송 작전에도 힘든 일을 도맡아하던 정두는 다시 한 번 궂은일을 해야만 했다. 그러고 보니 모하메드 알리와 정두는 무척이나 친한 사이였다.

점점 찌푸린 상태로 눈보라가 몰아치던 날씨는 이젠 진눈깨비를 동반한 비로 바뀌고 있었다. 폭설과 폭우가 계속 반복되고 있는 가운데 또다시 일주일 전의 날씨로 돌변한 것이다. 그렇다면 우리 한국 팀도 프랑스 팀이나 이탈리아 팀처럼 날씨 선택을 잘했다는 결론이 나온다. 날씨를 맞추는 목숨 건 도박에서 우리는 승리한 것이다.

저녁 7시가 되어서야 '전원 무사히 ABC 도착'이란 연락이 온다. 폴란드 2진도 악천후로 등반을 포기하고 7,400m의 캠프3으로 하산하고 있다는 연락이다.

이날 낮에는 베이스에 남아있던 오스트리아인 4명 중 직업이 대장장이라는 미하엘 메스너만 남고 3명은 BC를 철수했다. 일부 대원들이 저 위에서 악전고투하고 있는데도 불구하고 철수해야하는 이들의 심정은 과연 어떠했을까. 안타깝고 발걸음이 쉽게 떨어지지 않는 그들과 우리는 오랫동안 작별인사를 나누었다.

메일러너가 많은 편지들을 갖고 왔으니 내일 BC에 도착해서 읽으라고 말하자 단 하루도 못 참겠다는 듯이 몇몇 대원이 지금 당장 편지내용을 읽어달라고 한다. 최덕신 대원이 편지들을 들고 무전기 앞에 앉았다. 그는 전직이 아나운서가 아니었나 싶을 정도로 감정을 섞어가며 천천히 편지를 읽기 시작한다.

　주로 애인들에게서 온 편지들이다. 그 내용들은 옆에서 듣고 있는 나까지 코끝이 찡하고 눈물이 핑 돌게 한다. ABC에서 듣고 있는 당사자들의 심정은 나보다 훨씬 더하겠지. 특히 재일이의 나이 어린 조카가 쓴 편지는 정말 가슴을 뭉클하게 하는 무엇이 있어 나도 모르게 눈물이 주르륵 흘렀다.

　우리들은 등정에 성공했고 무사히 하산했다.

　그러나 ABC를 불과 500m 앞두고 저 세상으로 사라진 모하메드 알리에 대한 슬픔과 캠프4 위에 남아있는 7명과 어디쯤 하산했는지 알 수 없는 2명의 폴란드인에 대한 걱정 등으로 그야말로 희비가 공존하는 밤이 되었다.

　"이곳의 지배자이신 알라신이시여! 부디 모하메드 알리의 영혼을 따뜻이 받아주시옵소서. 그리고 신이시여! 저 위에 있는 산악인들을 끝까지 돌봐주시옵소서."

K2여! 안녕

자랑스러운 용사들

새벽이 되자 서둘러 일어났다.

 최덕신 대원이 메일러너와 함께 BC를 철수하는 날이다. 그는 스카르두까지 오로지 그의 두 다리만 믿고 달려가야 한다. 또한 메일러너는 내려가는 도중에 고로에 있는 군부대에 들려 우리의 정부연락관이 작성한 등정소식 리포트를 전달한 후 아스꼴리로 내려 70명의 로컬포터들을 이끌고 다시 이곳으로 올라와야한다.

 마치 여름장마처럼 주룩주룩 비가 내린다. 아니 이 고도에서 어째서 이런 큰 비가 내리고 있단 말인가. 정말 믿을 수 없는 노릇이다. 무섭다. 날씨는 잔뜩 찌푸려있다.

 대충 정리를 끝낸 최덕신은 한 잔의 커피를 마시고는 손을 흔들며 이내 빗속을 헤치며 BC에서 사라졌다. 한참 후 우리는 그가 서둘러 출발하느라 침낭을 놓고 간 사실을 발견하곤 무척 놀랐다. 이런 엄청난 실수를 저지르다니. 전달할 방법이 없다. 침낭 없이 매일 밤을 쪼그리고 앉아 덜덜 떨고 있을 그를 생각하니 걱정이 안 될 수 없었다. 그것 참!

눈과 구름속의 K2

10시가 되어도 흐린 날씨에 비는 그칠 줄 모르고 주룩주룩 내리고 있다. ABC에서는 곧 출발한다는 연락이 온다. 그렇다. 우리는 저들을 맞이할 준비를 해야 한다. 짙은 안개가 무겁게 주위를 감싸고 있는 가운데 내리는 비가 잠시 멈추었다. 이때 임경수 대원이 소리를 지른다.

"저기 빙하 끝에 우리 대원들이 내려오고 있다."

모두들 밖으로 달려 나갔다. 과연 10여 개의 점들이 줄을 지어 이쪽으로 움직이는 것이 아닌가. 나는 서둘러 그들을 마중 나가려고 했으나 민상기 대원이 이를 만류한다. 그들을 맞이하는 장면을 카메라에 담고 싶어 하며 이곳에서 맞이하는 것이 훨씬 낫다고 한다.

그들을 바라본다. 장한 모습들이다. 그런데 이게 웬일일까. 내가 잘못 본 것일까. 짙은 안개 속에서 이쪽으로 오고 있는 대원들에게서 고운 빛이 발산되고 있는 것 같다. 자세히 보니 저들이 걸어오는 모습 하나하나에서 아름답고 은은한 후광이 빛나고 있다.

세상에 저렇게 멋질 수가 있을까. 저들은 동화책에서나 읽을 수 있고, 꿈속에서나 볼 수 있는 하늘나라의 용맹스런 기사들의 모습 그대로였다.

정부연락관 자히드 대위는 요리사에게 무엇인가 빨리 준비하라고 이르고는 하늘을 향해 두 손을 벌리고 중얼중얼 주문을 외고 있다. 나는 다시 BC를 향해 걸어오는 대원들의 모습을 가만히 지켜본다. 저들은 기어코 해냈다.

그동안 수년간을 훈련받느라 고생도 많았고 이곳에 온 후에도 괴롭고 험한 등반을 하나같이 열심히 했다. 자신의 몸을 아끼지 않고 모든 작전과 지시사항에 얼굴 한 번 찡그리는 법이 없던 저들이다. 이 삭막한 오지에서 정말 큰일을 해 낸 것이다.

나는 저들의 모습이 저렇듯 늠름하고 자랑스러운 모습들이었든가 하면서 다시 한 번 감탄한다. 저들이야말로 정의로운 역전의 용사들이다. 맨 앞에 장봉완 부대장, 홍옥선, 송정두, 유재일, 정상모, 권순호, 김창선, 김현수, 장병호, 송영호, 하관용의 순으로 걸어오고 있다. 그 뒤로 고소포터들이 줄지어 따라온다. 그들을 바라보고 있자니 자꾸만 눈물이 난다.

'하느님, 제발 눈물을 흘리지 않게 하소서. 저희들은 이제부터 브로드피크도 올라야하고 아직 할 일이 많습니다. 그러니 대장인 내가

약한 마음을 보여서는 안 됩니다.'

BC에 있는 모두는 돌아온 사나이들과 서로를 힘껏 껴안는다. 우리들은 모두 서로에게 감사해 하고 있었다. 그러나 대원들 뒤를 이어 돌아온 고소포터들은 우리들을 보자 모하메드 알리의 죽음을 더욱 슬퍼하는 모습들이다. 나는 그들에게 무어라 위로할 말을 찾기 어려웠다. 그저 꼭 껴안기만 할 뿐이다.

7월 29일 지원조가 BC를 떠난 이래 일주일 만에 대원 모두가 한자리에 다시 모였다. BC매니저에서 이젠 일선기자로 제 직무를 찾은 최덕신을 제외하곤. 그동안 조용하던 BC가 갑자기 와자지껄해진다. 그러나 모하메드 알리의 애석한 죽음으로 유쾌하게 노래를 부르거나 흥이 나있는 대원은 없다.

어느덧 짙은 가스가 걷히며 밝은 햇살이 살며시 구름을 뚫고 우리를 내려다본다. 이 틈을 놓칠세라 모두들 그동안 흠뻑 젖고 얼어붙은 옷들과 침낭 등을 꺼내 햇볕에 말리느라 분주하다. 그리고는 서로들 그동안 고생한 이야기, 즐거웠던 이야기 등으로 꽃을 피운다.

나는 빙하의 바위 위에 걸터앉아 대원들이 바삐 움직이고 있는 모습들을 물끄러미 바라보고 있다가 그 어떤 새로운 사실을 발견해내곤 깜짝 놀랐다.

나는 언제부터인가 완벽한 히말라야 등반을 꿈꾸어 왔다. 수많은 외국팀의 보고서나 책을 읽으며 부러워하면서도 한편으로는 세상에 완벽한 팀은 있을 수 없을 거라고 생각해왔었다. 그러나 분명히 있었다.

바로 지금 내 앞에서 움직이고 있는 저들이야말로 그동안 내가 꿈꾸어왔던 완벽한 팀워크로 완벽한 산행을 이루어 낸 장본인들이다. 이 새로운 사실을 발견하니 너무 기뻐 벌떡 일어나 하늘을 향해 환호성을 외치고 싶은 충동이 일었다. 희색이 만연한 내 곁에 이틀 밤을 꼬박 뜬눈으로 지새웠던 종원이가 오더니 의미 깊은 한마디를 전한다.

"대장님, 이제 이곳은 벌써 겨울로 접어드는 환절기인 것 같습니다. 날씨의 변화가 매우 심합니다. 우리들은 결국 라스트 찬스에 성공한 것입니다. K2와의 끈질긴 투쟁에서 기어이 우리는 승리한 것입니다."

모두들 분주히 움직인다. 하관용은 맛있는 케이크를 준비한다고 바쁘다. 몇 사람의 대원들이 정성들여 만든 음식들이 준비되었다.

얼큰한 찌개, 진수성찬 못지않은 반찬들, 알파미가 아닌 국내에서 갖고 온 기름진 쌀밥. 그동안 깊이 간직되어 왔던 위스키 2병이 모두 꺼내졌다. 영국 팀이 철수하면서 성공한 후 축배로 들라고 준 샴페인도 꺼냈다. 식사 전 배종원 대원이 대표로 기도를 드린다.

"하느님 아버지. 그동안 저희 원정대가 K2 정상에 오를 수 있도록 은총을 베풀어주신 하느님께 감사기도를 드립니다. 그리고 그동안의 모든 역경을 이기고 대원 모두가 무사히 산행을 마칠 수 있도록 도와주신 하느님께 감사를 드립니다.

저희들의 두터운 팀워크와 아름다운 우정이 오래도록 변치말기를 기도합니다. 지금 고국에는 저희들의 가족들이 애태우며 염려하고 계십니다. 그분들 모두에게도 축복을 내려주시고 주님의 은총이 끝까지 함께하기를 기원합니다.

 또한 원정대를 이끄시느라 불철주야 애쓰신 대장님과 가정에 주님의 은혜가 가득하길 기도합니다. 그리고 우리 원정대의 성공을 위해 최선의 노력을 아끼지 않았던 우리의 친구 모하메드 알리가 안타깝게도 유명을 달리했습니다.

 주여 그의 영혼을 따뜻하게 맞아주시고 그의 가족과 친지들에게도 주님의 은총을 내려주시옵소서. 아멘."

 기도가 끝나자 모두의 표정이 경건하고 평화스럽게 보인다.

 "감사히 먹겠습니다."

 우렁찬 목소리와 함께 숟가락을 힘껏 든다. 다들 요란스럽게 먹고 있다. 등반에 대한 긴장이 풀리니 밥맛이 좋은 모양인가 보다. 위스키의 양이 모자라 샴페인과 위스키를 섞어 큰 잔에 넘치게 따라 잔을 돌려가며 마셔야 했다.

 신나게 먹는 사이에도 저 술을 누가 혹시 더 많이 마시지나 않을까 걱정이 되는지 검게 탄 얼굴에 돌려지는 술잔을 주시하느라 대원들의 눈은 반짝반짝 빛난다. 특히 평소 주량이 많은 현수, 창선, 병호, 옥선, 정두, 관용이에게 술잔이 전해질 땐 먹는 동작을 멈추고 뚫어지게 응시하고 있다. 모두들 즐겁게 이야기하면서 신나게 먹는다.

 '하나님 정말로 고맙습니다. 저희 대원 모두가 한 사람도 다치지 않고 이곳에 모였으니 정말로 기쁩니다.'

 기도 같은 소리가 나도 모르게 새어나온다. 다시금 코끝이 찡해온다. 그리곤 무엇인가 목에 걸린 듯해서 음식이 넘어가지를 않는다. 그래도 먹어야한다. 웬만큼 아파도 아픈 척하지 말아야하고 먹고 싶

'눈 속의 사자' 우리의 동반자 모하메드 알리의 추모식

지 않아도 맛있게 먹어야하는 것이 히말라야 원정대에 있어 대장이 지켜야할 의무 중 하나이니까…….

이날 밤은 정말 더없이 포근한 잠의 세계로 빠져 들었다. 아침에 일어나니 밤사이에 눈이 제법 많이 왔다. 우리는 아침식사 후 죽은 고소포터 모하메드 알리의 장례식을 치르도록 했다. 정상모의 지휘로 간단한 제단이 마련되었다. 나는 추도사로 무슨 이야기를 할까하다가 모하메드 알리에게 '눈 속의 사자'라는 칭호를 붙여야겠다고 마음먹었다.

제임스 램지 울만이 에베레스트 초등정자 셰르파 텐진 노르게이의 일대기를 소개한 책 제목이 『눈 속의 호랑이 *Tiger of the Snow*』였기 때문에 8,000m봉을 두 개나 등정한 파키스탄 최고의 산악인 모하메드에겐 '눈 속의 사자'가 진정 걸맞는 칭호 같았다. 대원들과 우리 원정대에 속해있는 모든 파키스탄 인들이 복장을 단정히 하고 제단 앞에 모였다.

나는 영어로 간단한 추도사를 통해 우리의 진정한 친구이고 위대한 산악인인 '눈 속의 사자' 모하메드 알리를 영원히 잊지 못할 것이며, 그의 가족들에게는 모든 시련을 이겨내고 행복하게 살 수 있도록 알라신의 가호가 함께하기를 바란다고 말했다. 파키스탄 인들은 정부연락관 자히드 대위의 선창에 따라 그들의 관습대로 알라를 향하여 기도를 드렸다. 그리고 추도식이 끝나자 대원들과 파키스탄 인들은 다시금 굳은 악수와 포옹을 나누며 이들 동료의 죽음을 애도했다.

오후가 되자 쓰러질 듯이 힘없이 걸어 내려오는 두 사람이 보였다. K2 서릉으로 초등정을 이룩한 후 BC로 개선하는 폴란드인 프세미스와프 피아세츠키와 체코인 베테르 보지크였다. 이들도 동료 한 명의 죽음으로 인해 비록 무사히 하산했으나 무척 우울해보였다.

마침 우리 본부에는 브로드피크 등반 중인 호주 육군 팀과 서독 팀 대원들이 등정 축하 인사차 방문해 있었다. 호주 육군 팀은 파트 컬브란 소령을 대장으로 15명의 등반대원으로 구성되어 있다. 이중 두 명만 민간인이고 13명은 모두 현역군인들이라 이들에게서 풍기는 인상은 마치 서부영화에 나오는 남부의 거친 카우보이들 같았다.

대장은 내후년인 1988년도 봄철에 에베레스트를 등반할 예정이며, 루트는 1963년에 미국 팀이 오른 서릉루트와 똑같다고 말한다. 그는 나에게 에베레스트에 대해 자세히 물어왔다. 산소 사용에 관해서도 아주 자세히 묻기에 친절히 대답해주고 우리의 남은 산소통 3개와 마스크 등을 주었더니 무척 고마워한다.

서독 팀은 유명한 등반가 시기 후프파우어 대장을 포함하여 남자 4명 여자 1명으로 구성되었지만 여자는 의사라고 한다. 이들 대원중에는 1979년에 라인홀트 메스너와 함께 K2 정상에 올라섰던 미하엘 다허가 있었다. 그는 이미 10개의 8,000m급 고산을 등정한 현존하는 최상급의 독일 산악인이다. 그는 장병호의 손을 꼭 쥐며 K2 정상에 오른 자기 후배라고 좋아한다. 이들에게도 우리의 식량 여분을 넉넉히 주었더니 아주 고마워하고 기뻐한다.

이제는 브로드피크 등반에 관해 진지한 토론을 시작할 차례다.

며칠 전 윤 등반대장과 내가 세워놓은 계획은 우선 몇 명의 대원들이 포터들을 이끌고 캠프1과 캠프2에 약간의 짐을 한 번에 올려놓은 후 날씨 좋을 때 단번에 BC에서 정상까지 3일 만에 오르자는 작전이었다. 그리고 정상에 오르고자 원하는 대원은 누구나 올라가게끔 하리라 마음먹었었다. 고소적응에 문제가 있겠지만 나도 한번 도전해 보리라.

이 계획은 충분히 가능한 것으로 보였다. 대원들의 고소순응은 당연히 잘 되어있고, 지금 브로드피크는 BC부터 정상까지 많은 원정대가 오르내린 덕분에 길이 잘 나 있어 우리는 그저 그 길을 따라 올라가기만 하면 되기 때문이다.

재작년(1984년) 폴란드의 작은 영웅 크리스토프 비엘리스키는 브로드피크의 BC에서 정상을 하루 만에 올랐다가(16시간) 내려와(6시간) 세상을 놀라게 했다. 우리도 중간지점에서 1박할 장비와 식량 등이 올려져있다면 몇 대원은 1박 2일로도 충분히 정상에 오를 수 있을 것 같다. 이렇게 별 힘을 안 들이고 8,000m의 고봉을 올라갈 수 있는 기회란 그리 많지 않으리라. 이는 하늘이 우리에게 베풀어주시는 특별보너스처럼 여겨지기도 했다.

사실 이탈리아 팀의 프랑스인 보누아 샤무가 K2를 ABC에서 정상까지 23시간 만에 올라갈 수 있었던 것도 이미 한 달 이상 충분한 고소순응을 끝낸 후, 기가 막히게 좋은 이상적인 날씨를 만났다. 여기에 7,500m까지는 한국 팀이 닦아놓은 루트와 고정로프 덕을 톡톡히 보았기 때문이다.

7,900m이상에서도 이탈리아 팀이 캠프를 설치해놓은 후 정상까지 다섯 대원이 먼저 올라가며 길을 만들어 놓았기 때문에 가능했다. 이런 점에서 볼 때 정상에 오른다는 사실은 중요하지만 그 오르는 과정에 있어 얼마만큼 빨리 올랐느냐는 그리 중요한 것이 아니다.

가령 보누아 샤무가 고소적응이 아직 안된 상태였거나, 정상까지 길이 없이 심설이 깔려있었다거나, 날씨가 좋지 않은 때였다면 그렇게 빨리 오를 수가 있었겠는가. 등정은 고사하고 하루 100m 전진도 불가능했을 것이다.

아무리 알파인 스타일이라 해도 히말라야 고산등반에 있어 빠른 시간의 속도 등정은 그렇게 대단한 가치를 부여할 필요가 없다고 느껴졌다. 물론 남보다 빨리 올랐다는 것은 그 본인에게는 자랑거리가 될 수 있다.

빨리 오른다는 것은 보다 강인한 체력과 스피드 있는 탄력성, 피로의 빠른 회복력, 끊임없는 체력단련 등을 밑바탕으로 갖춰야 가능하기에 이에 찬사를 보낼 이유는 충분히 있다. 날씨변덕이 심할 경우 빠른 등정과 하산이 오히려 더 안전을 보장받을 수도 있다.

그러나 고산등반이란 그러한 스피드의 기록만을 추구하는 일반 스포츠처럼 얄팍한 것이 아니다. 달라도 많이 다르다. 물론 스포츠 정신은 등산에 있어서도 밑바탕으로 중요하다. 그러나 특히 히말라야와 카라코룸의 고산등반에 있어선 그 기본 위에 미지의 세계를 향한 개척정신과 모험심이 충만해야한다.

대자연의 장엄하고 심오한 신비 속에 함께 동화되는 신선한 감각을 지녀야한다. 또 자연의 변화무쌍한 조화를 과감히 이겨나가며 위험을 슬기롭게 극복하는 지혜가 겸비되어야한다. 때로는 그 속에서 종교적인 경지의 인격도야와 자기극복의 수도자와 같은 숭고함도 있어야 할 것이다.

가령 아이거 북벽을 좋은 조건 아래에서 몇 시간 만에 오른 초스피드의 젊은 산악인과 악천후 속에서 악전고투하며 3박 4일 만에 오른 산악인 중 과연 누가 더 위대한 등반가이며 훌륭한 산사람인가를 비교할 수 있겠는가. 생각하는 관점에 따라 서로 다를 것이다.

에베레스트를 사우드 꼴에서 아침에 출발해 정상을 오른 후 저녁 때에 6,500m의 캠프2까지 내려온 산악인이 있는가 하면, 악천후를 만나 영국의 마이크 버크처럼 정상아래 불과 50m 지점에서 행방불명 된 산악인도 있다.

마이크 버크의 경우는 1975년 가을 그 당시에 내 자신 에베레스트 BC에 있었기 때문에 함께 오른 피터 보드맨이나 셰르파 파 템바로

부터 자세한 이야기를 들었다. 그는 정상에서 사진 찍고 하산하다가 죽었을 것이 확실했지만 정상 등정의 근거가 없기에 에베레스트 등정자 명단에는 안타깝게도 그의 이름이 빠져있다.

새로 개발되는 신형장비에 대한 의존도 역시 산악인들에게는 한 번쯤 거론되어야 할 것이다. 약 한 달 전에 쿠르드 영감이 그의 아이젠을 들고 고치러 우리 베이스에 왔었다. 나는 그때 그의 아이젠을 보고 너무 놀랐었다.

10발 아이젠으로 대략 30년 전쯤 제작된 듯 오래된 장비였다. 일찍이 30년 전에 브로드피크와 다울라기리 1봉을 초등정한 이 살아있는 전설이 이런 고전적인 장비로 요즈음 최첨단 장비로 무장된 젊은 산악인과 어깨를 나란히 하며 험준한 K2를 오르는 것이다. 더욱이 고산등반에 있어 아이젠만큼 비중이 큰 장비는 없음에도 불구하고 말이다.

나는 고치러 온 아이젠을 쿠르드 영감의 발 옆에 던지며 한마디 했다.

"아니, 지금이 어느 시대인데 이런 구닥다리 장비를 아직도 사용하는 거요?" 했더니 쿠르드 영감은 껄껄 웃으며 "다음번에는 바꾸도록 하지요." 라고 말하며 아이젠을 줍는다. 그는 결국 철사로 수리하더니 이상 없도록 고쳤다고 어린애처럼 좋아했다. 나는 그때 그의 웃는 모습을 보고 '저 분이야말로 진정한 산사람이다.'라고 느꼈다.

최첨단장비로 스피드 있게 여러 산을 마구 오르는 요즈음의 젊은 이나 8,000m 이상의 고산을 그렇게 10개 이상 오른 라인홀트 메스너나 예지 쿠쿠츠카보다 어떤 면에서는 저 쿠르드 디엠베르거 영감이 몇 수 위의 고수로구나 하며 혼자 감탄했던 기억이 생생하다.

최신 첨단장비가 난무하는 요즈음이 그 옛날보다 더 산악사고가 빈번한 이유가 무엇일까. 대자연 속에서는 야생동물적인 감각을 포함하여 자연의 일부로 동화하는 능력과 예지력, 그리고 의지가 그만큼 감퇴되었기 때문은 아닐까.

베이스캠프 철수

브로드피크 등반은 이제 모든 계획이 수립되었다. 소위 알파인 스타일로 당초의 계획을 변경하자 이에 따라 식량도 많이 남게 되고 장비도 여유가 있었다. 그러나 문제는 역시 날씨였다. 요즈음 같이 변덕스러운 악천후가 계속되는 상황에서는 캠프1까지 오르는 것도 매우 어렵고 위험한 노릇이 아닐 수 없다.

8월 중순이 넘으면 겨울날씨로 무섭게 돌변한다는 과거 20년간의 기상에 관한 기록과 우리 BC를 철수시키기 위한 로컬포터가 14일 저녁에 도착할 예정이므로 기간도 촉박한데, 설상가상으로 우리의 K2 등정과 같은 시기에 브로드피크 정상에 오른 유고슬라비아 팀들이 하산 도중 캠프3에 묶여 3일간 꼼짝 못하고 있다면서 마치 초상집 같은 분위기다. 호주 팀과 서독 팀도 일체 산행을 중지하고 대기상태다.

또 다른 한 가지 문제는 우리 고소포터들이 그들의 리더 모하메드 알리의 죽음으로 의기소침해있다는 사실이다. 그들이 캠프2까지 단 한 번의 수송이나마 제대로 할런지 의문이었다. 날씨가 계속 나빠지자 대원들 사이에도 모하메드의 죽음은 브로드피크를 등반하지 말라는 하늘의 계시가 아닐까하는 이야기가 오고가고 있었다.

우리는 좌우지간 며칠 더 기다려보기로 하고 그때까지 날씨가 회복될 기미가 보이지 않으면 이번엔 인연이 없는 것으로 간주하고 포기하기로 했다. 그리고는 거의 전 대원이 포터들과 함께 ABC로 올라 철수작업을 계속했다.

8월 7일도 날씨는 등반이 불가함을 강력하게 암시한다.

요즈음은 위에 있는 7명과 폴란드 팀 2진의 생사여부와 과연 지금쯤 어디에 있을까하는 의문이 대화의 초점이었다. 폴란드 팀은 어찌 된 일인지 전날부터 무전통화가 안 되고 있었지만 무사히 하산할 것 같았다.

그러나 동남릉의 7명은 아무래도 걱정이 컸다. 이들이 8,050m의 캠프4에서 왜 우리 등정조를 바로 뒤따라 올라가지 않고 하루를 늦췄는지 아직도 미스터리다. 텐트가 없는 오스트리아 3명 때문이었을까. 그건 아니다.

그들에게 식사와 잠자리를 제공하느라 밤잠을 설친 팀은 바로 우리인데. 그 고도에서 오래 머무르는 건 극히 위험하다는 것을 잘 알 텐데 아쉬움이 크다. 그날 저녁부터 날씨가 돌변했기 때문이다. 그렇지만 무르프카 외에는 모두 하나같이 노련한 백전노장들이니 무사히 하산하길 기원하며 기다릴밖에.

이날도 몇 명의 대원은 포터들과 ABC의 물량을 BC로 철수시키고 있었다. 캠프1에도 철수하려고 몇 개의 큰 더블백에 잔뜩 철수물량을 담아 놓았는데 중간지점에 모하메드의 시신이 있어 고소포터들은 절대 못 오르겠다며 뒤로 물러난다. 대원들도 BC에 장비 등이 아직 넉넉한데 구태여 캠프1의 물량을 위험을 무릅쓰면서까지 철수시킬 필요가 있겠느냐는 의견이 지배적이어서 포기하기로 했다.

내년도에 동남릉 루트로 제일 먼저 오르는 팀은 어느 팀인지 몰라도 우리 캠프1에서 뜻하지 않던 횡재를 하게 되리라. 장비나 식량이나 모두 최상급이고, 잘 포장되어있어 눈보라에 파손될 염려가 없다.

그만큼의 물량을 캠프1까지 올리는 많은 시간과 노력이 한꺼번에 절약되기 때문이다. 어느 팀일지 하느님이 내려주신 즐거운 축복의 선물을 받으리라. 괜히 좋은 일을 하는 것 같은 기분이다.

저녁만 되면 으레 비가 주룩주룩 내린다. 비록 K2 등정은 성공리에 마쳤다 하더라도 브로드피크 등반 걱정, 산 속에 있는 외국 산악인들 걱정, 침낭 없이 내려가고 있을 최덕신 대원 걱정 등으로 답답하고 조급함에 마치 무언가에 쫓기는 기분이다.

잔뜩 흐린 날씨 속에 답답한 기다림만 있는 BC의 생활은 무척 단조롭다. 몇 명의 대원들은 가끔 무기력한 자세로 우두커니 앉아서 돌밭으로 스며드는 빗방울을 쳐다보곤 한다. 또 어떤 대원은 기다림에 화가 났는지 공연히 저 아래 세락지대를 향해 돌팔매질을 하거나 하릴없이 바윗돌을 힘껏 발로 차보기도 한다. 이들은 마치 우리 안에 갇힌 맹수의 모습 그대로였다.

그러나 아직은 인내심을 잃어가는 대원은 한 사람도 없다. 몇 사람은 애인이나 아내에게서 온 편지를 보고 또 보고 마치 연기자가 시나리오를 외듯이 하고 있었다. 대원들은 그렇듯 따분해 했다.

8월 8일 낮 12시경, 드디어 폴란드 팀의 2진이 무사히 BC로 귀환했다.

나는 몇 명의 대원들과 천천히 그들의 캠프로 갔다. 정 박사는 의사답게 즉시 건강을 체크해준다. 우리는 그들의 동료이자 위대한 산사나이 보이테크의 죽음을 애도했다.

키가 작은 크리스티나는 나를 껴안더니 내 가슴에 얼굴을 파묻고 흐느낀다. 이 35살의 노처녀는 영어와 독일어를 마음대로 구사하는 아주 총명하게 보이는 깜찍한 여성이지만, 동료의 죽음을 슬퍼하는 것은 우리 동양인과 다를 바 없다.

수염이 덥수룩하고 유태인 인상을 풍기는 야누스 대장은 나의 손을 잡고는 오랫동안 놓을 생각을 하지 않는다. 우리는 비록 서로 동서양이 다르고 이념이 다른 국가에서 살고 있지만 똑같은 이상을 추구하는 알피니스트들이 아닌가.

우리는 물론 이번 K2에서 처음 만났다. 처음의 한동안은 서로 견제도 하며 의식적으로 피하기도 했었다. 그러나 지금은 어떤가. 우리는 이 짧은 기간 동안에 몇 십 년을 함께 생사고락을 같이한 동료이자 절친한 친구사이로 변했다. 우리는 서로 말이 필요 없다. 그러나 꼭 쥐고 있는 서로의 손을 통하여 영원히 변치 않을 우정의 피가 진하게 흐르고 있었다.

이날 우리는 마침내 브로드피크 등반을 포기하기로 결정했다.

작금의 고약한 날씨는 과연 얼마나 지속될지 어림잡기가 무척 힘든 상황이고 이 상태로는 본격적인 등반의 시도는커녕 공격시기마저 점점 촉박해지기만 할 뿐이다. 철수계획도 대폭 수정했다.

당초 계획은 로컬포터가 도착하는 다음날 일찍 BC를 떠날 예정이었으나, 올라올 때와 마찬가지로 두 팀으로 나누어 본대가 먼저 10일에 출발하고, 3명의 대원은 로컬포터를 이끌고 15일 BC를 완전히 철수하는 것으로 계획을 수정했다.

마침 오스트리아 팀 로컬포터들이 내일 올라오기 때문에 우리 본대가 먼저 일부를 고용키로 했다. 어차피 브로드피크를 오르지 못할 바에야 하릴없이 BC에 있을 필요가 전혀 없었다.

이 계획은 즉각 실행에 옮겨졌다. 포장작업에 들어가기 전에 우선 불필요한 장비 중 일부는 고용인들에게 보너스로 나눠주기로 했다. 대원들은 그동안 즐겨 입었던 옷가지나 장비들 중에서 국내에 갖고 갈 것과 하산 시 카라반에 꼭 필요한 것들을 제외하곤 모두 꺼내 그동안 정들었던 고용인들에게 나눠줬다.

헌신적으로 일해 온 고용인들에게 좋은 물건이 더 많이 주어짐은 당연지사다. 대원 모두에게 사랑을 받던 키친보이 유숲과 프르만, 고소포터 알리라자와 구람나비에게는 더욱 푸짐한 선물이 주어졌다. 메일러너 샤반과 후세인에게 줄 선물은 본인들이 없기에 별도로 챙겼다. 오스트리아 팀의 요리사 라수르에게도 많은 선물을 주었다. 춤추기를 좋아하고 낙천적이며 위급할 때 몸을 아끼지 않는 라수르에게 대원들도 정이 깊이 들었나보다.

저녁식사 후에는 뒤에 남아 로컬포터를 이끌고 철수할 대원을 선출키로 했으나 윤대표 등반대장과 송영호 그리고 권순호가 자청하고 나서서 의외로 간단히 끝나버렸다. 이들 세 사람은 본대가 철수한 후 5일간을 계속 남아 있다가 철수하게 된다. 사실 지금 어느 누구도 베이스캠프에 더 머무르고 싶다는 대원은 없다. 이러한 분위기를 간파하고 스스로 자청하고 나선 세 대원이 너무 고맙다. 진정한 의리와 희생정신으로 잘 무장된 이 세 산사나이들이.

8월 9일은 하루 종일 철수준비에 BC는 무척 바빠졌다.

우선 사용하지 않고 그대로 남은 산소통이 문제였다. 스카르두까지의 포터 운반비, 카라치까지의 육로운송비는 물론 선박 편으로 국내로 반입하려니 산소는 특수화물로 처리해야만 하기 때문에 운송비가 엄청났다. 차라리 국내에서 다음번 원정에 새로 구입하는 가격과 엇비슷하여 그냥 이곳 BC에 버리기로 했다.

일부 대원은 이슬라마바드의 한국대사관에 맡기자는 의견도 있었으나 파키스탄의 고산에 한국원정대가 언제 도전할지 아무도 모르는데 대사관에 무작정 오래 보관시킬 수는 없는 노릇이다.

또 카라코룸 지역은 K2 이외의 산에서는 위급상황 외에 산소가 필요 없기 때문에 BC에 놓아두기로 했다. 이곳에 남아있는 다른 원정대에게 가져가라고 하면 좋아할 것이다.

마침 이때, 헬기가 한 대가 오더니 바로 우리 캠프 옆 공터에 내려 앉는다. 파키스탄 장교 두 사람이 내리자 곧바로 나를 향해 왔다. 나는 이중 한 사람을 금방 알아봤다. 작년에 함께 트레킹 했던 당시의 파키스탄 브로드피크 원정대의 자히드 소령이었다.

우리는 너무 기쁘고 놀라서 마치 무슨 연인마냥 서로 달려가 힘껏 껴안았다. 이 야성적이고 거친 인상의 자히드 소령을 얼마나 보고 싶어 했던가. 그는 작년에 브로드피크 정상에 올랐으나 동상으로 양쪽 발가락을 모두 절단했다며 보여준다. 그러면서 대뜸 내 2중화를 달라고 한다. 이들은 살토로캉리를 9월에 등반한단다.

대원은 모두 육군 장교로 구성됐고, 9월에 등반하는 이유는 앞으로 카라코룸의 고산도 동계등반이 가능할 것을 예상하여 외국팀들에게 동계 입산허가를 해주도록 규정을 개정하기 위한 시험등반이라고 한다. 내 이중화를 주었더니 신어보며 발가락 없는 자기 발에 딱 맞는다고 좋아한다. 참으로 친근감이 가는 사나이다.

자히드 소령은 다른 한 사람을 소개한다. 이번 원정대의 대장이며 고로에 있는 육군부대 부대장이라고 한다. 덩치 크고 수염이 덥수룩한 중령으로 군인정신이 온몸에 배어있다. 이 중령은 인사가 끝나자마자 진지한 표정으로 말을 시작하는데 물자가 넉넉한 한국 팀이 브로드피크 등반을 포기하고 철수할 것이라는 소문을 듣고 서둘러 찾아왔노라고 한다.

늦지 않아 천만다행이라면서, 가능한 한 BC에 놓고 가는 우리의 식량과 장비 등을 자기들이 인수했으면 좋겠다고 정중히 부탁한다. 그렇게 해준다면 적당한 금액으로 보답하겠다고 한다. 이 친구들 입장도 빤한데 돈을 받아봤자 얼마를 받겠는가.

사실 우리는 아직 자금에 여유가 있었다. 사고 시에 대비한 비상금이 고스란히 남게 되었고, 헬기 사용 예치금인 미화 4,000불도 되찾을 수 있어 지금 이들에게서 넉넉지 않은 돈을 구태여 받을 필요가 없었다.

현금 이외의 다른 방법으로 보답할 방법이 있느냐고 물으니 없다고 대답한다. 나는 우리 팀이 철수할 때 잉여장비와 식량 등을 이곳 BC에 놓고 가겠지만 당신네들이 필요하다면 빨리 갖고 가거나 아니면 병사들을 파견시켜 지키게 하라고 전했다.

우리 팀의 철수 후 브로드피크 원정대 혹은 다른 원정대나 트레킹 팀 아니면 파키스탄인들이 갖고 간다고 해도 우리에겐 관심 밖의 일이다.

또한 우리가 남긴 장비를 이들이 인수하건 안하건 우리는 놓고 갈 수밖에 없는 입장이다. 나는 중령에게 우리 장비를 인수할 때 그 보답으로 돈은 필요 없고 대신 꼭 등반에 성공하라고 말했다. 또 꼭 보답하고 싶다면 8월 15일 철수할 세 명의 우리 대원을 헬기로 닷소까지 내려 보내달라고 했다.

중령은 그렇게 하겠다고 말했으나 그 약속을 중령이 지켰는지 아닌지는 영원히 수수께끼로 남게 되었다. 왜냐하면 윤대표, 송영호, 권순호는 15일 로컬포터가 짐을 수송할 때 헬기를 기다리지 않고 함께 철수했기 때문이다.

이날 저녁식사 후 우리는 폴란드 캠프로 정식초대를 받았다. 그러나 우리 대원들 모두가 K2 베이스캠프에서의 마지막 밤을 나름대로 즐기고 싶었기 때문인지 하나같이 빠지길 원했다. 할 수 없이 나 혼자 이들의 캠프로 갔다.

야누스 마이어 대장과 프세미스와프 그리고 체코인 페테르가 반가이 맞이한다. 오스트리아인 미하엘 메스너와 영국인 짐 커렌도 함께 자리를 같이하여 우리 팀의 송별식을 조촐하게 마련해놓았다.

두 폴란드 여인 안나와 크리스티나가 알코올 농도 95도의 강한 액체를 꺼내더니 따뜻한 커피와 홍차에 섞어주었다. 그것을 마실 때는 커피나 홍차의 맛 그대로인데 목구멍을 타고 넘어가면 알딸딸한 알코올로 변하는 묘한 술이다. 우리는 여러 차례 잔을 돌려 마셨다.

이 유럽 산악인 모두는 한마음으로 한국 원정대의 힘찬 단결력과 일사불란한 행동 그리고 따듯한 마음씨와 우정이 넘치는 희생정신에 대해 진심어린 경의와 감사를 표했다. 이들 모두는 위에 있는 7명이 돌아와야만 철수할 수 있다고 한다.

8월 10일, 드디어 우리는 BC를 철수했다. 오스트리아 팀의 포터들 중 19명을 우선 고용했다. 모든 출발준비를 서두르는데 정덕환 박사가 자기는 남아서 15일 철수하겠다고 한다. 이곳 BC에 의사는 자기 한 명뿐이기 때문에 만일 저 위에 있는 사람들이 생존해 있다면 자기가 꼭 필요할 것이라고 한다. 나는 아무 할 말이 없었다. 다만 이 의사정신이 투철한 진짜 멋진 사나이에게 마음속으로 깊은 경의를 표했다. 정덕환 박사는 이날의 결정을 후에 이렇게 남겼다.

> 대원들은 문명세계로 돌아간다는 즐거움으로 들 떠있었다. 나 역시 이제는 지루하고 괴롭기조차 한 이 깊은 산중에서부터 하루빨리 벗어나고 싶었으나, 또 다른 생각은 저 위 7인의 외국인들이 기적적으로 생환할 경우 그들을 돌볼 의사가 꼭 있어야 할 것이라는 내면적인 갈등이 생겨 고민해야 했다.
> 만일 저들이 돌아온다 해도 심한 영양실조와 탈수, 수족의

심한 동상, 폐수종 또는 심한 고산병으로 중한 상태일 것이 틀림없다. 지금 이곳 BC에 남아있는 의사는 나밖에 없는데 나마저 팀을 따라 하산한다는 것은 인도에 어긋나는 노릇이다.

하지만 위험하고 머나먼 카라반 길을 팀에서 떨어져 뒤늦게 간다는 것도 썩 내키지는 않는다. 나는 결국 남기로 결정했다. 일단 마음을 잡고 나니 정말 의사로서 마땅한 도리를 택한 내 결정이 옳았다고 생각되어 나도 모르게 입가의 미소가 흘러나오며 마음의 여유를 되찾았다.

눈 쌓인 길을 줄을 지어 포터들이 내려가고 그 뒤를 이어 대원들이 하나 둘 떠나갈 준비를 한다. 의료박스를 든 채로 이제는 잠시 헤어져야하는 대원들과 악수를 나눈다.

"형, 조금만 더 수고해 주세요."

"농담인줄 알았는데 정말 남을 거요?"

다들 한 마디씩 우정 어린 격려를 남긴다.

"남북전쟁을 배경으로 한 영화 〈기병대〉의 윌리엄 홀덴 보다 더 멋지게 보이는데요."라고 익살맞은 농을 하는 대원도 있다.

이윽고 모두 떠나가서 폐허가 되어버린 쓰레기더미 위에 피어오르는 연기를 바라다보며 응급처리 용품과 약품들을 천천히 재정비하기 시작했다. 쓸쓸해진 베이스캠프를 때리는 바람 끝이 더욱 차갑게만 느껴진다.

후에 정 박사는 빌리 바우어와 쿠르드 디엠베르거의 생명을 안전하게 인도하게 된다.

그럼 여기에서 위에 있던 일곱 명 산악인의 처절한 사투를 간단히 이야기하고자 한다. 두고두고 '세계 등반사'에 비극으로 영원히 남을 그들의 슬픈 이야기는 이러하다.

우리가 정상에 선 다음날인 8월 4일 오후 4시경, 알프레드 이미쩌와 빌리 바우어가 정상에 오른다. 바로 뒤를 이어 앨런 라우저가 정상에 올랐다. 이들은 정상을 증명하기 위해 한국 팀이 남긴 3개의 산소통 옆에서 기념촬영을 했다. 그리곤 먼저 앨런이 하산을 시작했다. 8,450m 지점에서 등반을 포기한 무르프카를 안전하게 하산시키기 위해서였다.

저녁 7시에는 꾸준히 오른 쿠르드와 쥴리가 정상에 섰으나 하산 중 쥴리가 실족, 추락한다. 100m 이상을 미끄러졌지만 기적적으로 멈추어 이들은 이날 밤을 그곳에서 비박했다. 다음날 새벽, 다시 하산을 시작했으나 해가 뜨면서 이미 설안경을 분실한 쥴리는 바로 설맹에 걸리고 만다.

설맹으로 앞을 못 보는 쥴리를 쿠르드가 한발 한발 인도하면서 힘겹게 캠프4에 도달했다. 캠프4에서 쥴리는 오스트리아인에게 동상과 설맹을 치료받았으나 별 효과를 보지 못하고 6일 밤 침낭 속에서 잠든 채 조용히 세상을 떠났다.

그 후 3일 동안 이들은 심한 악천후 속에서 캠프4에 계속 머물렀다. 이 3일간 왜 이들이 하산을 시도하지 않았는지 영원한 수수께끼로 남게 되었다. 날씨가 그만큼 혹독했는지, 쥴리의 죽음이 이들을 움직이지 못하게 했는지, 앞장서는 리더가 없었는지, 아니면 조금 내려가다가 다시 포기하고 되돌아왔는지 아무도 알 수가 없다.

그 사이에 앨런은 서서히 죽어갔다. 그는 이미 눈동자에 초점을 잃었으며 이 세상에서 가장 아름다운 낙원에 와 있다고 믿고 있었다. 10일 새벽, 드디어 날씨는 맑아졌으나 바람은 계속 강하게 불었다. 앨런은 그의 텐트 안에서 영원히 행복한 꿈을 꾸기 위해 미소를 머금은 채 누워있었으며 나머지 다섯 명은 BC를 향해 캠프4를 떠났다.

이들이 출발한지 얼마 안 되어 하네스와 알프레드는 한 시간 간격으로 수백 미터 아래로 떨어져 죽는다. 이제 세 사람만이 남게 되었고, 간신히 캠프3에 당도했으나 이미 그곳에는 그동안의 바람에 모든 것이 사라져 버렸고 찢어진 한국 팀의 텐트자락만 남아있었다.

아직 해는 있었다. 이들은 다시 하산을 시작한다. 눈이 많은 곳은 빌리가 앞장서 나아갔고 한국 팀의 고정로프는 이들에게 빠르고 안전한 길을 인도하는 무언의 안내자였다. 그곳에는 다행히 한국 팀의 캠프2가 아직 건재해 있었다.

빌리와 쿠르드는 구세주를 만난 듯 텐트 안으로 들어갔다. 그 안에는 매트리스가 깔려있고, 먹을 것과 마실 것 그리고 연료와 버너 등이 있어 이들은 새로운 힘과 살 수 있다는 희망을 갖게 되었다.

그러나 뒤처져서 내려오던 무르프카는 결국 캠프2로 내려오지 못했다. 그녀는 내려오던 도중 어딘가에서 K2의 일부분으로 산화한 것이다. 다음날 아침 다시금 힘을 얻은 이들 2명의 생존자는 아래로 계속 내려가기 시작한다. 빌리는 그런대로 내려올 수 있는 힘이 있었으나 쿠르드는 제대로 몸을 가누지 못했다. 그러나 천만다행으로 아래까지 견고히 설치된 고정로프 때문에 추락할 염려는 없었다.

빌리는 캠프1과 ABC를 거쳐 거의 기다시피 BC에 도착한 후 뛰쳐

나온 정 박사의 손을 잡자 이내 정신을 잃고 쓰러졌다. 정 박사의 치료로 몇 시간 후에 간신히 정신을 되찾자 쿠르드와 무르프카가 뒤에 살아있을지도 모른다고 전해준다.

즉시 BC의 모두는 구조대를 편성해서 산으로 향하기 시작했다. 이들 구조대는 밤 12시쯤 ABC를 향해 쓰러질 듯 기진맥진한 상태로 조금씩 움직이고 있는 쿠르드를 발견했다. 그는 한국대가 만든 들것에 실려 BC로 운반되었다.

이들은 비록 생명은 구하게 되었지만 손과 발에 심한 동상에 걸렸다. 동상부위에서는 썩어가는 살 냄새가 몹시 풍기고 있었다. 정 박사의 정성어린 간호로 차츰 원기를 되찾게 된 이들은 정 박사와 함께 16일 구조 헬기편으로 스카르두의 병원으로 옮겨졌다.

나는 후에 스카르두의 K2모텔에서 이들 두 사람을 만났다. 쿠르드는 "쥴리가 죽었다."며 "K2는 내 인생에 있어 꿈 속의 정상이었다."라는 말만 되풀이하면서 소리 없이 눈물을 흘리며 침대에 누워있었다. 빌리는 나를 껴안고 한없이 슬프게, 슬프게 흐느꼈다.

이렇게 1986년 K2에 몰린 9개 등반 팀의 고난과 기쁨, 승리와 비극이 교차하는 그 파란만장한 막이 내리게 되었다. 미국인 2명, 영국인 2명, 폴란드인 3명, 오스트리아인 2명, 이탈리아 1명, 프랑스인 2명 그리고 파키스탄인 6명, 도합 18명이 한 시즌에 K2에서 유명을 달리했다. 그것도 한꺼번에 숨진 것이 아니라 한 사람, 한 사람씩 며칠 간격으로 죽어갔다.

이는 히말라야 등반사에 있어 사상 최다의 사고와 희생자를 발생케 한 슬픈 기록으로 남게 될 것이다.

마음은 고향으로

이제 우리는 떠나간다.

우리는 이 지상에서 가장 험준하고 거친 황무지를 이제야말로 벗어나는 것이다. 묵직한 배낭을 짊어진다. 코발트빛 푸른 하늘에는 하얀 구름을 밀치고 마치 우리의 출발을 축복해 주는 양, 화창하게 햇살이 비추고 있으며 주위의 하얀 산들이 더 없이 아름다운 모습으로 우리를 환송하고 있다.

분명 저 산들은 해맑은 미소를 띠우며 우리에게 정겹게 손을 흔들고 있다. 생각해 보니 우리가 정상에 오른 다음날 아침에 사라져 버린 태양이 오늘에야 비로소 다시 얼굴을 내밀며 나타난 거다.

참 오랜만이다. 자, 이제는 훌쩍 떠나자. 그러나 아무래도 브로드피크에 관한 한 미련이 많다. 무언가 아쉬움이 진하게 남는다. 날씨만 좋아졌다면 그대로 별 어려움 없이 끝낼 수 있었는데 너무나 안타깝다. 그러나 아쉬운 미련은 자고로 앞날을 기약하는 약속과도 같은 것이 아닌가.

한발 한발 걷기 시작한다. 곧 경쾌한 리듬을 되찾게 되겠지. 빙하 위의 대기는 쾌적하고 써늘했으며, 때 묻지 않은 신선한 공기는 들이마실 때마다 새로운 삶의 활기를 가슴 깊이 불어넣어주고 있다.

카라코룸 깊숙한 곳에서 느끼는 8월의 태양은 우리의 피부를 윤택하게 하고 변함없는 뜨거운 젊음과 정열을 다시 새롭게 심어줄 것이다. 걸어가면서 자꾸만 뒤를 돌아본다. 거기에는 우리 대원들의 4년 간에 걸친 꿈과 이상이었던 K2가 조용히 우리들이 떠나는 뒷모습을 지켜보고 있다. 옆에서 걸어가는 종원이가 제주도 민요에 가사를 바꿔 부르고 있다.

> 지친 몸뚱이 그대 차가운 품에
> 누이고 싶어서
> 아픈 영혼 그대 차가운 품에
> 누이고 싶어서
> 내 여기 왔었는데
> 다시
> 허깨비들 사는 곳으로 돌아가야 하네.
> "하찮은 세상 별 것 아니다."
> 했건 만은……
> 추억을
> 사랑을
> 그리움을 안고
> 허깨비들 사는 곳에 다시 가야 하네.

어느덧 우리들의 행렬은 브로드피크 BC에 들러 아직 등반 중인 그들을 격려하고는 벌써 콩코르디아의 갈림길에 도달해 있었다. 이제 이 지역을 벗어나면 K2는 영영 못 보게 된다. 어쩌면 지금 바라보는 K2의 모습이 내 생애 마지막 순간일지도 모른다. 다시 한 번 뚫어지게 저 하늘의 군주를 쳐다본다. 저 산 아래 빙하 위에 베이스캠프를 건설한 후 무려 50여 일간을 저 속에서 끈질기게 사투했던 순간순간들이 주마등처럼 지나간다.

우리들은 그 처절했던 전쟁터에서 승리하고 지금 돌아가고 있다. 참으로 많은 일이 벌어졌던 장소다. K2는 언제나 변함없는 저 고고한 모습으로 이 신비로운 카라코룸 왕국을 지배하고 있겠지. 수많은 문무백관이 버티고 있는 이 깊숙한 왕궁에 의연하게 앉아서.

이제 똑바로 앞을 보고 걸어가자. 저 아래 멀리 우르두까스 산기슭이 보이는구나. 저 아래 전개되는 발토로 빙하의 거친 물결을 헤치고 나가면 그때부터는 또 새로운 황무지가 앞을 가로 막을 거야. 그 속의 빠유숲에서 우리들은 모닥불을 피워놓고 진한 향기의 커피를 마시며 담소를 즐길 것이다.

다시 버려진 오지의 땅을 걸어서 나아가면 이제는 비아포 빙하에서 흘러나오는 물이 불어 브랄두 강을 외줄다리로 흔들흔들 한 사람씩 건너가겠지. 그리고는 다시 거친 황무지를 지나 이윽고 신비한 무릉도원의 마을 아스꼴리에 도착할 거다. 그곳에는 올라올 때 보관해놓은 위스키, 와인, 맥주 등이 있어 대원들은 그날 밤 곤드레만드레 신나게 마셔 댈 것이다. 아마도 인생사는 새로운 맛을 그때부터 느끼게 되겠지.

그곳엔 집들이 있고 염소, 개, 소, 닭 등의 가축이 있으며 여인들의 웃음소리, 새들의 노랫소리, 개울물 소리 등을 들으며 서서히 속세로 들어가는 거다. 향기로운 흙냄새, 신선한 풀냄새를 맡으며 울창한 포플러 나무 아래 개울물을 따라 걸으며 한층 더 뜨거운 햇살로 피부는 또다시 검게 타겠지. 그리고는 유황냄새 물씬 풍기는 노천온천에 옷을 훌훌 벗고 모두들 신난다고 풍덩 뛰어들 것이다.

따뜻한 탕 속에 앉아 시원한 맥주를 돌려가며 마실 거야. 훤히 트인 시야에 전개되는 광활한 카라코룸의 경치를 진하게 감상하면서 다음번에는 사랑하는 애인이나 아내와 함께 이곳에 트레킹 와서 목욕도 함께하는 장면을 연상하고는 피식 웃기도 하겠지.

이윽고 올라올 때 무서웠던 쫑고고개를 넘어 브랄두의 거친 급류를 끼고 끊임없이 돌들이 떨어지는 산사태지역을 과감하게 돌파할 거야. 이럴 때 몸을 아끼지 말아야 된다는 것을 대원들은 오랜 경험으로 잘 알고 있으니 별 문제없이 돌파할 것이다. 다시 차포고개를 넘거나 아니면 반대편 계곡의 전원적인 마을들을 지나 쇠줄다리를 건너 지금쯤 한창 노랗고 벌겋게 잘 익었음직한 야생살구로 포식하며 아름다운 숲을 노래하겠지.

환상의 마을 닷소에서 지프를 타고 먼지 자욱한 길을 덜커덩거리며 달리고 나면 비밀의 도시이자 꿈속의 파라다이스 스카르두에 당도하게 된다. 그곳엔 유쾌한 파키스탄 친구 샤비르와 메이브가 기쁜 마음으로 우리를 반길 것이다. 그때에 가서야 우리들은 K2대왕이 거느리는 카라코룸 왕국이야말로 진실로 신선들만 사는 세계였고, 영원한 꿈속의 나라였다는 것을 느끼며 새로운 향수에 젖어들 거다.

인더스 강을 따라 실크로드를 차를 타고 달리면서 아름다운 라카포쉬를 바라보거나 아니면 비행기를 타고 웅장한 낭가파르바트를 바라보면서 마음은 고향으로 마구마구 달려가겠지. 이러한 고생스러운 원정이 끝나 고향으로 돌아가게 되면 새로운 인생을 다시 찾은 기분으로 앞으로 값진 삶을 열심히 살아갈 것이다.

　우리들의 앞으로 인생에 있어 이 짧았던 몇 달 간의 시간은 영원히 잊혀 지지 않는 추억으로 마음 속 깊이 남게 될 거야. 영원히 잊혀 지지 않는 추억으로……

　세월이 흘러 대원들의 머리가 하얗게 변하고 늙은 할아버지가 되었을 때 어느 날 여름밤 손자손녀들을 불러 앉히고는 몇 십 년 전에 '한국 K2 원정대'의 일원으로 거친 대자연 속에서 젊음을 불태웠던 순간들을 자랑스러운 젊은 날의 추억으로 이야기하겠지.

　고향에 돌아가서 이제는 전혀 다른 '사회'라는 세계에서 열심히 살고 있다가 가끔은 또다시 끝없는 황무지로 되돌아가고 싶은 심정으로 몸이 근질근질할 거야. 나는 배낭을 다시금 짊어지고 힘차게 일어났다.

　K2를 한 번만 더 바라보고 가자. 대원들은 삼삼오오 짝을 지어 무슨 이야기가 그렇게 재미있는지 깔깔거리는 웃음소리를 빙하 위의 차가운 대기로 흘리면서 유쾌하게 걸어가고 있다. 나는 그 뒤를 천천히 따라 걸으며 무언가를 결심한다.

　언제인가 다시 오겠다. 이 신비스러운 카라코룸 왕국을 기필코 다시 찾겠다. 그때에는 또 그럴듯한 대상의 산을 골라 다시 한 번 정열과 야망을 마음껏 불태우리라. 물론 그때에도 바로 앞에서 걷고 있는 저 대원들과 함께 와야지.

　그때에는 정말 더없이 즐거울 거야.

후기

 어느덧 26년의 세월이 흘렀다.
 당시 그 늠름한 대원들은 이제 육순 즈음의 나이가 됐고, 모두 머리가 희끗희끗 변했다. 이들은 지금 어디서 어떻게 살고 있을까. 먼저, 본문에 나오는 외국인들의 훗날 이야기를 아는 대로 간단히 소개한다.
 콰마르 알리 메자 장군은 파키스탄산악회 회장직에서 물러난 뒤에도 고향에서 존경받으며 오래 살았다. 나지르 사비르는 훗날 에베레스트를 등정하고 여행사 사업도 성공했으며, 군인출신이 아닌 민간인으로서는 처음으로 파키스탄산악회 회장이 됐다. 지난 2010년 말에 회장 임기를 마쳤다.
 우리 팀 정부연락관 자히드 아바시 메무드 대위는 훗날 장군이 되었다. 1995년 장봉완이 대장을 맡아 가셔브룸 1봉을 등반할 때 스카르두 지역사령관(별 하나)으로 장봉완을 찾아와 즐거운 해후를 가졌었다. 진급이 무척 빠른 편이라 이후 육군총사령관이 됐을지도 모른다.

이탈리아의 라인홀트 메스너는 우리가 등반하던 해인 1986년 가을에 세계 최초로 14개 8,000m 완등을 이룬다. 현대 알피니즘의 선구자로 이후 고산등반을 접고 저술가로 활동하고 있다. 부의 축적은 물론 세계적인 명사가 됐다.

오스트리아의 페터 하벨러, 폴란드의 보이테크 쿠르티카와 다섯 번째 8,000m 완등자 크리스토프 비엘리스키는 유럽의 대표적 산악인으로 꾸준히 왕성한 산행을 하며 만인의 존경을 받고 있다.

폴란드 여성 안나 체르빈스카는 6개의 8,000m 봉을 등정하고 2006년부터는 고산등반을 접었다. 오스트리아의 쿠르드 디엠베르거 영감은 2002년 오스트리아에서 개최된 국제산악연맹(UIAA) 총회에서 만났었다. 우린 오랜 포옹을 했다. 들리는 바에 의하면 아직도 건강하시다고 한다.

야누스 마이어는 폴란드의 대표적 등산 의류회사를 경영하며 사회적으로도 크게 성공했다. 며칠 전 전화를 걸어 반갑게 대화를 나눴다. 26년 만의 통화. 그는 무척 반가워하며 더 늙기 전에 폴란드로 놀러오라고 성화가 심했다.

산에서 등반 중에 유명을 달리한 분도 많다.

일본의 대표적 전위등반가 야마다 노보루는 기대했던 8,000m 봉 완등을 이루지 못한 채 1989년 매킨리에서 사망했다. 9개 8,000m 봉 등정기록을 남겼다.

폴란드 여성 반다 루트키에비치는 8개의 8,000m 봉 등정을 끝으로 1993년 칸첸중가에서 산의 일부가 됐다. 당시까지 여성으로선 타의 추종을 불허하는 기록이다.

K2를 ABC에서 23시간 만에 등정한 보누아 샤무는 10개의 8,000m봉 등정을 이루고 칸첸중가에서 사망했고, 보누아 샤무와 함께 프랑스 대표적 전위 클라이머였던 에릭 에스코피에도 1998년 브로드피크 등반 중 사망했다.

폴란드의 예지 쿠쿠츠카는 라인홀트 메스너에 이어 두 번째로 8,000m의 14좌를 완등하여 국민영웅으로 칭송받았으나 1989년 로체 남벽에서 불귀의 몸이 됐다.

존경받는 신사 안드레이 자바다는 2000년 8월 안타깝게 교통사고로 사망했고, 세 번째 8,000m 이상 14좌 완등자로 속도등반의 대가 에라르 로레땅은 작년(2011년) 4월에 고향 스위스의 그륀혼 산에서 실족해 52세의 아까운 나이로 생을 마감했다.

훗날 한국을 방문한 산악인도 많다. 대부분 대한산악연맹의 초청을 받았다. 반다 루트키에비치(1989년), 페터 하벨러(1989년), 보이테크 쿠르티카(1990년), 안드레이 자바다(1999년), 에라르 로레땅(2004년), 크리크토프 비엘리스키(2004년) 등이 우리나라를 찾았다.

이제 우리 '한국 K2 원정대' 대원들 소식을 전해야겠다.

어느 책을 보니 등반가의 자격에 '성실하고, 기품이 있고, 겸허해야 한다.'고 했는데 이들 모두가 꼭 그런 산사나이들이다. 그때도 지금도 진정 흐트러짐 없이 각자 주어진 삶에 충실히 살아가고 있다. 또 워낙 모험심이 강하고 자연을 끔찍이 사랑하는 이들이기에 K2에서 돌아온 후에도 늘 산을 가까이 하고 산다.

지속적으로 고산을 찾아 원정길에 나선 대원들이 상당수였지만 나이가 들어감에 따라 대부분 본격적인 등반은 접었다. 하지만 지금까지도 뜨거운 열정의 사나이가 있으니 바로 유재일(57세)이다. 8,000m이건 그 아래건 높이에 상관없이 꾸준히 도전해왔으며 최근엔 무즈타그아타(7,546m)를 등정했다. 한때 대전시산악연맹 부회장을 맡았었고 한국조폐공사에서 정년퇴직을 눈앞에 두고 있다.

또 현재도 현역 일선에서 젊은이들을 이끌며 앞장서는 산사나이가 있으니 바로 윤대표(60) 등반대장이다. 그는 거벽으로 방향을 전환해 최근까지도 레이디핑거, 요세미티, 도로미테 등 거벽 등반에 주력하고 있다. 변함없이 후학을 가르치며 현재 대한산악연맹 등산교육원 교수부장으로 활동 중이다.

또 한 사람, 장봉완(60) 부대장이다. 1988년 에베레스트 등정 이후 전천후 산악인답게 기회만 되면 거리를 가리지 않고 떠났다. 오랫동안 산악구조대를 이끌었고, 한때 스키 등산에 심취하기도 했으며 현재 서울시산악연맹 부회장이면서 전통의 한국등산학교 교장도 맡고 있다. 둘 다 금년에 환갑이다.

여포 장병호(51) 역시 1988년 에베레스트 등정 이후 해외원정을 위해 많이도 짐을 꾸렸다. 최근 들어선 그도 나이가 들었는지 원정을 자제하고 있다. 현재 대구등산학교 교장을 맡고 있다. 대구시산악연맹 부회장이기도 하다.

기대주 김창선(52)은 1990년대 초반까지도 8,000m 4개봉 등정으로 우리나라 고산등반의 선두 주자였다. 그런 그가 1992년 낭가파르바트를 끝으로 결혼하더니 일체의 원정을 끊고 생활전선에 헌신해 왔다. 돈을 많이 벌었다는데 본인은 극구 부인한다.

여전히 말수가 적은 권순호(54)는 1988년 에베레스트 원정 이후 높이를 하향 조정했다. 전공을 살리려고 여행사에 취직했고 이것이 바로 천직이 되었다. 비록 6,000m 아래지만 세계의 여러 명산을 찾아 떠나는 트레킹 전문가가 되었다.

순호와 티격태격했던 파트너 송정두(55)는 울산으로 이사가 살면서 울산시산악연맹 구조대장을 맡았고, 울산의 가셔브룸 2봉 원정대장을 맡아 성공리에 팀을 이끌었다. 다시 서울로 직장을 옮겼고 또 현재 서울시산악연맹 이사로 있다.

남모르게 조용히 산에 다니는 산사람이 광주의 송영호(55)다. K2의 영웅이 되어 광주의 낭가파르바트 원정대에 참여한 후 일체 산악인과 만나지 않고 조용히 산사진 작가로 전향했다. 현재 조그만 사업체를 경영하면서 틈나는 대로 국내산을 등반하고 있다.

색다른 케이스로 박승기(56)를 꼽을 수 있다. 그는 K2에서 돌아온 후 스웨덴으로 OL 공부하러 유학을 떠났고, 돌아와서 독도법의 전문가로 이름을 떨치고 있다. 현재 한국트레일연구소를 운영하면서 대한산악연맹 등산교육원 교수로 있다.

하관용(52)도 독특한 케이스다. 안나푸르나 등 고산에 원정다니다가 이후 국립공원관리공단의 직원이 되었다. 현재는 등산장비전문업체에 근무하며 국민생활체육회 트레킹학교 강사를 맡고 있다. 서울등산학교 강사이기도 하다.

홍옥선(57)도 다채로운 이력의 소유자다. 10여 년을 산악구조대원으로 봉사했으며 세계 곳곳에 원정등반도 자주 다녔다. 서울시산악연맹 이사 및 한국산악회 이사를 역임했고, 현재 트레킹전문여행사를 경영하며 (사)엄홍길휴먼재단 사무처장을 맡고 있다.

대구의 정상모(58)도 꾸준히 짐을 꾸렸다. 낭가파르바트, 로체, 아콩가구아 등 고산등반을 열심히 시도했고, 수년 전에는 인도의 난다데비를 등반했다. 대구의 경화여자고등학교 교장선생님을 끝으로 교직생활을 마감하고 명예 퇴직했다.

김현수(57)는 더 이상 고산을 찾지 않았다. 경기도 마석에 살며 전문분야인 가구공장에 오랫동안 근무했다. 요즘도 주말이면 소속인 은벽산악회 회원들과 서울근교 암벽코스를 두루 섭렵하고 있다. 본문에 나오는 부인 박인숙 여사와 지금도 잉꼬부부임을 자랑한다.

정덕환(60) 박사, 그는 동상치료에 관한한 세계적인 권위자가 됐다. 대한산악연맹 등산의학위원장을 역임했고 현재 경희의대 정형외과교수로 있으며 몇 권의 전문서적을 펴냈다. 모든 것을 다 갖췄어도 여자 앞에서는 숙맥이던 그는 K2 등정 이후 10년이 지나서야 연애를 시작했고 드디어 대원 중 제일 마지막으로 결혼에 골인했다.

안타깝게도 잘 풀리지 못한 경우도 있다. 제주도에 사는 배종원(59)이다. K2에 다녀온 후 지역의 산악운동 발전에 혼신을 기울이며 앞장서던 중 그만 몹쓸 중병에 걸렸다. 이후 그의 표현대로 천사를 만나 한라산의 어느 능선에서 결혼했다. 대원 아무에게도 알리지 않았지만 나는 어찌어찌 정보를 입수, 급히 제주도로 날아가 결혼식에 간신히 참여했다. 그는 병상에서 시문학에 심취하기도 했으나 병은 점점 깊어갔다. 언젠가 제주도에 갔을 때 힘들게 전화 통화의 기회를 잡았다. 보고 싶다는 말에 그냥 전화목소리로 만족한다며 만남을 거절했다. 벌써 수년 전 일이다.

'86 한국 K2 원정대에는 KBS에서 파견한 베테랑 기자가 세 명 있다. 자연을 사랑하고 특히 새(Birds)에 대해 전문가인 임경수는 귀국한 지 몇 년 후 취재차 사건현장으로 달려가다가 교통사고로 소중한 생명을 잃었다.

매사에 주저함이 없이 용감하고 서글서글한 풍운아 최덕신 체육부기자는 별안간 암으로 세상을 떠났다. 참으로 애석하기 짝이 없으며, 다시금 두 고인의 명복을 빈다.

원정대에 음양으로 큰 도움을 주었던 민상기(64)는 미국 워싱턴 주재특파원으로 오랫동안 근무하다가 귀국하여 몇 년 전에 KBS 보도본부 영상취재국장을 끝으로 정년퇴직했다. 최근에는 경기도 양평의 TPC 골프클럽 대표이사를 맡고 있다.

한 명 남았다. 출국 전 다리가 부러져 원정에 참가 못한 신영호(50). 그는 2년 후인 1988년에 대한산악연맹의 에베레스트 원정대원으로 선정됐다. 귀국 후 청주대학교 교직원이 되었지만 안정된 직장에 사표를 내고 주성대학 레저스포츠과 조교수로 7년, 음성에서 주유소 경영으로 2년을 보낸 이후 부도 맞고 빈털터리로 필리핀에 가서 고생 끝에 성공했다.

해양관광지로 유명한 세부의 객실 수백 개가 넘는 리조트 호텔에서 해양스포츠 클럽을 별도로 운영하고 있다. 바다가 없는 충북에서 태어나 바다로 간 산사나이. 자주는 못 가지만 한라산보다 높은 필리핀의 산들을 찾아 산행을 즐긴단다.

이제 마지막으로 필자의 근황은 아직도 산과의 인연을 끊지 못해 줄곧 산악행정의 일선에 서왔다.

골치 아파 4년을 넘기기 어렵다는 대한산악연맹 전무이사 직에서 10년이나 버텼고, 이후 감사로 4년을 보냈다. 백수가 과로사한다고 요즘도 산 친구, 선후배들과 어울려 술잔을 나누며 욕심 없이 살고 있다.

부끄럽기 짝이 없지만, 한국 K2 원정대 전원이 모인 자리는 등정 1주년 기념식(이 책을 발간함) 이후에는 없었다. 10주년과 20주년 기념식 때도 다 모이지 못했다.

대원들이 전국에 흩어져 각자 사회생활에 바쁘기도 했지만 무엇보다 대장의 책임감이 부족했나보다. 그동안 여러 차례 시도해봤는데 뜻을 이루지 못했다. 서로들 전화통화는 가끔씩 하며 살아가고 있다.

마지막으로 인터넷으로 검색해 본 K2 자료를 올린다. 2010년까지 K2 정상에 오른 산악인이 모두 302명(한국인 28명)이다. 최다 등정은 에베레스트(5,106명), 제일 적은 등정은 안나푸르나 1봉(183명)이다. 사망한 산악인은 80명(한국인 7명)으로 에베레스트에 이어 두 번째로 많으며, 이중 31명이 영예의 등정 후 하산 중에 목숨을 잃었다.

통계로 분석한 등반인원 대비 등정자 비율이 가장 낮으며, 등정자 대비 사망자 비율은 안나푸르나에 이어 두 번째로 높다. 이는 그만큼 등정이 어렵고 또 위험함을 나타낸다. 등정자가 하산 중 사망할 확률은 10.26%로 압도적으로 1위다.

김병준 1948년생. 서울에서 태어나 서울수송초등학교, 서울사대부중·고등학교를 나와, 한국외국어대학 무역학과를 졸업했다. 보이스카우트 출신으로 고1부터 암벽등반을 시작, 은벽산악회 창립멤버로 한국외대산악회 OB 회원이다.

1975년 대한산악연맹의 에베레스트 제1차 정찰대원에 선발되어, 전지훈련을 받고 1977년 본 원정대에 대원으로 참여했다. 1986년 한국 K2 원정대 대장으로 대원 3인을 정상에 올렸다. 이후 1992년 서울시산악연맹의 첫 히말라야 원정인 낭가파르바트 원정대 대장을 맡았고 바룬체히말, 아마다블람, 얄룽캉 등 원정에 참여했다.

대한산악연맹 이사와 안전대책위원장, 일반등산위원장, 등반기술위원장, 해외원정위원장을 두루 거쳐 오랜 기간 전무이사와 감사를 역임했다. 현재는 서울시산악연맹 자문위원으로 있다.

저서로는 전국의 등산학교 교재 『등산』의 공저로 편집을 맡았고, 요즈음도 산악전문지에 기고를 즐겨하고 있다. 대한민국체육상 맹호장, 대통령표창, 대한체육회 공로상 등을 수상했다.

한국산악명저선 02
K2-하늘의 절대군주

초판 1쇄 인쇄 | 2012년 7월 2일
초판 1쇄 발행 | 2012년 7월 16일

지 은 이 | 김병준
펴 낸 이 | 이수용
펴 낸 곳 | 수문출판사
주   소 | 132-890 서울시 도봉구 삼양로 628(쌍문동)
전   화 | 02-904-4774
팩   스 | 02-6008-4405
이 메 일 | smmount@chol.com
카   페 | cafe.naver.com/smmount
인쇄 제본 | (주)상지사P&B
등   록 | 1988년 2월 15일 제7-35호
편집디자인 | 조동욱

ISBN 978-89-7301-122-3 (03810)
ISBN 978-89-7301-922-9 (set)

※ 파본은 바꾸어 드립니다.

세계산악명저선

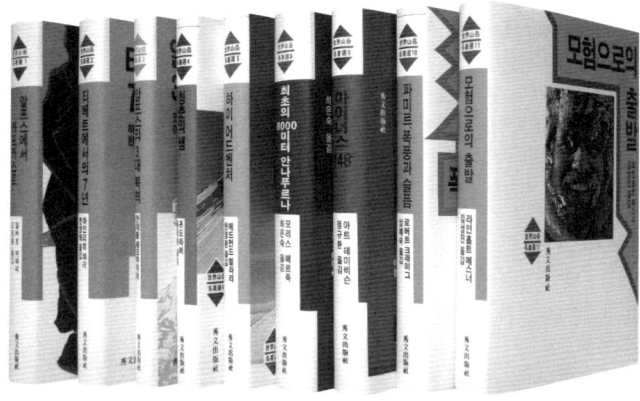

1. 알프스에서 카프카스로
알버트 머메리 지음 | 오정환 옮김 | 416쪽 양장본

등산의 고전으로 정상에 오르는 자체가 목적이 아니라, 산의 위험과 곤란에 직면하여 이에 맞서는 참된 용기와 정신이야말로 등산이라는 머메리즘의 창시자, 비조로 산악계를 혁신한 영혼의 책이다.

2. 티베트에서의 7년
하인리히 하러 지음 | 한영탁 옮김 | 376쪽 양장본

★ **청소년추천도서**

아이거 북벽의 초등자 하인리히 하러가 히말라야 원정 중 제2차 세계대전으로 영국군 포로가 되어 인도 포로수용소를 탈출, 티베트로 들어가 7년간 금단의 도시 라사에 머물며 달라이 라마의 스승으로, 동료로서 격변기를 체험한 모험, 생활기다.

3. 알프스의 3대 북벽
안데를 헤크마이어 지음 | 이종호 옮김 | 238쪽 양장본

유럽 알프스의 3대 북벽 – 마터호른, 그랑 조라스, 아이거. 이들 알프스 3대 과제인 북벽에 전하는 세계 유명 등산가들의 영광과 실패를, 아이거 북벽 하얀 거미를 오른 안데를 헤크마이어가 소개한다.

4. 청춘의 샘
귀도 라머 지음 | 임종한 옮김 | 256쪽 양장본

최대 고통 다음에 비로소 큰 기쁨을 맛볼 수 있기에 산에 오른다는 19세기 말의 등산가 귀도 라머. 정신과 육체의 오묘한 조화와 통일을 강조하는 과학적 등반법을 도입하여 젊은 산악인에게 전하는 인생 메시지다.

5. 하이 어드벤처
에드먼드 힐라리 지음 | 한영환 옮김 | 336쪽 양장본

인류가 세계 최고봉 에베레스트를 에드먼드 힐라리가 최초로 오르면서 모험정신과 극한을 넘는 슬기와 용기로 히말라야 미지의 세계를 열어가는 감격적인 과정과 순간의 기록이다. 산사람들의 진한 우정과 사랑을 느낄 수 있다.

6. 알피니즈모 아크로바티꼬
귀도 레이 지음 | 홍원태 옮김 | 384쪽 양장본

비토리오 셀라 등을 배출한 이탈리아 등산계의 명문으로 유럽 등산계는 고전적인 등산과 새로운 태크닉을 구사하는 시대의 갈림길에 알피니즈모 아크로바티코에 헌신하였다. '산은 나의 시(詩)이다'라는 산의 시인으로『알피니즈모 아크로바티코』는 위대한 휴머니스트의 산에 대한 찬가라 할 수 있다. 이 책은 산 동료들과의 우정과 예리한 감수성으로 아름다운 필치로 묘사한 교훈이 가득한 알피니스트의 복음서로 불리는 명저다.

7. 나의 산으로
월터 보나티 지음 | 이종호 옮김 | 480쪽 양장본

월터 보나티는 이탈리아 어린 시절부터 산을 접하고 올라 그랑 카퓨상 동벽(500미터의 직벽)을 초등정하여 제2차 대전 후 20세기의 새로운 등반에 불을 짚었으며 마터호른의 동기 단독 초등정 등 수많은 초등정을 기록하였다. 카라코룸의 K2, 가셔브룸 VI봉 등반과 파타고니아의 세로 토레를 등정했으며 몽블랑 산군의 프레네이 암 설릉을 이탈리아·프랑스를 대표하는 7인 합동등반대가 날씨의 악화로 4명의 대원이 죽음에 절친한 동료를 잃어 큰 상처를 받는다.

8. 최초의 8,000미터 안나푸르나
모리스 에르족 지음 | 최은숙 옮김 | 464쪽 양장본

인류가 세계의 지붕 히말라야 연봉 8,000미터 급 최초로 인간이 올라 탐험과 산악운동의 금자탑을 일구었다. 이들 등반과 철수 과정에서의 부상과, 동료 간의 뜨거운 사랑과 존경은 산과 산사람들에 대한 애정이 가슴에서 샘솟게 하는 진한 휴먼 스토리이다.

9. 마이너스 148°
아트 데이비슨 지음 | 정규환 옮김 | 352쪽 양장본

혹한의 맥킨리 동계 초등정을 향한 꺼질 줄 모르는 열정과 의지의 드라마. 도처에 숨어있는 죽음의 크레바스와 눈사태의 위협, 폭풍과 인간 한계를 넘는 혹한, 마이너스 148°에서 이룩해낸 산사나이들의 승리를 담았다.

10. 파미르, 폭풍과 슬픔
로버트 크레이그 지음 | 성혜숙 옮김 | 360쪽 양장본

파미르 고원을 정복하기 위해 러시아로 파견된 미국의 대규모 원정대가 겪는 절망과 공포 그리고 죽음. 그해 여름 파미르를 휩쓴 엄청난 재난에 정면으로 맞선 클라이머들의 대단한 용기와 폐허 속에서 움튼 인간의 의지가 생생한 체험 속에 나타나 있다.

11. 모험으로의 출발
라인홀트 매스너 지음 | 김성진 옮김 | 320쪽 양장본

세계의 8,000미터 급 14봉을 모두 등정한 메스너의 어린시절, 고향 빌네스 계곡에서 모험을 향해 출발하는 순수한 등반 동기와 8,000미터 급 봉우리를 등정하는 젊은 매스너의 경험과 생각을 생생하게 그려냈다.

얼어붙어가는 별 하늘 아래에서 지냈던 수많은 밤의 체험을 가슴깊이 새기게 하며, 산의 기록적 기행문학을 행동문학, 나아가 실천문학의 영역으로 끌어올리고 있다.

12. 산에서의 젊은이
레오 마듀슈카 지음 | 김성진 옮김이 | 560쪽 양장본

레오 마듀슈카는 14살부터 등산을 시작하고 특히 뮌헨 학사산악연맹에서 뛰어난 활동과 독일 산악계를 주도하는 젊은 기수였다. 그의 학문적 배경과 선조로부터 물려 받은 독일 정신이 조화를 이루어 그의 등산 사상을 형성했다. 그의 유일한 유고집이다.
이 책은 그가 남긴 등산기록, 산 일기, 산 수상, 산에 관한 논문, 시문 등은 독일, 오스트리아뿐만 아니라 스위스, 이탈리아, 프랑스, 영국 등의 산악계에 큰 영향을 미쳐 오늘날까지도 애독되고 있다.